本书受到陕西省社会科学基金项目（项目编号：2023D021）、中央高校基本科研业务费专项资金项目（项目编号：300102164604）的资助。

科技创新
赋能高质量发展

以全要素生产率提升为例

TECHNOLOGICAL INNOVATION EMPOWERS HIGH-QUALITY DEVELOPMENT

TAKING THE IMPROVEMENT OF
TOTAL FACTOR PRODUCTIVITY AS AN EXAMPLE

张美莎 著

社会科学文献出版社
SOCIAL SCIENCES ACADEMIC PRESS (CHINA)

前　言

自改革开放以来中国经济保持了40多年的中高速增长，前期经济增长主要依靠投资和出口等需求侧的拉动，但这种经济增长模式受到劳动力成本、资源等因素的制约以及内外部环境变化的影响，形成了产能过剩、结构失衡、生态环境恶化等一系列发展中的矛盾。自2015年以来，中央经济工作会议提出了推进供给侧结构性改革、促进经济发展方式转变的战略构想。这一构想的核心是走高质量发展和创新发展的道路，要实现这一目标，就必须转变要素投入方式，依靠科技创新推动全要素生产率提升，形成经济增长新动能。然而，近年来中国出现创新投入迅速增长而全要素生产率增速持续下降的现象，这被学界称为"高创新投入与低生产率之谜"。经济发展史表明，全要素生产率的高低可以在很大程度上解释一国经济发展的成败。党的十九大报告明确指出，当前我国经济已由高速增长阶段转向高质量发展阶段，必须通过提高全要素生产率来推动经济发展质量变革。党的二十大报告指出，高质量发展是全面建设社会主义现代化国家的首要任务，明确提出实现高质量发展是中国式现代化的本质要求。在此背景下，探究中国"高创新投入与低生产率之谜"的形成原因，寻找有助于破解中国科技创新困境的可行路径，对实现经济发展方式转型、迈向经济高质量发展和推动中国式现代化无疑具有重要的理论和现实意义。

为厘清中国当前科技创新投入快速增长与全要素生产率增速持续下降的现实矛盾，本书借鉴科技创新理论和内生经济增长理论，构建了一个异质性科技创新影响全要素生产率的理论分析框架，探讨了基础研究、应用研究和二者双向溢出效应对全要素生产率影响的内在机理以及政府支持和市场化程度在其中的作用机制。在理论分析的基础上，本书首先刻画了中国科技创新与工业全要素生产率的特征事实，然后利用中国 2000~2019 年工业"行业-地区-时间"的三维面板数据，采用多元回归模型、系统广义矩估计（GMM）、动态面板平滑转移模型（PSTR）、工具变量（IV）估计等计量手段实证检验了基础研究、应用研究和二者双向溢出效应对工业全要素生产率的影响效果以及政府支持与市场化程度在异质性科技创新与工业全要素生产率中的作用效果，并进一步探究了上述结果在不同经济发展水平地区和不同前沿技术差距行业中的差异。

本书的主要研究贡献和结论如下。

第一，构建了异质性科技创新影响全要素生产率的理论分析框架，为理解中国"高创新投入与低生产率之谜"提供了一种新的理论解释。在对基础研究和应用研究概念界定的基础上，分析了异质性科技创新影响全要素生产率的内在机理以及政府支持和市场化程度在其中的作用机制。理论分析表明：①基础研究的合理增加有助于促进全要素生产率提升；应用研究对全要素生产率的影响取决于基础研究的理论前沿程度，在基础研究未达到最优理论前沿面时，应用研究对全要素生产率的贡献呈边际递减趋势；基础研究与应用研究的双向溢出效应有助于更好地促进全要素生产率提升。②政府对基础研究的支持达到一定力度时，能够更好地发挥基础研究对全要素生产率的助推作用。政府对应用研究的支持效果与前沿技术距离有关，若应用研究在理论前沿面展开，政府对应用研究的补贴是无效的；反之，若应用研究距离理论前沿面较远，政府对应用研究的补贴则有助于提升全要素生产率。③市场化程度提升对基础研究无显著影响，对应用研究的支持效果与前沿技术距离有关，若应用研究在理论前沿面展开，市场化程度的提高对应用研究无明显作用；若应用研究距离理论前沿面较远，市场化程度的提高则有助于更好地发挥应用研究对全要素生产率的助推作用。

第二，实证分析了异质性科技创新对工业全要素生产率的总体影响，为异质性科技创新影响全要素生产率的研究提供了更为坚实的经验证据。在样本选取上，本书首次结合地区层面与行业层面的数据，实证检验了不同科技创新活动对工业全要素生产率的影响效果，弥补了现有研究单纯考察行业效应或地区效应的不足。在研究内容上，本书较早地关注到基础研究与应用研究双向溢出效应对全要素生产率的影响，突破了以往仅分析基础研究和应用研究单独作用于全要素生产率的局限。在拓展分析上，本书进一步探究了上述结论在不同前沿技术差距行业和不同经济发展水平地区中的差异，为如何根据行业和地区特征制定差异化策略提供了现实启示。研究发现：①基础研究有助于推动工业全要素生产率提升，但这一作用存在滞后效应；应用研究会抑制工业全要素生产率提升；二者双向溢出效应能够促进工业全要素生产率提升。②基础研究以及二者双向溢出效应对工业全要素生产率的推动作用呈现"高技术差距行业<低技术差距行业"的态势；应用研究对高技术差距行业的全要素生产率具有促进作用，对低技术差距行业具有抑制作用。③基础研究以及二者双向溢出效应对工业全要素生产率的推动作用呈现"东部>中部>西部"的态势；应用研究对东部地区的工业全要素生产率具有促进作用，对中西部地区具有抑制作用。

第三，实证分析了政府支持在异质性科技创新影响工业全要素生产率中的作用机制，为通过政府精准支持破解中国"高创新投入与低生产率之谜"提供了理论依据和对策指引。已有文献深入探讨了科技创新中政府支持的必要性和重要性，但鲜有文献从研发异质性视角考察政府支持在基础研究和应用研究中的差异化作用。本书采用动态面板平滑转移模型，检验了政府支持在不同科技创新活动影响工业全要素生产率中的非线性作用，明确了政府应该侧重支持哪一类科技创新活动，支持到何种程度才有利于提高全要素生产率，并进一步探究了上述结论在不同前沿技术差距行业和不同经济发展水平地区中的差异。研究发现：①政府支持有助于更好地发挥基础研究对工业全要素生产率的推动作用，但必须以政府支持力度达到一定水平为前提；政府支持力度在合理范围内有助于弱化应用研究对工业全要素生产率的抑制作用，但政府支持力度过大则会强化这一抑制效果。②相比于高技术差距行业，低技术差距行业对政府支持基础研究的力度要求更高，对政府支持应用研究的力度要求更低。③相比于中西部地区，东部地区对政府支持基础研究的力度要求更高，对政府支持应用研究的力度要求更低。

第四，实证分析了市场化程度在异质性科技创新影响工业全要素生产率中的作用机制，为如何有效发挥市场机制在不同科技创新活动中的作用提供了理论依据。已有文献在分析市场化带来的创新效应时，忽视了由科学和技术不同属性引致的不同市场化程度在异质性科技创新活动中产生的差异化作用，而这一差异正是识别市场化如何通过优化创新资源配置提高全要素生产率的关键所在。本书采用多元回归模型、系统广义矩估计、工具变量估计等计量手段，检验了市场化程度在不同科技创新活动与工业全要素生产率中的作用效果，并进一步探究了上述结论在不同前沿技术差距行业和不同经济发展水平地区中的差异。研究发现：①市场化程度的提高对基础研究提升工业全要素生产率无显著作用，但有助于弱化应用研究对工业全要素生产率的抑制作用。②市场化程度的提高有助于更好地发挥应用研究对高技术差距行业全要素生产率的推动作用，但对低技术差距行业没有显著影响。③市场化程度的提高有助于更好地发挥应用研究对东部地区工业全要素生产率的促进作用，同时减弱应用研究对中西部地区工业全要素生产率的抑制作用。

本书受到陕西省社会科学基金项目（项目编号：2023D021）、中央高校基本科研业务费专项资金项目（项目编号：300102164604）的资助。西安交通大学冯涛教授对本书的整体架构和篇章逻辑给予了很多有益的建议。长安大学武勇芳、韩浩等参与了书稿的文字校正工作。由于本书涉及内容颇广，错误之处在所难免，敬请读者批评指正。

目　录

绪　论 ……………………………………………………………… 001

第一章　理论基础 …………………………………………………… 036
　一　科技创新理论 ……………………………………………… 036
　二　经济增长理论 ……………………………………………… 041

第二章　异质性科技创新对全要素生产率影响的理论分析 ……… 043
　一　理论分析框架综述 ………………………………………… 043
　二　异质性科技创新影响全要素生产率的内在机理 ………… 045
　三　政府和市场在异质性科技创新影响全要素生产率中的
　　　作用机制 …………………………………………………… 055
　四　异质性科技创新对全要素生产率影响的数理模型分析 … 065
　五　本章小结 …………………………………………………… 082

第三章　中国科技创新与工业全要素生产率的特征事实 ………… 083
　一　中国科技创新的特征事实分析 …………………………… 083
　二　工业全要素生产率测算与结果分析 ……………………… 093
　三　本章小结 …………………………………………………… 105

第四章　异质性科技创新对全要素生产率影响的实证检验 ……… 106
　一　实证假设 …………………………………………………… 106

二　研究设计 …………………………………………………… 109
　三　实证结果分析 ……………………………………………… 115
　四　稳健性检验 ………………………………………………… 124
　五　本章小结 …………………………………………………… 129

第五章　有为政府视域下异质性科技创新推动全要素生产率的机制 …… 131
　一　有为政府的作用机制分析 ………………………………… 131
　二　研究设计 …………………………………………………… 134
　三　实证结果分析 ……………………………………………… 137
　四　稳健性检验 ………………………………………………… 153
　五　本章小结 …………………………………………………… 158

第六章　有效市场视域下异质性科技创新推动全要素生产率的机制 …… 160
　一　有效市场的作用机制分析 ………………………………… 160
　二　研究设计 …………………………………………………… 162
　三　实证结果分析 ……………………………………………… 165
　四　稳健性检验 ………………………………………………… 173
　五　本章小结 …………………………………………………… 178

结论、建议与展望 ……………………………………………………… 179

参考文献 ………………………………………………………………… 187

附　录 …………………………………………………………………… 211
　附录A　相关定理和引理的证明 ……………………………… 211
　附录B　《国民经济行业分类》新旧类目对照表 …………… 217
　附录C　分省份工业全要素生产率测算结果 ………………… 219
　附录D　分行业工业全要素生产率测算结果 ………………… 221
　附录E　中美两国工业行业类比标准与分组 ………………… 225

绪　论

一　研究背景与研究意义

(一) 研究背景

习近平总书记在党的二十大报告中明确指出，要"以中国式现代化全面推进中华民族伟大复兴"，"坚持把发展经济的着力点放在实体经济上"，"着力提高全要素生产率"。以中国式现代化全面推进中华民族伟大复兴，高质量发展是其本质要求和首要任务，而以科技创新作为高质量发展的引擎与根基，充分发挥实体经济的物质技术支撑效能，是全面建成社会主义现代化强国的关键举措。实体经济可以直接创造社会财富的特质促使其高质量发展成为推进中国式现代化建设的内生动力。基于此，在新的经济环境与时代背景下，推动实体经济高质量发展、着力提高全要素生产率成为推进中国式现代化的重要命题。工业作为实体经济的主阵地，如何实现更多"从0到1"的突破，推动工业高质量发展，是当下亟待解决的重大课题。

自改革开放以来中国经济保持了40多年的中高速增长，前期经济增长主要依靠投资和出口等需求侧的拉动，但这种经济增长模式受到劳动力成本、资源等因素的制约以及内外部环境变化的影响，形成了产能过剩、结构失衡、生态环境恶化等一系列发展中的矛盾。自2015年以来，中央经济工作会议提出了推进供给侧结构性改革、促进经济方式转变的战略构想。这一构想的核心是走高质量发展和创新发展的道路，要实现这一目标，就必须转变要素投入方式，依靠科技创新推动全要素生产率提升，形成经济增长新动能（蔡昉，2013）。然而，近年来中国科技创新投入的迅速增加并没有促进全要素生产率（TFP）的提升，反而导致 TFP 增长率自 2013 年开始出现小幅下降（高帆，2017；戴小勇，2021）。国家统计局数据显示，自加入世贸组织以来中国科技创新年均投入增幅在 15% 以上，2019 年中国研发（R&D）经费支出居全球第二，全社会研发投入强度达到 2.24%，超过欧盟平均水平（1.91%），接近高收入国家平均水平（2.38%）。但与增长迅速的研发投入不匹配的是，反映经济增长动力的全要素生产率仍然较低，且增长速度有所下降（见图 0-1）。这意味着科技创新投入的增加并没有促进经济增长方式由要素驱动向创新驱动转变，反而产生了抑制作用，本书将这种现象称为中国科技创新困境。探究"高创新投入与低生产率之谜"① 的形成原因，对于破解当前科技创新困境、实现经济发展方式转型和经济高质量发展具有重要的理论和现实意义。

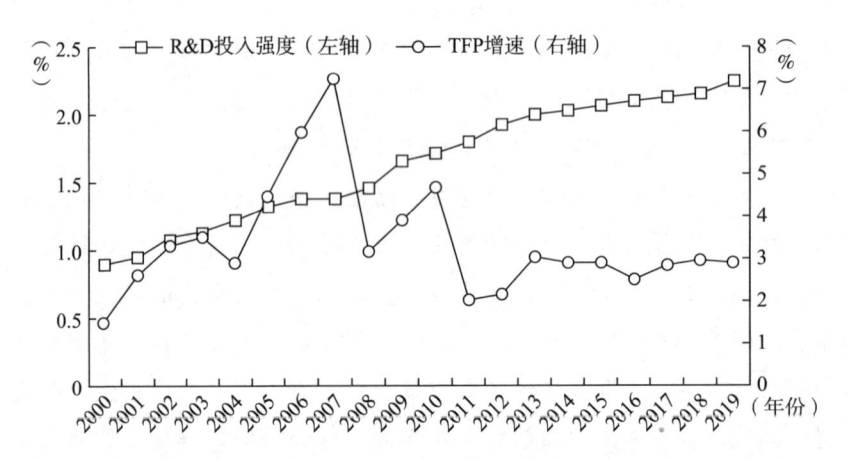

图 0-1　2000~2019 年中国 R&D 投入强度与 TFP 增速

资料来源：R&D 投入强度数据来自国家统计局，TFP 增速数据来自 APO Productivity Database。

全要素生产率衡量的是在所有生产要素投入给定条件下所能实现的产出水平，反映一个经济体的投入产出效率与发展质量。如何通过科技创新提高全要素生产率，是学术界长期关注的理论问题，也是实施创新驱动发

---

① 本书所指的"高创新投入与低生产率之谜"并不意味着全要素生产率停止增长，重点强调的是创新投入快速增长与全要素生产率增速下降不匹配。

展战略必须解决的现实问题。关于创新与经济发展的相关理论,可以追溯到熊彼特关于"创造性毁灭"推动经济发展的阐述(Schumpeter,1942)。熊彼特内生经济增长理论认为,发展是创新的结果,创新能够引致生产要素从低生产率企业流向高生产率企业,迫使生产率更低的企业退出市场,从而提高行业整体生产率(Acemoglu and Cao,2015)。内生经济增长理论指出,经济增长的动力来自对人力资本、创新和知识的投资,即科技创新投入引致的技术进步是经济增长最主要的动力(Aghion and Howitt,1992;Grossman and Helpman,1991)。根据上述理论,科技创新投入的增加必然会带来一国全要素生产率的提升。然而,这一理论推断难以解释中国当前科技创新投入快速增长与全要素生产率增速持续下降的背离现象。

从异质性科技创新投入视角理解国家间全要素生产率差距是近年来经济增长理论的前沿课题(Ha et al.,2009)。已有研究表明,在探究科技创新与全要素生产率的内在关联时,若将所有R&D活动视为同质,可能形成具有误导性的结论和建议(阿吉翁和霍依特,2004)。从科技创新活动的性质和目的来看,科技创新活动可以分为基础研究和应用研究(许庆瑞等,2000)。其中,基础研究活动的产出成果主要表现为科学创新,应用研究活动的产出成果主要表现为某一领域的技术创新。科学和技术的不同特性导致基础研究和应用研究对全要素生产率的作用机制存在差异。严成樑和龚六堂(2013)构建了包含基础研究和应用研究在内的研发驱动经济增长模型,发现相比于应用研究,基础研究更能促进长期经济增长,且基础研究投入不足是中国产业核心技术受限的主要原因。孙早和许薛璐(2017)强调了基础研究与应用研究在不同技术差距水平下对技术追赶国全要素生产率的影响,他们认为,在技术差距较小的阶段,应用研究投入过度会对全要素生产率产生负面效应,此时技术追赶国需要更加关注基础研究投入水平。

关于不同类型科技创新活动与全要素生产率的研究为理解中国"高创新投入与低生产率之谜"提供了重要视角。当前,中国正处在从"模仿创新"转向"自主创新"的关键时期,在这个过程中,一个值得注意的现象是,尽管目前我国R&D经费支出居全球第二,但基础研究占我国R&D总投入的比例仅在2019年首次突破6%,远低于美、英、法、日等主要科技强国11%~26%的水平,即在持续提升的科技创新投入中应用研究投入相比于基础研究投入始终维持在一个较高水平，而同期以发明专利增长率表征的创新效率则呈现总体下降的趋势（见图0-2）。世界现代产业发展史表明，当一国的科技创新水平越来越接近世界前沿水平时，若没有进一步基础（科学）研究的重大突破，应用（技术）研究通常很难取得实质性进展。这意味着，在中国整体科技实力逐渐接近世界前沿的背景下，有必要从异质性研发视角出发，全面审视科技创新活动中基础研究与应用研究对全要素生产率的影响效果，从更加科学的角度认识和探究新时期中国出现"高创新投入与低生产率之谜"的深层次原因。

图0-2 2000~2019年中国基础研究支出/GDP、应用研究支出/GDP、发明专利增长率比较

注：应用研究支出由应用研究经费支出和实验发展经费支出两部分构成。
资料来源：国家统计局。

科技创新离不开有利于创新发展的政策环境和制度体系。制度能够通过市场和非市场（如政府宏观调控）调节边界的动态变化作用于要素配置效率，进而影响全要素生产率。从世界各国科技发展史来看，科技创新取决于由市场机制驱动的技术进步和基于国家科技发展战略需求的政府推动两种机制。这两种机制决定了在实现产业创新驱动转型和经济高质量发展过程中要不断动态调整政府和市场的边界，既要发挥市场在创新资源配置中的决定性作用，也要更好地发挥政府在科技创新领域中的支持作用。自新中国成立以来，党和政府高度重视科技事业，为有效推动科技进步和创新，陆续制定了《科研十四条》（1961年）、"国家科技攻关计划"（1982年）、"星火计划"

(1986年)、"863计划"(1986年)、"火炬计划"(1988年)、《国家中长期科学和技术发展规划纲要》(2006—2020年)、《深化科技体制改革实施方案》(2015年)和《国家创新驱动发展战略纲要》(2016年)等一系列计划和政策文件。这些计划和政策的实施,对指导各类科技活动开展、促进科技与经济紧密结合、支撑中国科技创新能力稳步提升发挥了根本性的保障作用。

已有文献深入探讨了科技创新活动中政府支持的必要性与重要性,指出政府对创新活动的支持是欧美等发达国家取得全球科技领导地位的重要原因(Zeira,2011;Stiglitz,2015),也是中国构建高效国家创新体系的关键所在(张杰等,2015)。但上述文献并没有结合异质性科技创新活动的不同特性,具体分析如何发挥政府对不同类型科技创新活动的支持作用,多基于基础(科学)研究的属性,以基础研究的重要性间接论证政府支持的重要性(严成樑和龚六堂,2013;孙早和许薛璐,2017;李政和王思霓,2021)。事实上,基础研究与应用研究之间存在显著差异,二者对全要素生产率的影响不同,政府支持在二者中的作用也不同。因此,识别政府支持在基础研究与应用研究中的差异化作用是通过政府精准支持手段破解"高创新投入与低生产率之谜"的关键所在。

除政府支持外,市场化作为中国40多年经济体制改革历程中最主要的制度变迁,在科技创新活动中也扮演了十分重要的角色(成力为和孙玮,2012)。已有大量研究表明,市场化改革有助于提升企业的研发投入数量和强度、研发效率和研发溢出效应(孙早等,2014;戴魁早和刘友金,2020)。尽管这一观点与欧美等发达国家科技创新处于世界前沿的事实相符,但仍有部分学者对此表示怀疑(Moser,2013;Mowery,2011),认为市场化完善程度对20世纪早期各国科技创新水平没有显著影响。究其原因,可能在于上述文献在分析市场化带来的创新效应时,并没有结合异质性科技创新活动的不同特性,具体分析市场化程度在不同类型科技创新活动中的作用。事实上,市场化在科技创新活动中的作用机制是复杂的,其对异质性科技创新活动的影响效果可能不同,有必要从科技创新活动的性质和目的出发,探究市场在基础研究和应用研究中的不同作用,为如何在破解当前科技创新困境中正确发挥市场资源配置作用提供理论支撑。

基于上述分析,为厘清中国当前科技创新投入快速增长与全要素生产率增速持续下降的现实矛盾，本书拟构建一个异质性科技创新影响全要素生产率的分析框架，探讨基础研究、应用研究和二者双向溢出效应对全要素生产率影响的内在机理以及政府支持和市场化程度在其中的作用机制。在理论分析的基础上，进一步采用多元回归模型、系统广义矩估计（GMM）、动态面板平滑转移模型（PSTR）、工具变量（IV）估计等计量手段对理论分析进行检验。主要回答以下问题：①科技创新活动中基础研究和应用研究影响全要素生产率的内在机理分别是什么，二者之间有何区别又有何联系？②政府支持在不同类型科技创新活动中的作用机制是什么，如何通过政府精准支持发挥科技创新对全要素生产率的促进作用？③市场化程度在不同类型科技创新活动中的作用机制是什么，如何更好地发挥市场机制在科技创新促进全要素生产率提升中的作用？通过对上述问题的回答，本书旨在厘清异质性科技创新影响全要素生产率的内在机理以及政府支持和市场化程度在其中的作用机制，从异质性研发视角为破解当前中国"高创新投入与低生产率之谜"、实现科技大国到科技强国转变以及迈向经济高质量发展提供理论依据和政策启示。

（二）研究意义

本书从不同科技创新活动对全要素生产率影响的差异化视角出发，尝试回答了当前中国出现"高创新投入与低生产率之谜"的原因，对于深入了解异质性科技创新活动对全要素生产率的影响、科学认识和探究新时期中国科技创新困境的决定性因素以及实现科技大国到科技强国的转变目标有着重要的理论和现实意义。

1. 理论意义

（1）构建了一个全新的异质性科技创新影响全要素生产率的理论分析框架

本书在对基础研究与应用研究进行概念界定的基础上，构建了异质性科技创新影响全要素生产率的理论分析框架，采用理论逻辑推演方式探讨了不同类型科技创新活动对全要素生产率影响的内在机理以及政府支持和市场化程度在其中的作用机制，并改进传统的R&D内生经济增长模型对上述理论分析进行数理刻画，弥补了异质性科技创新影响全要素生产率的理论研究在规范式理论分析和数理分析方面的不足。

(2) 探究了基础研究与应用研究双向溢出效应对全要素生产率的影响

本书在分析异质性科技创新影响全要素生产率的基础上，进一步基于巴斯德象限创新理论探究基础研究与应用研究之间是否存在双向溢出效应，以及这种效应如何推动全要素生产率提升，并在构建异质性科技创新影响全要素生产率的数理模型时，引入基础研究与应用研究的溢出效应，从理论推演和数理论证两方面拓展了基础研究与应用研究双向溢出效应对全要素生产率的影响研究，突破了以往研究仅关注二者自身作用或基础研究对应用研究单向溢出效应的局限。

(3) 为中国"高创新投入与低生产率之谜"提供了一种新的理论解释

尽管目前中国研发（R&D）经费支出居全球第二，成为在世界百年未有之大变局下具有重要影响的科技大国，但近年来中国科技创新投入强度的提高并没有促进全要素生产率的提升。本书通过与五大科技强国的对比分析，刻画了中国科技创新投入结构的总体特征，考察了不同类型创新活动对全要素生产率的差异化影响效应，发现基础研究和应用研究投入结构不合理可能是引发当前中国科技创新困境的重要原因，为理解当前中国"高创新投入与低生产率之谜"提供了新的理论解释。

2. 现实意义

(1) 深化社会和政府对中国科技创新现状的认识

在世界百年未有之大变局与中美贸易摩擦背景下，社会各界对中国能否突破"卡脖子"领域的核心技术十分关注。本书通过与五大科技强国的对比分析，刻画了中国科技创新投入结构的总体特征，厘清了当前中国科技创新投入存在的问题，检验了基础研究与应用研究两种类型创新活动各自在工业全要素生产率增长中的作用，有助于社会各界和政府科学认识与了解当前中国科技创新的现状以及出现"高创新投入与低生产率之谜"现象的根本原因。

(2) 为科学制定相关科技创新政策提供了更为现实的启示

本书基于政府和市场层面分别考察了政府支持和市场化程度在异质性科技创新影响全要素生产率中的作用机制，明确了政府和市场各自应该侧重支持哪一类科技创新活动，支持到何种程度才有利于提高全要素生产率，并进一步探究了上述结论在不同经济发展水平地区和不同前沿技术差距行业中的差异，为如何通过政府精准支持和市场化机制破解当前中国科技创新困境、科学制定相关科技创新政策提供了更为现实的政策启示。

二 概念界定

（一）异质性科技创新

科技创新是社会各界和政府长期以来关注的热点之一，但是不同群体对科技创新内涵的理解存在很大差异。多数社会群体甚至部分学者往往将其等同于技术创新，引起了一系列的误解。因此，在界定本书的研究对象异质性科技创新之前，有必要明确科技创新的本质内涵。

科技创新是原创性科学研究和技术创新的统称。刘诗白（2001）在三个层面界定"科技"：①有关科技的知识，即自然科学的基本理论和应用学科的理论知识；②融合了科技知识的物质生产技术条件；③适用于前两个层面的劳动方式和劳动技能。从创新内容来看，科技创新中的"科技"包含科学和技术的整个范畴，解决了技术创新不能解释自身所涉及的知识积累和知识溢出等问题。从创新主体来看，科技创新的微观主体是人，技术创新的主体是企业和企业家（王乃明，2005）。从创新过程来看，科技创新包括三个层次：第一层次是通过基础研究不断获得和积累新知识、新理念和新方法；第二层次是通过研究与开发活动将现有知识和技术创造性地转化为技术成果；第三层次是将技术成果进行商业化，转变为现实生产力。而技术创新过程主要包含后两个层次（傅家骥，1998）。基于此，本书认为科技创新是指人在客观事物及其规律认识深化基础上实现的生产技术革新，具体表现为在科学或技术上有所创新，并在实际中具有显著效益的社会实践。

异质性（heterogeneity）是指一些事物在某些特征上存在差异。它可以是个体层面，也可以是群体层面，前者属于个体异质性，后者属于总体异质性。当研究对象间存在异质性时，合并的结果可能是不可靠的，或合并本身就是不恰当的。定量的社会科学研究的本质就在于理解或认识异质性的主要来源（谢宇，2012）。具体到科技创新领域，"科技"包含科学和技术，科学和技术统一于"研究"这一范畴之后，基于行为主义的观察视角，遂衍生出了基础研究和应用研究的区别（Bush，1945；杨德桥，2015）。

其中，科学对应于基础研究，技术对应于应用研究。异质性决定了基础研究和应用研究的度量方式、影响因素以及创新效应的不同，对全要素增长率的作用效果和机制也可能存在差异。有鉴于此，本书从科技创新活动的性质出发，将科技创新划分为基础研究和应用研究。下面将分别对基础研究和应用研究的概念进行界定。

1. 基础研究

现代意义上的"基础研究"概念最早出现于1945年万尼瓦尔·布什写的《科学：无止境的前沿》研究报告，在这份报告中，基础研究被描绘为无国家边界、由好奇心驱动和不受资助资金、应用前景等现实状况所干扰的科学研究。该报告问世之后，基础研究引起广泛关注。美国科学基金会指出，基础研究是"一种实验性或理论性的工作，主要是为了获得关于现象和可观察事实的基本原理的新知识，它不以任何特定的应用或使用为目的"。我国国家统计局和科学技术部对基础研究的定义与此类似，并将新知识诠释为揭示客观事物的本质、运动规律，获得新发展、新学说。在此概念下，基础研究可以进一步细分为纯基础研究和导向型基础研究两种类型（郑雁军，2019），或称之为"自由探索型基础研究"和"目标导向型基础研究"①。其中，"自由探索型基础研究"主要由科学家的好奇心驱动，基于对现象或事实的观察来获得新知识，不考虑任何特定的应用或使用，目的是提供解决问题所需的思想、方法、概念、原理等；"目标导向型基础研究"则是由商业利益驱动，根据产业发展和市场需求进行相关领域的基础知识研究或共性技术原理研究。

本书参照国家统计局和科学技术部对基础研究的定义，认为基础研究不以特定应用为目的，主要是为了获得揭示客观事物的本质、运动规律的新知识和新发现，用以反映知识的原始创新能力的研究。

2. 应用研究

受布什思想的影响，学术界和政界开始关注政府和科学之间的协约关系，产生了由基础科学到技术创新，再转化为市场应用的模式。联合国教科文组织制定的科技统计国际标准中，将"研究与试验发展"划分为基础

---

① 《"十三五"国家基础研究专项规划》中采用"自由探索型基础研究"和"目标导向型基础研究"。

研究、应用研究和试验发展三种类型。这里的应用研究是指为获得新知识而进行的创造性研究，主要针对某一特定的目的或目标。科技统计国际标准中所定义的应用研究为狭义上的概念，广义上的应用研究是指以特定的实际目的或目标进行的一切技术创新活动的总和，包括狭义的应用研究以及试验发展活动。根据应用研究物质形态的变化，可以将应用研究分为两种：一种是从基础理论知识形态到物化知识形态；一种是由已知物化知识形态到另一种新物化形态的变化。不同形态变化过程产生的应用研究成果引致不同的技术进步方式，前者形态变化通常具有突破性和前沿性特征，偏向自主创新模式，后者形态变化通常具有流程或形式上的创新，偏向模仿创新模式。

本书所指的应用研究采用广义上的概念，即所有以特定应用为目的的科技创新活动的总和，具体包含科技统计国际标准"研究与试验发展"中的应用研究和试验发展两种类型。

（二）全要素生产率

经济史表明，全要素生产率的高低可以在很大程度上解释一国经济发展的成败。党的十九大报告中首次提出了提高全要素生产率的紧迫要求，明确提高全要素生产率是高质量发展的动力源泉。因此，本书采用全要素生产率来表征经济高质量发展程度，全要素生产率越高，说明经济越趋向于高质量发展。在了解全要素生产率概念之前，首先要明确什么是生产率。

生产率通常采用产出与投入的比值来衡量，表征单位投入所带来的产出值。生产率的研究对象最早主要集中在单一要素方面，即在控制其他条件不变的前提下，投入某一类生产要素所能得到的单位产出，如劳动生产率等。虽然单要素生产率受自身测算指标选取的局限，只能反映出局部的、孤立的生产率，但其为全要素生产率的研究奠定了基础。为了突破单要素生产率无法反映全要素真实投入的局限，学者们开始将目光转向多要素生产率，用以测度所有能够观察到的要素投入组合的产出效率，"全要素生产率"这一概念应运而生。

Tinbergen（1942）首次从定量分析层面明确提出全要素生产率指标，并在柯布-道格拉斯（C-D）生产函数的基础上引入时间趋势项来刻画生产率随时间推移而变化的情况。戴维斯于1954年在《生产率核算》一书中从定性分析层面进一步明确了全要素生产率的内涵，认为全要素生产率测算过程中的本质问题在于识别所有投入要素而非单个或某几个要素。在此之后，Solow（1957）提出了一个希克斯中性和规模报酬不变的生产函数，将产出描述为资本和劳动两种生产要素与"索洛余值"共同作用的结果。其中，"索洛余值"即未被测度到的因素，其实它正是广义上的全要素生产率，这一概念延续至今。

综上所述，本书认同Solow（1957）提出的"索洛余值"思想，认为全要素生产率（TFP）是指总产出中不能被要素投入所解释的"剩余"，衡量的是所有投入转化为最终产出的总体效率。根据全要素生产率的定义，全要素生产率增长的主要途径是科技进步和资源配置效率提升。

三　国内外研究现状

本节对科技创新和全要素生产率的相关文献进行梳理与总结，主要分为四个部分：第一部分为科技创新的相关研究，介绍科技创新的理论基础，梳理科技创新的影响因素及经济效应；第二部分为全要素生产率的相关研究，总结全要素生产率的测算方法及影响因素；第三部分为科技创新对全要素生产率影响的相关研究，重点关注科技创新对全要素生产率的影响效果、传导机制以及不同类型科技创新活动对全要素生产率的影响等；第四部分是对现有文献的研究内容进行总结与评述，找出现有研究的不足与存在的问题，以此作为本书的研究起点和切入点。

（一）科技创新相关研究

1. 科技创新的影响因素

科技创新作为创新驱动发展的积极源泉（裴小革，2016），一直是学术界关注的焦点。总的来说，科技创新的影响因素可以大致分为创新主体自身的主观因素和面临的外部环境因素。其中，创新主体自身层面的因素主要包含人力资本、科技创新结构等，外部环境因素主要分为政府支持和市场化改革两个层面。下面将主要围绕这几方面对现有文献进行重点梳理和总结。

(1) 人力资本

在科技创新发展战略实践中，中国将企业放在技术创新的主力地位（陈强远等，2020），企业高管作为企业创新行为的决策和执行主体，是影响企业创新活动的重要人力资本。学术界围绕企业高管对创新活动的影响进行了一系列研究，主要分为以下三类：一是基于理性人假设，认为高管为实现个人薪酬、声誉、职位晋升等的效用最大化，会倾向于选择投资更有持续价值创造能力的创新项目（Brockman et al.，2018）；二是基于行为金融理论，考察高管的个人偏好对企业创新行为的影响，认为过度自信、具有风险偏好的高管更倾向于将时间和资金配置到创新活动领域，从而促使企业的创新活动更为活跃（Hirshleifer et al.，2012；Cucculelli and Ermini，2013）；三是基于高层梯队理论，探讨高管的人口统计学特征对企业创新的影响和作用机制，如企业高管的教育背景、年龄、性别、任期、专业背景、职业经历等（Benmelech and Frydman，2015；赵子夜等，2018；何瑛等，2019）。除企业高管外，企业员工也是企业创新活动中不可忽略的重要人力资本组成部分（Bradley et al.，2017）。Kim 等（2012）、孟庆斌等（2019）以企业员工为研究对象，考察了员工持股计划对企业创新的影响，研究结果表明实施员工持股计划能够通过"利益绑定"机制激励员工在创新活动中更好地表现，进而提升企业创新水平。

(2) 科技创新结构

科技创新结构主要包含创新投入结构、创新产出结构、创新主体结构等。创新投入结构方面，部分学者从创新投入类型角度分析了基础研究、应用研究及试验发展投入对创新效率的影响，认为基础创新对于自主创新和关键突破性科技创新具有更显著的作用（孙早和许薛璐，2017；叶祥松和刘敬，2018）。创新产出结构方面，黎文靖和郑曼妮（2016）基于发明专利类型，从"实质性创新"和"策略性创新"视角检验了政府补贴和税收优惠对两类创新的影响效果，发现创新政策支持更多地增加了企业的策略性创新动机，对实质性创新的支持效果不明显。Dan（2017）认为实用新型专利制度能够通过知识积累、技术积累和学习效应促进中低收入国家实现技术赶超。但毛昊等（2018）基于中国省级面板数据的经验研究表明，实用新型专利制度抑制了发明专利的增加，而具有原创性和新颖性的发明专利才是一国实现创新升级的关键。创新主体结构层面，Arora 等

(2019) 分析了 1850~2019 年美国创新主体结构的变化历程，认为从长远来看高校依然是创新发明的源泉，而企业实验室是将科学见解转化为技术进步和生产力的有效途径。黎文靖等（2020）、蔡庆丰等（2020）从企业产权对创新活动的差异化视角出发，发现同国有企业相比，民营企业的科技创新效率更高，在创新活动中的表现更为优异。

(3) 政府支持

科技创新是引领经济发展的第一动力，为更好地开展科技创新活动，各国和各地区政府都相继发布了一系列创新激励政策，这些政策的实施为创新主体提供了制度基础和保障。目前关于政府创新支持政策对科技创新水平的政策效应研究主要有三种观点。一是挤入效应。持这种观点的学者认为政府采取的创新补助、税收优惠等创新激励政策激发了企业创新投资热情，降低了企业研发失败的成本，变相提高了企业创新活动收益，从而促使企业增加研发投入，缓解了企业创新活动因外部性和不确定性引致的"市场失灵"问题（Romano, 1989; Arqué-Castells, 2013; 郭玥, 2018）。同时，知识产权保护的加强能够保证企业可以分享技术公开所带来的稳定收益，从而促使企业将更多资源投向技术创新项目，缓解因创新外部性引发的企业不能享受技术创新全部收益的问题（Arrow, 1962; 龙小宁和林菡馨, 2018; 尹志锋, 2018）。二是挤出效应。持这种观点的学者一方面认为政府创新补助可能导致企业对其过度依赖，进而降低自身研发投入强度（Mamuneas and Nadiri, 1996; Acemoglu et al., 2018）；另一方面认为政企间信息不对称可能导致政府创新支持政策产生"逆向"引导作用，进而出现过度投资（毛其淋和许家云, 2015）和策略性创新行为（黎文靖和郑曼妮, 2016），不利于科技创新水平和科技资源配置效率的提升。三是无影响或非线性关系。康志勇（2018）、张杰（2020）采用中国企业创新调查库数据检验了政府支持对企业自主创新的影响，发现二者之间表现为"U"形关系，只有当政府创新补贴超过一定阈值时，才能真正地促进企业自主创新。

(4) 市场化改革

市场化改革进程对科技创新的影响是学术界长期以来关注的焦点，市场化改革是由一系列经济、社会、体制变革构成的综合体（樊纲等, 2011），主要通过创新资源配置和市场竞争两种渠道影响科技创新。创新资源配置方面，首先，市场化改革能够缓解要素市场扭曲引发的寻租行为对企业创新活动的挤出效应（Chen et al.，2014；张璇等，2017；夏后学等，2019），增加企业家在创新活动中的时间和优化资金配置（魏下海等，2015），降低企业创新活动的交易费用（鲁桐和党印，2015），进而促进企业科技创新。其次，市场化改革能够通过减少信息不对称和增加融资渠道来影响科技创新，在市场化发展程度较高的地区，金融中介的信息收集和处理能力更强（夏杰长和刘诚，2017），使得具有发展前景的新技术投资项目更容易被"识别"。同时，市场化程度较高地区的风险投资、金融科技等投融资渠道更为通畅，温军和冯根福（2018）采用扩展的风险投资行为模型分析了"增值服务"和"攫取行为"在风险投资影响企业创新中的作用机制。唐松等（2020）检验了数字金融对企业技术创新的驱动效果和内在激励，发现数字金融能够通过校正传统金融中的"属性错配"、"领域错配"和"阶段错配"，进而驱动企业技术创新。市场竞争方面，Schumpeter（1942）主张在依靠企业内源融资进行创新活动时，竞争会对创新产生消极作用。Aghion等（2005）利用英国的数据验证了竞争与创新的关系，发现竞争与创新之间呈现显著的倒"U"形关系，并在此基础上构建了更为一般性的理论模型加以论证。张杰等（2014）采用1999~2007年中国工业企业调查数据库的数据检验了市场化竞争对企业创新的作用，发现提高市场化竞争有助于提升中国企业科技创新水平。

2. 科技创新的经济效应

科技创新作为引领发展的第一动力，已在学术界和政界得到一致认可。现有文献就科技创新对经济社会各方面的影响效果和作用机制做了许多有益的探讨，也取得了丰硕的成果。下面将主要从经济增长、就业、收入分配等视角，总结科技创新对经济社会影响的相关文献。

（1）科技创新与经济增长

创新与经济增长的关系一直是经济领域的热门话题之一，国内外学者对技术创新与经济增长关系的研究从未停止过，他们一致认为科技创新是经济增长的重要动力供给。Solow（1956）作为新古典经济学的代表人物，采用定性和定量的方法分析了技术进步与经济增长之间的正相关关系。Romer（1990）作为内生经济增长理论的代表人物，认为知识和技术进步是促进经济增长的主要动力。随着内生经济增长理论的流行，经济学家认识到技术落后是经济发展的主要障碍,而研发投入是创新绩效的关键决定因素。在理论模型方面,Grossman 和 Helpman（1991）、Aghion 和 Howitt（1992）、Stokey（1995）构建了包含研发的内生经济增长模型,重点阐述了创新研发在促进经济发展、增强企业竞争力和调整产业动态方面的重要作用（Coad et al.,2019）。在实证方面,各国学者也证实了研发投入与经济增长的正相关关系。例如,Zachariadis（2010）基于 OECD 国家面板数据的实证研究发现,研发活动对于生产率和经济产出具有显著的积极影响,这一结果得到了 Falk（2007）的支持,Falk 基于经合组织国家数据的研究表明,高科技部门的研发力度与人均 GDP 之间存在正相关关系。Kim（2011）计算得到韩国研发对经济增长的总体贡献率约为 35%。Peng（2010）基于中国数据的研究发现,中国研发支出每增长 1%,GDP 增长 0.92%。

尽管多数文献认为,研发投入与地区经济绩效有关,但一些学者认为,并非所有地区都有能力在任何情况下将研发投入转化为实际经济成果。Jin 等（2006）结合 CES 生产函数和非线性最小二乘的分析方法对中国改革开放后的经济数据进行实证研究,认为技术的不断发展和研发投入的不断增加只会增加中国的技术知识存量,而不能有效地转化为经济增长。Crescenzi 和 Rodríguez-Pose（2013）认为社会资本、人力资本、制度质量和文化特征等因素是决定研发项目能否成功的关键因素。Zeng 等（2019）认为吸收能力是创新投入与产出之间联系的重要调节因子。Duan 等（2019）认为区域间技术转移速度也是决定研发投入能否转化为生产力的重要因素。

（2）科技创新与就业

从现有研究来看,科技创新对就业的影响并不明确,概括起来主要可以分为以下三种。第一,就业创造论。Pissarides（1990）主张技术进步能够提升生产率,生产率的提升会降低生产成本,促进企业扩大生产规模,增加劳动力需求。Akerman 等（2015）、Hjort 和 Poulsen（2019）认为新技术的产生能够创造更多新的就业岗位,拓宽就业渠道。第二,就业抑制论。技能偏向性技术进步理论认为,新技术对不同类型劳动力的就业影响不同,技术进步会通过替代自动化任务的方式对劳动力就业产生替代效应,特别是减少了技术含量相对较低的中低技能劳动力需求（Spitz-Oener,

2006；Acemoglu and Restrepo，2018；王永钦和董雯，2020）。第三，就业综合论。持这种观点的学者认为，科技进步对就业的影响受制于制度、文化、经济、社会等因素，需要基于一定的前提条件下分析二者的关系。Peters（2004）基于德国劳动力就业市场数据的实证研究结果表明，过程创新对就业有消极影响，产品创新对就业有积极影响，而自主创新和模仿创新对就业无显著影响。吴翌琳（2015）基于中国工业企业调查数据库的研究发现，整体上来看，技术创新具有拉动就业的作用，这种拉动作用在长三角、珠三角地区更为明显。张车伟等（2017）分析了以创新为基础的新业态经济对就业的影响，认为创新经济在创造就业岗位的同时，也对就业产生了挤压效应，创新经济对就业的最终影响取决于创造效应和挤压效应的大小。Zhu等（2021）利用世界银行调查数据检验了产品创新和工艺创新对就业的不同影响，结果表明，工艺创新对就业有正向影响，而产品创新对就业有负向影响。具体来说，创造就业的积极影响来自旧产品销量增加，而消极影响来自新产品生产率提升。

（3）科技创新与收入分配

如前文所述，科技创新对经济增长的作用已得到学术界的广泛认可，但关于科技创新在收入分配、收入不平等中的作用，尚未形成一致观点。Antonelli和Gehringer（2017）认为技术变革能够缓解收入不平等问题，技术变革的不平等递减效应在整个收入不平等分配过程中都存在，且在财富集中度和收入不对称程度较高的国家中更为明显。而Perera-Tallo（2017）认为收入不平等的加剧是由偏向性技术革命造成的，偏向性技术会加剧劳动与资本之间收入分配不均等现象，进一步扩大贫富差距。Acemoglu和Restrepo（2020）、王林辉等（2020）的研究也表明以人工智能为代表的新一轮信息技术革命会导致高技能与低技能劳动力之间的收入差距扩大。Gil-Alana等（2020）采用长时间序列的研究发现，创新和知识会导致薪酬不平等现象加剧。此外，也有部分学者认为科技创新与收入分配之间的关系是非线性的。李子联和朱江丽（2014）基于中国省级面板数据的实证研究发现，收入不平等与自主创新之间表现为非线性的"U"形关系。

除了关注科技创新与收入分配的关系外，部分学者基于人力资本、政府规模、地理属性、行业差异等视角探究了科技创新影响收入分配的机制。Cuaresma等（2013）、Shahpari和Davoudi（2014）认为人力资本是科技创新影响收入分配的一个关键因素，人力资本的提升有助于加快科技创新步伐，减少收入不平等，促使收入分配更加公平。Trajtenberg（2018）将科技创新划分为"劳动增强型创新"和"劳动替代型创新"两类，认为"劳动增强型创新"有助于提升劳动生产率，促进劳动收入提升，而"劳动替代型创新"会降低劳动力就业和收入。郭晨等（2019）基于中国综合社会调查（CGSS）数据的实证研究发现，科技创新对收入不平等的影响与区域人力资本、政府规模及地理属性等有关，在高人力资本水平、大中等政府规模及中西部地区，科技创新会加剧收入不平等程度。王林辉等（2020）采用理论推演的方式考察了不同行业间人工智能技术的收入分配效应，发现人工智能应用对收入不平等造成的冲击在资本和非技术密集型地区更为明显。

（4）科技创新的其他研究

除经济增长、就业、收入分配外，现有文献还分析了科技创新对产业结构升级、城镇化进程、绿色发展等的影响。

在产业结构升级方面，周忠民（2016）以湖南省为例实证检验了科技创新对产业结构的影响，发现科技创新是影响产业结构的格兰杰成因，但这种影响存在时滞。陶长琪和彭永樟（2017）基于经济集聚视角，从理论和实证两方面探讨了技术创新对产业结构升级的影响机制及空间效应。李翔和邓峰（2019）从地理空间视角考察了科技创新和产业结构升级对经济增长的影响，发现科技创新能够缓解产业结构升级中的负效应，是释放产业升级红利的重要因素之一。

在城镇化进程方面，Grossman（1994）认为由科技创新引致的内生技术进步能够推动城镇化进程，是城镇化发展的基础动力。陈强远和梁琦（2014）采用数理推演的方式分析了异质性劳动力和知识溢出对城市空间结构的影响机制，发现高技术产业是城镇化可持续发展的重要支撑。郑强（2017）基于门槛模型检验了科技创新对新型城镇化发展的影响，发现科技创新对新型城镇化的影响表现为正向双门槛效应，科技创新门槛值分别为 0.051 和 0.304，进一步基于时间门槛的分析表明，科技创新对新型城镇化进程的推进强度会随着时间的推移逐渐递减。

在绿色发展方面，何雄浪（2015）以新地理经济学 TP 模型为基础，构建了知识创新与扩散、地区间技术吸收效应与环境污染的分析框架，从理论上阐述了知识溢出、技术吸收、环境污染传播对经济空间的影响机制。黄娟和汪明进（2016）利用中国2000~2012年的省级面板数据检验了科技创新对环境污染的影响效果，结果表明科技创新能够有效降低SO_2的排放总量和排放强度，促使环境库兹涅茨曲线"拐点"左移。陈阳等（2019）认为在环境规制约束条件下，科技创新能够通过资源节约效应、人口集聚效应及产业结构升级效应三种途径促进降污减排。辛晓华和吕拉昌（2021）基于中国城市层面的经验证据也表明科技创新能够抑制环境污染。

（二）全要素生产率相关研究

1. 全要素生产率的测算方法

从现有文献来看，有关全要素生产率的测算方法主要有三种，分别为索洛余值法、随机前沿分析法（SFA）和数据包络分析法（DEA）。按照在生产率估计过程中是否包含参数，可将全要素生产率测算方法分为参数法和非参数法两类。其中，索洛余值法、随机前沿分析法（SFA）属于参数法，数据包络分析法（DEA）属于非参数法。其中，参数法经济含义明确但具有较强的函数形式和分布形式的假设，非参数法无须提前设定投入与产出之间的生产函数关系，但经济含义有限且较难控制误差。两种方法的优缺点、具体估计方法及主要代表文献如表0-1所示。下面将从参数法和非参数法两种分类方式出发，梳理全要素生产率测算方法的相关研究。

表0-1 全要素生产率的主要测算方法及比较

分类	优点	缺点	具体估计方法	主要代表文献
参数法	有经济学理论和内涵；多阶可导；提供参数估计	假设前提多；函数形式和分布预先假设	索洛余值法	Olley和Pakes（1996）；Levinsohn和Petrin（2003）；Ackerberg等（2015）
			随机前沿分析法（SFA）	Aigner等（1977）；Meeusen和Broeck（1977）；Greene（1990）
非参数法	无须事先假设生产函数；计算简单；容易创新	缺乏经济学理论依据；无法提供参数估计	数据包络分析法（DEA）	Charnes等（1978）；Banker等（1984）

(1) 参数法

参数法是指通过设定参数、建立参数方程、求解或消除参数的方式解决实际问题，目前已在全要素生产率的测算过程中广泛应用。索洛余值法是最早的全要素生产率测算方法，通常采用 C-D 生产函数估计全要素生产率，也有部分学者采用超越对数函数估计全要素生产率。从本质上来看，全要素生产率是估计生产函数的副产品。在具体的参数估计过程中，使用传统的最小二乘法（OLS）无法规避由样本选择性偏差、测量误差等造成的内生性问题，为了解决此问题，许多学者提出了工具变量法、固定效应法、控制方程法等克服内生性问题的改进方法，目前应用最多的为控制方程法，主要包含 Olley 和 Pakes（1996）提出的 OP 法、Levinsohn 和 Petrin（2003）提出的 LP 法，Ackerberg 等（2015）提出的 ACF 法。索洛余值法的简约灵活性使其得到广泛应用，McMillan 等（1989）、Lin（1992）利用索洛余值法计算了各国的全要素生产率。但不可忽略的一个问题是，利用索洛余值法估计全要素生产率时，存在以下假设前提：一是规模收益不变；二是希克斯中性；三是生产函数已知；四是不存在效率损失情形。在现实生活中，上述假定条件很难满足，因此部分学者对索洛余值法估计的全要素生产率的准确性提出疑问。

为了规避上述严格的假定条件，学者们又提出一种新的全要素生产率测算方法——随机前沿分析法。随机前沿分析法（SFA）是一种利用参数法估计平均前沿函数和技术效率水平及其随时间推移所发生的变化，最早由 Aigner 等（1977）、Meeusen 和 Broeck（1977）提出，现已被广泛应用到经济和金融中的各个领域。SFA 的基本思想是，任何经济体的"实际产出"都不能超过"产出边界"，"实际产出"与"产出边界"的偏离程度可视为非效率损失。根据干扰项分布形式的不同，可将 SFA 模型分为正态-半正态模型（Aigner et al., 1977）、正态-截断型半正态模型（Meeusen and Broeck, 1977）、正态-指数模型（Greene, 1990）。在具体的参数估计过程中，主要采用 MLE 进行估计。同索洛余值法相比，随机前沿分析法放松了不存在效率损失情形的假定，但仍需要事先假定生产函数和分布，所以可能存在生产函数设定不合理引致的全要素生产率估计不精准问题。

(2) 非参数法

目前，采用非参数法衡量全要素生产率的主要方法为数据包络分析法

（DEA）。数据包络分析法最早由 Charnes 等（1978）提出，是一种利用非参数法估计生产前沿面的技术进步率测算方法，其中生产前沿面是由投入产出数据凸组合构成的包络面。Charnes 等（1978）提出的 CCR 模型的假定条件之一是规模报酬不变，但在现实生活中规模报酬并非恒定的常数，因此 Banker 等（1984）在 CCR 模型的基础上进行了扩展，提出了规模报酬可变的 BCC 模型。从测量维度来看，非参数技术效率估计主要分为径向技术效率和非径向技术效率，传统的 CCR 模型和 BCC 模型均属于径向技术效率模型，其内在假定是实际观测值达到目标值是通过同比例增加产出或同比例减少投入的方式获得，这就导致模型只能提供一个效率值，无法分解各个要素的效率值，同时也可能导致实际效率被高估。为了解决这个问题，学者们进一步提出了 RM（Färe et al.，1985）和 SBM（Tone，2001）的非径向技术效率模型，将松弛量考虑进去，直接用多余的投入量和不足的产出量来衡量效率。

由于 DEA 具有不需要事先假定生产函数形式、不需要对参数进行估计、能考虑非效率情形以及能对全要素生产率进行分解等特性，其在全要素生产率变动研究中得到广泛应用。Färe 等（1994）首次将 DEA 方法融入 Malmquist-TFP 测算中，分析了 OECD 主要国家的全要素生产率变化轨迹，发现日本是基于追赶的 TFP 增长，而美国是基于技术创新的经济增长。之后，学者们针对 Malmquist 指数存在的结果不一致、无法求解、求解结果不具备乘法完备性等缺陷，提出了 Global Malmquist 生产率指数（Pastor and Lovell，2005）、Biennial Malmquist 生产率指数（Pastor et al.，2011）及 Metafrontier Malmquist 生产率指数（Oh and Lee，2010），进一步完善了基于 DEA 的 Malmquist-TFP 测算方法。尽管采用 DEA 测算全要素生产率不需要任何假定前提且计算简单，但由于缺乏经济学理论依据，尚未得到学者们的一致认可。

2. 全要素生产率的影响因素

当前中国经济正处于由高速增长阶段向高质量发展阶段转变的过渡时期，高投入、高消耗、以数量扩张为主的粗放型发展方式已难以为继，优化经济结构、转换增长动力无疑成为当下亟待攻克的重大问题。2015 年《政府工作报告》明确指出，要增加研发投入，提高全要素生产率。吴敬琏等（2016）认为中国经济增长的驱动力应从投资转向全要素生产率，全要素生产率是新常态经济的增长动力（蔡昉，2015）。可见，全要素生产率对经济增长的重要性已得到政府和学者们的一致认可。那么影响全要素生产率的因素有哪些？哪些因素会推动全要素生产率提升？哪些因素会抑制全要素生产率提升？结合现有文献，本书将从制度环境、宏观调控、人力资本配置、基础设施、金融发展等方面归纳总结影响全要素生产率的因素。

(1) 制度环境

从制度环境来看，制度创新引致的制度变迁能够优化创新资源的配置效率，进而促使全要素生产率得到提升（黄凯南和乔元波，2018）。影响全要素生产率的制度环境主要有政府支持、财政分权制度以及对外开放等。在政府支持视角下，研发补贴是世界各国激励市场主体开展创新活动的主要政策工具之一（晏艳阳和吴志超，2020），现有关于科技创新是否有助于提升全要素生产率的研究尚无统一定论。部分学者认为创新活动具有较强的外溢效应，政府研发补贴能够弥补创新活动中的市场"失灵"和"缺位"，保证企业创新活动的有效进行，从而促进企业全要素生产率的提升（McCloud and Kumbhakar，2008；张杰等，2015；栾强和罗守贵，2017）；还有部分学者认为政府研发补贴并不能促使全要素生产率的提升，甚至有可能出现"越补越亏"的局面（Bernini and Pellegrini，2011；焦翠红和陈钰芬，2018）；也有少数学者认为政府研发补贴对全要素生产率的影响具有非线性效应，当政府研发补贴在一定阈值内对全要素生产率有促进作用，超过阈值时会抑制全要素生产率提升（王立勇和毕然，2014）。

在财政分权制度视角下，"中国财政分权"制度引致的地区间竞争，正如一枚硬币的两面：一方面，"中国财政分权"能够通过提升地区基础设施水平、增加地方财政科技投入、扩大地区对外开放、引进高技术人才等方式促进技术进步，进而提升地区的全要素生产率（Montinola et al.，1995；Jia et al.，2014；余泳泽和刘大勇，2018；余泳泽，2015）；另一方面，"中国财政分权"制度也会导致地方官员为了在"晋升锦标赛"中获胜，忽视经济的长期增长目标，将资金投向"短平快"的重复性建设项目中，进而可能导致信贷资源错配，抑制地区的技术进步，不利于地区全要素生产率的提升（周黎安，2007；陆铭和陈钊，2009；王定祥等，2011）。宋美喆等（2020）认为不同形式的分权对全要素生产率的影响不同，财权下放能够促进全要素生产率提升，而管理职能权力下放会对全要素生产率产生抑制作用。

在对外开放视角下，Coe 和 Helpman（1995）首次采用国际 R&D 溢出分析框架就对外贸易如何影响一国全要素生产率进行了系统性分析。新贸易理论指出，出口贸易能够通过示范学习效应（范剑勇和冯猛，2013）、规模经济效应（Nishimizu and Robinson，1984）和技术溢出效应（Koenig，2009）作用于全要素生产率，进而促进一国经济增长。从实证研究结果来看，就对外贸易如何影响全要素生产率学界尚未达成一致意见。部分学者对出口贸易和全要素生产率之间的关系进行了实证检验，认为出口贸易并没有带来中国全要素生产率的提升（欧定余和陈维涛，2012；叶明确和方莹，2013）。吕大国和耿强（2015）基于出口贸易类别视角，发现一般贸易和其他贸易对全要素生产率具有积极的促进作用，而加工贸易会抑制全要素生产率的提升。李佳和汤毅（2019）基于 1985~2016 年中国 28 个省份面板数据的实证检验表明，贸易开放和外商直接投资（FDI）都能促进全要素生产率的提升，且二者之间存在替代关系。Shu 和 Steinwender（2019）详细回顾了贸易自由化对企业生产率和创新的影响，发现其作用效果在国家和公司层面存在巨大差异。

（2）宏观调控

宏观调控政策是影响全要素生产率的不可忽略的因素，现有文献主要从产业政策、财税政策、政策不确定性等视角展开研究。产业政策作为政府调控经济的重要手段，对全要素生产率的影响受到许多学者的关注。钱雪松等（2018）以中国 2009 年十大产业振兴规划作为自然实验验证了产业政策对企业全要素生产率的影响，发现产业政策会通过降低资本配置效率渠道抑制企业全要素生产率增长，且这种抑制效应在国有企业中更为明显。而李骏等（2017）、戴小勇和成力为（2019）认为适度的产业政策有助于缓解由市场"失灵"引起的恐慌情绪，保证市场"有序竞争"，进而提升企业的全要素生产率。财税政策研究方面，丁汀和钱晓东（2019）采用倍差法验证"营改增"政策的实施是否对制造业企业全要素生产率存在溢出效应，发现"营改增"政策能够通过缓解企业融资约束、扩大企业规模效应、提高劳动力生产率和增加研发投入四条渠道提升制造业全要素生产率，这种正向溢出效应在民营企业和中小企业中更为明显。政策不确定性研究方面，Bhattacharya 等（2017）认为经济政策不确定性会导致企业创新动机减弱，抑制企业研发投入，从而导致全要素生产率降低（张峰等，2019）。彭俞超等（2018）认为政策不确定性会导致企业提高预防性储蓄动机，降低金融资产的投资规模，导致资金难以得到有效配置（饶品贵等，2017），阻碍全要素生产率的提升。

(3) 人力资本配置

优化人力资本配置是提升全要素生产率的重要途径（蔡昉，2013）。现有关于人力资本配置与全要素生产率的研究主要从以下两条路径展开。第一条路径是将人力资本要素纳入内生经济增长模型，采用数理推演和计量检验的方法阐述人力资本错配对全要素生产率提升的消极作用。Baumol（1990）在熊彼特模型的基础上进一步放松人力资本从事生产性活动的假设，发现人力资本在生产性活动和非生产性活动之间的配置会影响创新绩效和全要素生产率，Murphy 等（1991）的研究结论与此类似。李世刚和尹恒（2017）采用中国城市面板数据检验了人力资本在政府部门和市场部门之间的配置效率，发现将优秀人才配置到市场部门有助于提升地区的全要素生产率。王启超和王兵（2020）以中国工业企业数据为样本，基于金融业-制造业人才配置视角检验了人才配置对全要素生产率的影响，发现当前中国人才配置呈现"脱实向虚"的特征，283 个地级市中有 273 个城市存在金融业人才配置过度现象，显著降低了制造业全要素生产率。

第二条路径是在要素配置的研究框架下分析人力资本配置对全要素生产率的影响，这类研究通常将人力资本配置纳入劳动要素配置范畴。Vollrath（2009）采用一般均衡模型测算了国别层面的要素错配效应，认为政府干预导致的要素错配是引致欠发达国家全要素生产率偏低的主要原因。Brandt 和 Zhu（2010）以发达国家的要素配置为基准，模拟中国要素错配造成的 TFP 损失，发现中国各省份和部门间要素错配造成的生产率损失高达 20%。部分学者基于要素价格扭曲视角实证检验了价格扭曲对全要素生产率的影响，发现无论是采用国别数据、行业数据、省份数据还是企业数据，结果均显示要素价格扭曲会阻碍全要素生产率提升（Pires and Garcia，2012；纪雯雯和赖德胜，2015）。

(4) 基础设施

基础设施对经济增长的影响一直是学术界关注的焦点，近年来关于基础设施对中国全要素生产率影响的文献主要集中于交通基础设施和信息基础设施方面。交通基础设施研究方面，彭小辉和王静怡（2019）基于 2008~2015 年中国地级市面板数据检验了高铁建设对经济增长的影响，发现高铁建设能够通过改善资本要素配置效率进而提升该地区的全要素生产率。黄凯南和孙广召（2019）以制造业上市公司为样本，发现高铁开通对企业的全要素生产率有显著促进作用，且这种促进作用在非国有企业和东中部企业中更为明显，施震凯等（2018）基于铁路提速对生产率增长的实证分析也支持这一结论。

信息基础设施研究方面，肖利平（2018）利用中国省级面板数据分析了"互联网+"对装备制造业全要素生产率的影响效果及作用机制，发现"互联网+"能够在一定程度上提升装备制造业的全要素生产率，但是作用效果有限，且这种提升效果主要通过规模效率机制实现，并非实质上的技术进步驱动。陈维涛等（2019）检验了互联网电子商务对企业全要素生产率的影响，发现互联网电子商务能够通过加大企业研发的中介渠道提升企业全要素生产率，且互联网电子商务应用相较于互联网电子商务服务更能促进企业全要素生产率提升。而郭家堂和骆品亮（2016）基于中国省级面板数据的实证分析表明，互联网对全要素生产率的影响是非线性的，存在一个最佳的网民人口比例临界规模，这个阈值约为 41.43%。

（5）金融发展

自 Schumpeter（1912）提出金融发展可以提高生产力，从而带动经济增长的观点后，经济学界开始关注金融与经济增长的因果关系和内在影响机制。关于金融发展与经济增长的讨论主要分为两个阶段：第一阶段是以 McKinnon（1973）和 Shaw（1973）为代表的"金融抑制论"，认为金融自由化能够促进经济增长，发展中国家的经济欠发达归咎于金融抑制；第二阶段是以 Greenwood 和 Jovanovic（1990）、Bencivenga 和 Smith（1991）、King 和 Levine（1993a，1993b）为代表的"新金融发展理论"，突破了 McKinnon-Shaw 的理论分析框架，在内生经济增长理论的基础上分析金融发展对经济增长的影响。随着内生经济增长理论指出 TFP 是影响经济增长的唯一源泉（Romer，1986），部分学者开始将目标转向金融发展与全要素生产率领域。

从现有文献来看，金融发展主要通过技术进步和资源配置两种渠道作用于全要素生产率。在技术进步渠道方面，Fuente 和 Marin（1995）认为金融中介组织拥有信息成本的规模优势，能够快速、高效地处理和传递信息，促进金融资源流向具有投资价值的创新项目，进而通过技术进步渠道促进全要素生产率提升。唐松等（2019）采用空间面板杜宾模型验证了科技创新对各省份全要素生产率的影响和溢出效应，认为科技创新可以借助其技术优势缓解创新项目中的信息不对称问题，引导资金投向具有潜在收益的创新项目，从而通过技术升级效应带动全要素生产率提升，侯层和李北伟（2020）基于北京大学数字惠普金融指数和中国省级面板数据的实证检验也验证了这一结论。在资源配置渠道方面，Buera 和 Shin（2013）构建了金融约束条件下资本在不同全要素生产率企业间的错配模型，发现金融发展能够通过提高资本配置效率从而促进企业全要素生产率提升，徐晔和宋晓薇（2016）基于中国省级数据的经验研究表明，金融资源错配会导致全要素生产率损失约 0.8%。Greenwood 和 Jovanovic（1990）通过模拟仿真的方式研究了金融体系对一国全要素生产率的影响效果，发现如果世界上所有国家都采用最好的金融体系，世界 TFP 将上升 17 个百分点。

（三）科技创新对全要素生产率影响的相关研究

自熊彼特的《经济发展理论》出版以来，创新理论得以繁荣发展，以 R&D 内生经济增长理论为代表的新增长理论提出科技创新是促进经济增长的长效动力。而全要素生产率作为衡量经济增长的重要指标，一直受到学者们的广泛关注，因此一些学者将研究目标投向科技创新与全要素生产率领域。总的来说，现有关于科技创新与全要素生产率的相关研究主要集中于科技创新对全要素生产率的影响效果、传导机制及不同类型科技创新活动对全要素生产率的影响等方面。下面将围绕这三方面对已有文献进行归纳总结。

1. 科技创新对全要素生产率的影响效果

科技创新是促进经济长期稳定增长的核心动力，也是实现经济高质量发展和产业结构升级目标的根本途径，这已在政界和学术界达成共识。从理论层面来看，熊彼特经济发展理论认为科技创新可能通过创新资源重新配置效应引致资源流向生产率较高的企业，从而通过市场竞争效应迫使生产率较低的企业逐步退出市场，进而提升行业的整体全要素生产率（Lentz and Mortensen，2008；Acemoglu and Cao，2015）。内生经济增长理论认为技术进步是全要素生产率提高的主要源泉，知识积累可以提高自身及其他企业的效率，知识存量的积累是促进全要素生产率和经济增长的主要因素。从实证层面来看，全球范围内大量实证研究的结果也表明科技创新对一国生产率的提升具有举足轻重的影响。例如，Coe 和 Helpman（1995）构建了基于国内研发支出的国内知识存量和基于其贸易伙伴研发支出的国外知识存量，并在此基础上采用 21 个经合组织国家数据分析了国内外研发资本存量对一国全要素生产率的影响，研究发现全要素生产率和研发资本存量之间确实存在密切联系，一国的全要素生产率不仅取决于本国的研发资本存量，还取决于其贸易伙伴的研发资本存量，国内进口在 GDP 中所占的份额越大，国外研发资本存量对国内全要素生产率的推动作用就越大。Gruning（2017）的研究也表明国际贸易的技术溢出能够显著促进落后国家全要素生产率的提高。Raymond 等（2015）以法国和荷兰三次社区创新调查（CIS）数据为样本，采用动态联立方程模型检验了企业创新和生产率的持久性以及两者之间的双向因果关系是否存在，发现创新是影响生产率的格兰杰原因。

然而，也有研究认为科技创新并不能促使全要素生产率得到提升。这种观点最早起源于索洛提出的"索洛悖论"，"索洛悖论"主要是指在计算机信息技术蓬勃发展的时期，美国全要素生产率没有呈现出明显的增长态势，即信息技术的发展并没有带来美国全要素生产率的提升。Gordon（2018）基于美国专利数据的经验研究表明，专利的持续增加并没有带来全要素生产率增速的改善。此外，部分学者基于中国数据的经验研究也表明科技创新投入不仅没有提升全要素生产率，反而存在抑制作用。张海洋（2010）认为研发投入能够同时提高创新能力和吸收能力，内资部门较低的创新能力和吸收能力导致创新投入无法转化为有效的现实生产力，进而抑制了全要素生产率的提升。唐未兵等（2014）认为只有技术创新、技术引进和技术吸收提高了全要素生产率在经济增长中的贡献比例，才能确定其通过促进技术进步进而提升了全要素生产率，而基于中国的现实数据检验并无法为此提供支持。高帆（2017）从要素市场化角度分析了中国科技创新投入强度与全要素生产率增长率之间"剪刀差"不断扩大的原因，他认为科技创新投入与全要素生产率之间并不一定存在严格的对应关系，政府与市场间关系变动导致的要素市场扭曲是造成全要素生产率下降的主要原因。戴小勇（2021）利用1998~2009年中国工业企业数据检验了创新投入对企业全要素生产率的影响，发现创新资源错配和要素市场扭曲是引发中国"高创新投入与低生产率之谜"的关键因素。

2. 科技创新对全要素生产率的传导机制

在对科技创新与全要素生产率关系进行分析的基础上，部分学者将注意力转向科技创新对全要素生产率的传导机制。从现有的理论和实证分析来看，科技创新主要通过技术进步和资源配置两种渠道作用于全要素生产率。技术进步渠道方面，唐未兵等（2014）认为关于科技创新是否能够促进全要素生产率仍存在争议，争议的关键在于科技创新是否真正地带来了技术进步，只有技术进步才能提高全要素生产率对经济增长的贡献。袁礼和欧阳峣（2018）基于国别数据检验了技术进步偏向如何通过技术进步渠道和资源配置渠道影响全要素生产率，发现适宜性技术进步选择有助于实现一国全要素生产率的提升。Lopez-Rodriguez和Martinez（2015）通过构建包含研发投资和非研发投资的增长模型，分析创新活动中的研发活动和非研发活动对全要素生产率的影响，发现只有研发投资才能真正促进技术升级，以技术引进、采购先进的机械和计算机软硬件等为代表的非研发创新活动虽然也能在一定程度上促进全要素生产率，但是作用效果有限，进一步采用欧盟国家数据的实证研究表明研发投资对全要素生产率增长的影响是非研发投资的两倍。Orlic等（2018）认为科技创新会通过"示范效应"推动产业的整体技术水平提升，学习和模仿行业内领先企业的工艺流程和管理模式等，能够降低创新的不确定性，促进创新产出和生产率的提升。同时，参与科技创新活动的技术人员和管理人员的流动，能够加速知识和技术的扩散和溢出，提高相关行业的创新效率。

资源配置渠道方面，学者们主要从市场竞争、产业结构调整、分工精度等角度探究了科技创新通过何种资源配置方式影响全要素生产率。从市场竞争来看，Bian等（2019）认为科技创新能够通过市场竞争效应提高企业间竞争程度，缓解因要素市场扭曲导致的效率损失，进而提高资源配置效率，促进企业全要素生产率的提升。余文涛和吴士炜（2020）认为以人工智能、5G、大数据等为代表的新一轮科技创新，使信息传递不再受时间和空间的限制，拓宽了企业获取信息和传递信息的渠道，促使企业能够更好地配置和利用资源，提高企业生产效率。王钺和刘秉镰（2017）采用引力模型测算了创新要素流动量，发现创新要素在区际的流动能够通过知识溢出、资源配置效率优化和创新合作等途径对全要素生产率产生积极的贡献。从产业结构调整来看，科技创新能够通过知识扩散和知识溢出效应提高生产效率和边际产出（De Vries et al.，2012；傅元海等，2016）。由于不同行业的边际产出存在差异，资本和劳动要素会自发地从低附加值行业流向高附加值行业，最终达到不同行业间边际产出的均衡状态，要素自发流动过程伴随着产业结构的调整和变迁，促使资源配置效率不断优化和改进（李平和史亚茹，2019）。值得注意的是，受制于体制机制和劳动力特征等因素，科技创新通过产业结构调整优化资源配置的路径可能会受到限制，甚至没有改善要素配置效率的功效（李艳和杨汝岱，2018）。从分工精度来看，科技创新有助于提升专业化水平（黄群慧等，2019），促使企业在自身核心业务层面更为专业和专注，进而提升企业核心产品的配置效率，带动企业生产率的提高。同时，专业化水平的提升会进一步加深企业的分工精度，降低企业的生产成本，促使资源的配置效率得到有效改善，进而提升全要素生产率（张天华等，2019）。

3. 不同类型科技创新活动对全要素生产率的影响

科技创新活动存在多种类型，不同科技创新活动对全要素生产率的作用效果可能存在差异。现有关于异质性科技创新活动的文献主要可以分为四类。第一类文献侧重于分析公共部门和私人部门研发投入活动对全要素生产率的影响。Chandra 等（2021）以香港、深圳和新加坡为案例，比较了公共部门和私人部门研发投入在促进 TFP 增长中的作用，发现公共部门研发投入和私人部门研发投入对 TFP 的影响在三个案例中各不相同。从私人部门研发投入来看，新加坡、香港的私人部门研发投入对 TFP 增长具有显著提升作用，深圳的私人部门研发投入对 TFP 增长没有明显影响；而公共部门研发投入对 TFP 增长的积极作用仅在新加坡中显现。基于新加坡数据得到的这一结果与 Coccia（2018）的研究结果相似，即当一国的研发投入强度（研发投入占 GDP 的比重）在 2.3%~2.6%时，对其 TFP 增长是最有效的。

第二类文献从研发的性质和目的出发，探讨基础研究和应用研究对全要素生产率作用效果的差异。Prettner 和 Werner（2016）通过构建比较静态模型分析了基础研究对经济增长的短期和长期影响。王文和孙早（2016）从基础研究和应用研究入手，考察了哪一类科技创新投入更能促进全要素生产率的提升，在此基础上进一步探究了所有制和要素市场扭曲对二者关系的调节效应和机制。孙早和许薛璐（2017）采用中国制造业数据验证了基础研究和应用研究对不同前沿技术差距行业全要素生产率的影响，发现基础研究对制造业行业全要素生产率提升具有显著的促进作用，应用研究对制造业行业全要素生产率的影响并非简单的线性关系，具体呈现出先上升后下降趋势。王娟和任小静（2020）基于中国 1998~2017 年的省级数据检验了基础研究、应用研究对全要素生产率的影响，研究发现短期内应用研究对全要素生产率的提升作用大于基础研究，而长期内基础研究对全要素生产率的提升作用大于应用研究。

  第三类文献从专利异质性角度出发，分析不同类型科技创新活动作用效果的差异。赵彦云和刘思明（2011）基于中国 1988~2008 年的数据检验了不同类型专利对全要素生产率的影响，发现相比于实用新型和外观设计专利，发明专利对全要素生产率的影响更大。张杰等（2016）利用中国 1985~2012 年省级面板数据实证分析了发明专利、实用新型专利和外观设计专利三种类型专利对经济增长的作用效果，结果显示实用新型专利和外观设计专利对中国经济可持续发展没有显著作用，而发明专利对中国经济可持续发展的影响呈"U"形。黎文靖和郑曼妮（2016）以中国 2001~2010 年上市公司的数据为样本，探究了创新激励政策对企业专利申请的影响效果，发现同期实行的创新激励政策并没有促进专利的"实质性创新"，即对专利质量的提升效果不明显，而对"策略性创新"有显著的提升作用。陈强远等（2020）的研究结论与此类似，也认为中国现阶段的创新激励政策主要提高了专利数量，对专利质量并无显著的改善效果。

  第四类文献从企业创新活动异质性出发，将企业创新活动分为工艺创新和产品创新。Cassiman 等（2018）通过对西班牙制造业企业的调查，发现不同的创新活动可能会对生产率产生不同的影响，相比于工艺创新，产品创新与企业的具体需求更相关，对企业生产率的影响更为显著。而 Hall 等（2013）、Tomasz 和 Arkadiusz（2019）认为创新类型是识别信息通信技术和创新关系的关键，在短期内工艺创新可能比产品创新带来更高的生产力表现。这是由于工艺创新的主要目的是改变现有产品的生产流程,以减少成本、缺陷、浪费和缩短交货期,提高生产效率,最终增加销售量;而产品创新的市场成功与否并不确定,需要很长时间才能保证新产品被市场熟知和接受,这就导致产品创新可能会在短期内对生产率产生负面影响。

(四) 文献评述

如前文所述,现有关于科技创新与全要素生产率的研究文献较为丰富,这些文献深入分析了科技创新活动和全要素生产率的测度方式、影响因素、经济效应,并针对科技创新对全要素生产率的影响效果和传导机制进行了理论分析和实证检验,为本书后续的研究提供了坚实的文献积累和理论基础。然而,现有研究仍存在以下几点有待补充和完善的地方。

一是从研究视角来看,现有研究在分析科技创新对全要素生产率的影响时,大多将科技创新作为一个整体对象,鲜有文献从异质性科技创新活动的不同特性出发,具体分析基础研究和应用研究对全要素生产率的影响。尽管个别文献从科技创新活动的异质性视角探究了基础研究和应用研究对全要素生产率的影响(Prettner and Werner, 2016; 孙早和许薛璐, 2017; 李政和王思霓, 2021),但上述文献重点关注基础研究和应用研究单独作用于全要素生产率的效果,并未考虑基础研究和应用研究的双向溢出效应对全要素生产率的作用结果。事实上,在整个科技创新链条中,基础研究和应用研究之间相互依存,通过各种渠道和手段相互受益、相互促进。鉴于此,为了进一步探究基础研究、应用研究以及二者双向溢出效应对全要素生产率的影响,本书将从理论分析和实证检验两方面验证基础研究、应用研究以及二者双向溢出效应对全要素生产率的影响效果,为理解中国"高创新投入与低生产率之谜"提供一种新的理论解释。

二是从研究内容来看,现有文献对异质性科技创新与全要素生产率的分析缺乏系统性和框架性。首先,现有研究尚未构建起异质性科技创新影响全要素生产率的理论框架,也没有从数理层面给出相应的证明。其次,现有文献尚未从制度层面出发,基于政府和市场角度深入分析异质性科技创新影响全要素生产率的作用机制,更缺少从异质性科技创新活动的不同特性出发,探讨政府支持和市场化程度在不同类型科技创新活动与全要素生产率中的作用机制。最后,现有研究在探究异质性科技创新活动对全要素生产率的影响时，鲜有考察在不同前沿技术行业、不同经济发展水平地区下，不同科技创新活动对全要素生产率的差异化影响。有鉴于此，本书将构建异质性科技创新影响全要素生产率的理论分析框架，从理论上探讨基础研究与应用研究对全要素生产率影响的内在机理，以及政府支持和市场化程度在不同类型科技创新活动中的作用，并通过数理模型论证对应的理论命题。在理论分析基础上，构造"行业－地区－时间"三维面板数据，实证考察基础研究与应用研究对工业全要素生产率的影响以及政府支持和市场化程度在不同类型科技创新活动与全要素生产率关系中的调节作用，并进一步分析上述结果在不同经济发展水平地区和不同前沿技术差距行业中的潜在差异。

三是从研究样本来看，现有研究尚未结合地区层面与行业层面的数据，为异质性科技创新与工业全要素生产率的研究提供更为精准的证据。目前关于科技创新对工业全要素生产率影响的经验证据仅局限于行业层面或地区层面，尚未结合地区层面与行业层面的数据检验异质性科技创新对工业全要素生产率的影响。考虑到中国不同省份、行业之间存在巨大差异，为了更好地认识和破解中国当前"高创新投入与低生产率"的科技创新困境，本书在现有文献的基础上，拟聚焦于不同经济发展水平地区和不同前沿技术差距行业的差异，通过引入交叉项，结合地区层面与行业层面的科技创新数据，为异质性科技创新与全要素生产率的实证研究提供更为精准的证据，以克服现有研究只考察行业或地区层面平均效应的不足，为进一步探索和明确异质性科技创新对全要素生产率的影响提供新的思路和借鉴。

四　本书的框架及创新之处

（一）本书的框架

本书以科技创新理论与内生经济增长理论为基础，探究了异质性科技创新对全要素生产率影响的内在机理以及政府支持和市场化程度在其中的作用机制。全书主要分为绪论、六章主体内容和结论、建议与展望，其中第一章为理论基础，第二章为理论分析部分，第三至第六章为实证分析部分。具体的章节安排和内容如下。

第一章，理论基础。本章主要分为两个部分：第一部分为科技创新理论，主要包括马克思科技创新思想、巴斯德象限创新理论和熊彼特创新理论；第二部分为经济增长理论，主要包括古典经济增长理论、新古典经济增长理论和内生经济增长理论。

第二章，理论分析。在科技创新理论和内生经济增长理论的基础上，构建异质性科技创新影响全要素生产率的理论分析框架，阐明基础研究与应用研究影响全要素生产率的内在机理及政府支持和市场化程度在其中的作用机制。具体而言，首先从异质性科技创新定义出发，分析了基础研究、应用研究以及二者双向溢出效应如何影响全要素生产率，然后探讨了政府支持和市场化程度在不同科技创新活动与全要素生产率中的作用机制。在上述理论分析的基础上，对传统的 R&D 内生经济增长模型进行扩展，将模型假定中外生的知识库内生化为基础研究部门的输出，构建了一个同时包含基础研究和应用研究以及二者双向溢出效应在内的 R&D 内生经济增长模型，从而更好地刻画异质性科技创新对全要素生产率的影响。

第三章，刻画中国科技创新与工业全要素生产率的特征事实。具体的逻辑脉络如下。首先，梳理以美、英、德、法、日为代表的五大科技强国和中国的长时序研发投入趋势，分析各国研发投入的总体情况，从中总结出一般化、整体性的规律，而后分别从研发活动类型、经费执行部门角度出发，比较五大科技强国和中国研发投入结构的差异，归纳中国科技创新投入结构的总体特征。其次，运用 SFA 模型测算中国 2000~2019 年分省份工业全要素生产率和分行业工业全要素生产率，而后从时间趋势、空间维度和区域差异视角分析了省际层面工业全要素生产率的变化过程及演变特征，从时间趋势、行业差异视角分析了行业层面工业全要素生产率的变化过程及演变特征。

第四章，实证检验异质性科技创新对工业全要素生产率的影响效果。基于理论分析中基础研究与应用研究对全要素生产率的机制分析，采用多元回归模型、系统 GMM 和工具变量法考察基础研究与应用研究以及二者双向溢出效应对工业全要素生产率的影响效果，并进一步检验不同前沿技术差距行业、不同经济发展水平地区下不同科技创新活动对全要素生产率的差异化影响，全面考察异质性科技创新活动对全要素生产率的影响。

第五章，实证检验政府支持在异质性科技创新与工业全要素生产率中的作用机制。基于理论分析提出政府支持在异质性科技创新与工业全要素生产率中的预期作用效果，采用多元回归模型、系统 GMM、动态面板平滑转移模型（PSTR）和工具变量法考察政府支持与基础研究交互项以及政府支持与应用研究交互项对工业全要素生产率的影响效果，并进一步检验上述结果在不同前沿技术差距行业和不同经济发展水平地区中的差异。

第六章，实证检验市场化程度在异质性科技创新与工业全要素生产率关系中的作用机制。基于理论分析提出市场化程度在基础研究和应用研究中的不同影响效果和作用机制，采用多元回归模型、系统 GMM 和工具变量法等计量手段考察市场化程度与基础研究交互项以及市场化程度与应用研究交互项对工业全要素生产率的影响效果，并进一步检验上述结果在不同前沿技术差距行业和不同经济发展水平地区中的差异。

（二）本书的主要创新点

第一，从定性推理和数理分析两个层面构建了异质性科技创新影响全要素生产率的理论分析框架，为理解中国"高创新投入与低生产率之谜"提供了一种新的理论解释。既有关于科技创新影响全要素生产率的研究多借助于熊彼特创新理论和传统内生经济增长理论，将科技创新等同于技术创新，重点关注技术创新对全要素生产率的影响，忽略了科技创新活动中的科学（基础）研究在全要素生产率中的作用以及基础研究和应用研究之间的互动作用对全要素生产率的影响，更遑论从更深层次的制度层面出发探讨政府和市场在异质性科技创新活动中的作用机制，而借助严格数理模型以规范阐释的理论研究就更为罕见。为此，本书在对基础研究和应用研究进行概念界定的基础上，从定性推理和数理分析两个层面构建异质性科技创新影响全要素生产率的理论分析框架。在定性推理层面，不仅分析了异质性科技创新影响全要素生产率的内在机理，还探究了政府支持和市场化程度在二者关系中的作用机制。在数理分析层面，对传统的 R&D 内生经济增长模型进行扩展，将模型假定中外生的知识库内生化为基础研究部门的输出，构建了一个同时包含基础研究、应用研究和二者双向溢出效应在内的异质性 R&D 内生经济增长模型，进一步刻画了异质性科技创新对全要素生产率的影响。这一分析框架的构建不仅弥补了异质性科技创新影响全要素生产率的理论研究在规范式理论分析和数理分析方面的不足，也为理解中国"高创新投入与低生产率之谜"提供了一种新的理论解释。

第二，实证分析了异质性科技创新对工业全要素生产率的总体影响，为异质性科技创新影响全要素生产率的研究提供了更为坚实的经验证据。在样本选取上，本书首次结合地区层面与行业层面的数据，实证检验了不同科技创新活动对工业全要素生产率的影响效果，弥补了现有研究单纯考察行业效应或地区效应的不足。在研究内容上，本书较早地关注到基础研究与应用研究双向溢出效应对全要素生产率的影响，突破了以往仅分析基础研究和应用研究单独作用于全要素生产率的局限。在拓展分析上，本书进一步探究了上述结论在不同前沿技术差距行业和不同经济发展水平地区中的差异，为如何根据行业和地区特征制定差异化策略提供了现实启示。研究发现：①基础研究有助于推动工业全要素生产率提升，但这一作用存在5年左右的滞后；应用研究会抑制工业全要素生产率提升；二者双向溢出效应会促进工业全要素生产率提升。②基础研究以及二者双向溢出效应对工业全要素生产率的推动作用呈现"高技术差距行业<低技术差距行业"的态势；应用研究对高技术差距行业的全要素生产率具有促进作用，对低技术差距行业则具有抑制作用。③基础研究以及二者双向溢出效应对工业全要素生产率的推动作用呈现"东部>中部>西部"的态势；应用研究对东部地区的工业全要素生产率具有促进作用，对中西部地区则具有抑制作用。

第三，实证分析了政府支持在异质性科技创新影响工业全要素生产率中的作用机制，为通过政府精准支持破解中国"高创新投入与低生产率之谜"提供了理论依据和对策指引。已有文献深入探讨了科技创新活动中政府支持的必要性与重要性，但鲜有文献从研发异质性视角考察政府支持在基础研究和应用研究中的差异化作用，多以基础研究的重要性间接论证政府支持的重要性。本书采用动态面板平滑转移模型，检验了政府支持在不同科技创新活动与工业全要素生产率中的非线性作用机制，明确了政府应该侧重支持哪一类科技创新活动，支持到何种程度才有利于提高全要素生产率，并进一步探究了上述结论在不同前沿技术差距行业和不同经济发展水平地区中的差异。研究发现：①政府支持有助于更好地发挥基础研究对工业全要素生产率的推动作用，但必须以政府支持力度达到一定水平为前提；政府支持力度在合理范围内有助于弱化应用研究对工业全要素生产率的抑制作用，但政府支持力度过大则会强化这一抑制效果。②相比于高技术差距行业，低技术差距行业对政府支持基础研究的力度要求更高，对政府支持应用研究的力度要求更低。③相比于中西部地区，东部地区对政府支持基础研究的力度要求更高，对政府支持应用研究的力度要求更低。

第四，实证分析了市场化程度在异质性科技创新影响工业全要素生产率中的作用机制，为如何有效发挥市场机制在不同科技创新活动中的作用提供了理论依据。已有文献在分析市场化带来的创新效应时，忽视了由科学和技术不同属性引致的不同市场化程度在异质性科技创新活动中产生的差异化作用，而这一差异正是识别市场化如何通过优化创新资源配置提高全要素生产率的关键所在。为此，本书采用多元回归模型、系统广义矩估计、工具变量估计等计量手段，检验了市场化程度在不同科技创新活动与工业全要素生产率中的作用效果，并进一步探究了上述结论在不同前沿技术差距行业和不同经济发展水平地区中的差异。研究发现：①市场化程度的提高对基础研究提升工业全要素生产率无显著作用，但有助于弱化应用研究对工业全要素生产率的抑制作用。②市场化程度的提高有助于更好地发挥应用研究对高技术差距行业全要素生产率的推动作用，但对低技术差距行业没有显著影响。③市场化程度的提高有助于更好地发挥应用研究对东部地区工业全要素生产率的促进作用，同时减弱应用研究对中西部地区工业全要素生产率的抑制作用。

第一章
理论基础

一 科技创新理论

(一) 马克思科技创新思想

马克思科技创新思想的形成不是一蹴而就的，而是经历了一个逐步展开和不断完善的过程，其科技创新思想的历史演进经历了四个阶段。

1. 萌芽期："博士论文"至《1844年经济学哲学手稿》

学术界通常将《1844年经济学哲学手稿》作为马克思科技创新思想形成的起点。其实马克思在研究政治经济学之前的"博士论文"中已经涉及科学创新观。马克思有关科学创新的论述主要集中在其"博士论文"的第一部分，这一部分主要探讨了德谟克利特的自然哲学和伊壁鸠鲁的自然哲学的一般差别。马克思在分析德谟克利特和伊壁鸠鲁在科学活动与实践上的差异时说道：德谟克利特是一个十分博学的人，他精通物理学、数学、伦理学等多门学科；为了成为博学之士，他注重到外部世界去探索，曾走遍半个世界，到处搜集资料、进行实验，不断"积累经验、知识和观感"。马克思以上的叙述蕴含了有关科学创新精神和科学创新方法的思想。从这个意义上来讲，马克思"博士论文"中有关德谟克利特获取科学知识过程的叙述，可以看作马克思科学创新思想萌芽中创新方法的体现。《1844年经济学哲学手稿》则主要论述了科技创新的作用。例如，马克思（2000）在分析土地所有者如何想方设法提高地租的过程中指出："我们已经从萨伊那里听说，地租如何随着铁路等等的修建，随着交通工具的改善、日益安全和多样化而增加。"这一观点表明交通运输方面的技术创新引起了地租的提高。再如，马克思（2000）指出："工业是自然界对人，因而也是自然科学对人的现实的历史关系。"这意味着科技和人之间存在相互作用的关系。

2. 初步形成期：《神圣家族》至《在〈人民报〉创刊纪念会上的演说》

自马克思科技创新思想发端之后，随着他对政治经济学、唯物史观和革命实践活动的不断推进，马克思科技创新思想的总体框架已大致具备，这标志着马克思科技创新思想的初步形成。在这一过程中，马克思并非专门为了研究科技创新问题而阐发科技创新见解，其科技创新的观点主要是在论述其他问题与从事其他活动的过程中阐发的。具体来说，马克思科技创新思想得以展开的历史契机主要包括清算以往哲学信仰、宣传科学理论、批判蒲鲁东、起草共产主义者同盟纲领等。科学创新观方面，比如，在清算以往哲学信仰过程中所形成的著作《德意志意识形态》就蕴含着丰富的科技创新思想，马克思在这一著作中指出："费尔巴哈特别谈到自然科学的直观，提到一些只有物理学家和化学家的眼睛才能识破的秘密，但是如果没有工业和商业，哪里会有自然科学呢？"马克思这一观点表明，自然科学的产生和发展离不开人类的工业和商业实践，这实质上是马克思关于科学创新动力的论述。再如，马克思在《神圣家族》中批判青年黑格尔派的错误观点时提到了英国的培根，认为培根是现代科学实验的真正始祖，并指出"科学是经验的科学，科学就在于把理性方法运用于感性材料。归纳、分析、比较、观察和实验是理性方法的主要条件"。这也是马克思首次明确提到科学创新的方法。技术创新观方面，通过梳理《德意志意识形态》《哲学的贫困》《雇佣劳动与资本》《共产党宣言》《在〈人民报〉创刊纪念会上的演说》等著作，这一时期马克思技术创新思想可以概括为四个方面：一是肯定了技术创新在提高生产力和变革社会生产关系中的重要作用；二是论述了科技创新的动力；三是分析了技术创新与分工的相互关系；四是指出了技术创新对工人的影响。

3. 成熟期：《资本论》手稿

在《资本论》手稿中，马克思比较全面地阐释了他的科技创新观点，标志着马克思科技创新思想走向成熟。与以往相比，《资本论》手稿写作时期马克思科技创新思想取得了重要发展，具体可以归纳为以下三方面。

一是深刻地论述了科技创新的积极作用。尽管在马克思科技创新思想初步形成阶段他已对科技创新的作用进行了简单论述，但是马克思在论述中很少使用"科学""技术"之类的概念，多是一些具体的表述，如机器的发明与改良等。而在《资本论》手稿写作期间，马克思对科技创新的认识达到一个新的高度。比如，马克思在这一时期明确提出了"生产力中也包括科学""科学是一般生产力"等观点。二是详细分析了技术创新的负面影响。马克思在其科技创新思想萌芽期的《1844年经济学哲学手稿》中就曾论及技术创新的负面影响，只是当时表达还较为抽象。在初步形成期，马克思对这一问题的论述更为具体，主要体现在《雇佣劳动与资本》等著作中，但分析还不够深入。而在《资本论》第二手稿即《政治经济学批判（1861—1863年手稿）》中马克思详细分析了技术应用给工人带来的负面影响，并着重论述了机器的资本主义应用给工人带来的负面影响。归结起来，马克思主要是从工作日延长、劳动强度提高、工人地位降低和平均工资下降、工人失业等方面展开论述。三是全面地阐释了科学创新与技术创新的关系。一方面，马克思继续肯定了科学创新对于技术创新的理论基础作用；另一方面，马克思也肯定了技术创新对科学创新的推动作用。

4. 发展期：《资本论》

《资本论》第一至三卷中都有马克思关于科技创新的论述，其中第一卷有关论述更为集中，尤其是"机器和大工业"可以视为这一阶段马克思科技创新思想发展成就的代表。在这一时期，马克思科技创新思想得到系统深化，具体表现在以下几个方面：一是更加系统地分析了技术创新对工人的影响，《资本论》第一卷第十三章第三节的标题是"机器生产对工人的直接影响"，这也是马克思首次开辟专门的小节来论述这一问题，体现了马克思对这一问题认识的深化和理论的成熟；二是在第二卷中更为详细地阐述了科技创新对于加速资本流通与周转的重要作用；三是在第三卷第一篇中更加系统地探讨了科技创新对于节约不变资本及农业发展的重要作用。

随后，各国共产主义者在社会主义国家实践和发展经验基础上总结出了科技生产力理论。其中，中国特色社会主义理论中的科技创新思想最具有代表性。毛泽东同志在陕甘宁边区自然科学研究会成立大会上提出"自然科学是人们争取自由的一种武装"；邓小平同志基于中国特色社会主义发展的历史经验，提出"科学技术是第一生产力"①的重要论断；江泽民同志沿着邓小平的理论脉络，指出"科学技术是先进生产力的集中体现和主要标志"②；胡锦涛同志在党的十八大报告中强调，"科技创新是提高社会生产力和综合国力的战略支撑，必须摆在国家发展全局的核心位置"；习近平同志从中国特色社会主义现代化建设的全局出发，进一步强调"创新是引领发展的第一动力"③。创新发展理念的提出与发展，丰富和拓展了马克思主义的科技创新理论，为中国在全球新一轮科技革命和世界百年未有之大变局中赢得主动提供了理论支撑和战略指引。

（二）巴斯德象限创新理论

关于创新模式，目前大致有线性创新模式和非线性创新模式两种理论。线性创新模式最典型的观点反映在 1945 年万尼瓦尔·布什写的《科学：无止境的前沿》研究报告中，布什强调了基础研究的作用，并借此提出了一种线性创新模式，认为创新遵循"基础研究→应用研究→技术开发→生产经营"的线性创新模式。这一创新理念引起学界和政界的广泛关注与讨论，其主要观点是：基础研究是科技创新的源泉，无须考虑后续应用环节，但后续的应用研究等环节直接依赖于基础研究。不同于传统的依据基础研究与应用研究两分法提出的"基础研究→应用研究→技术开发→生产经营"的线性创新模式（Bush，1945），Stokes（1997）以微生物学为例，提出了非线性创新模式的巴斯德象限创新理论（见图 1-1），他认为基础研究与应用研究之间并非单一的线性关系，而是存在动态关联性和交叉融合性，应用研究能够反过来激发相关领域的基础研究。据此，Stokes 提出了一个与布什观点有根本性区别的"四象限"框架："纯基础研究"处于第一象限，亦称"波尔模式"；"由应用引起的基础研究"处于第二象限——其典型是 Stokes 之类的研究，故称为"巴斯德模式"；"纯应用研究"在第三象限，亦称"爱迪生模式"；"技能训练与整理经验"处于第

---

① 1988 年 9 月 5 日邓小平在会见捷克斯洛伐克总统胡萨克时，提出了"科学技术是第一生产力"的重要论断。
② 江泽民同志于 2001 年在"七一"讲话中提出"科学技术是先进生产力的集中体现和主要标志"。
③ 党的十八届五中全会通过的《中共中央关于制定国民经济和社会发展第十三个五年规划的建议》提出，"创新是引领发展的第一动力"。

四象限，亦称"皮特森模式"。各象限之间是双向互动的。Stokes 以大量的历史资料和现实情况说明，对于科学与政府的关系或科技政策来说，最为关键的是巴斯德象限，即要重点关注由应用引起的基础研究的政策支持、项目投资和社会评价，而不是遵从布什的范式。在"巴斯德模式"下，科学家以产业发展引致的应用研究需求为导向来进行基础研究，通过基础研究发现新知识与新原理，进一步将其转化为适用于应用的新技术原理，进而推动产业创新与发展（张守华，2017；Lauritzen，2017）。

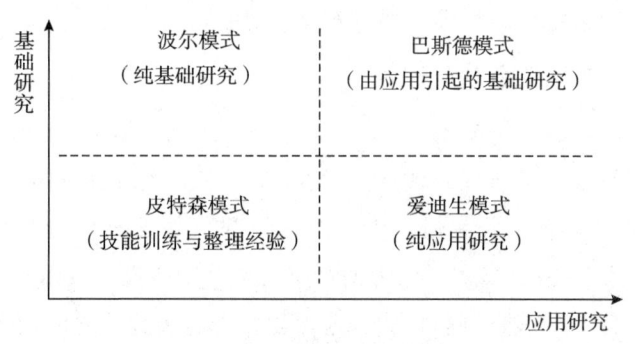

图 1-1 巴斯德象限创新理论

（三）熊彼特创新理论

熊彼特（Schumpeter）于 1912 年在专著《经济发展理论》中首次提及"创新理论"，并阐述了创新与经济发展、企业家精神、经济周期之间的内在联系，这一开创性成果引起了后来学者们的广泛讨论，其影响力一直延续至今。在熊彼特的论述中，创新（innovation）不等同于发明，其本质上是一种市场行为，这种属性决定了创新与发明的不同之处在于其一定要接受市场行为的检验，如果发明没有找到适宜的市场应用场景，那么对经济增长而言就不再有意义，而企业家的作用就在于"建立一种新的生产函数"，将尚未应用到市场中的生产要素和生产条件形成"新的组合"纳入生产体系。按照熊彼特的解释，这里的"新的组合"主要概括为以下五种形式：①引入新产品或更新产品质量；②采用新方法和新工艺；③开拓新市场；④采用新的原材料或中间产品供给来源；⑤采用新组织方法。这五种创新组合可以归为技术创新、市场创新和组织创新三类，技术创新主要包含①②④三种形式，市场创新主要包含第③种形式，组织创新主要包含第⑤种形式。随着熊彼特创新理论的进一步发展，产生了以索洛为代表的新古典学派和以曼斯菲尔德等为代表的新熊彼特学派，他们从不同角度对技术创新理论做了进一步的研究解释和阐述。索洛于1951年在《资本化过程中的创新：对熊彼特理论的评论》中首次提出技术创新的概念，他认为新思想和之后阶段的实现发展是技术创新的两个先决条件。这两个条件的提出进一步充实了技术创新理论的内容，被理论界公认为技术创新概念界定上的里程碑。自提出技术创新概念至今，随着科技的进步，人类创新意识及能力的提高，创新理论的概念得到充分延展，不再仅仅局限于最初熊彼特提出的概念，并且被广泛运用到除经济以外的各个领域。

二 经济增长理论

（一）古典经济增长理论

全要素生产率最早可以追溯到古典经济增长理论时期，古典经济增长理论虽未正式提出这一概念，但提出了与其相对应的概念——单要素生产率，同时也涉及有关全要素生产率的很多方面，比如全要素生产率对经济增长的作用、技术进步对全要素生产率的影响等。斯密（1776）提出要素生产效率的提高可以促进经济增长，但他过分强调劳动生产率对经济的影响而忽视了资本、土地等其他要素生产率提高的影响。同时，他进一步指出技术进步是要素生产率提高的主要原因，这与后来学者们提出的技术进步率是影响全要素生产率的主要原因相一致。萨伊（1803）在斯密的基础上提出了生产三要素学说，他认为劳动、资本和土地构成了经济增长的要素投入，并提出了单位要素产出效率的测算方法，自此之后，劳动生产率、资本生产率和土地生产率开始出现在大众视野之中。但是古典经济增长理论中所提到的单要素生产率无法说明各个要素之间的相互作用以及对经济的综合影响，存在明显的弊端，这也在一定程度上促使着全要素生产率概念的出现。

（二）新古典经济增长理论

全要素生产率的研究于新古典经济增长理论时期正式兴起，新古典经济增长理论强调技术进步在经济增长中的作用，以索洛模型为代表，给出了全要素生产率的具体计算公式，对于全要素生产率的发展有着重大意义。索洛（Solow，1956）认为劳动、资本和技术进步是经济增长的三大动因，同时假定技术进步外生与规模收益不变。索洛将全要素生产率的概念引入生产函数模型，运用包含劳动和资本投入的柯布-道格拉斯生产函数，将扣除了资本和劳动对经济贡献率之后的经济产出增长率余额（"索洛余值"）称为全要素生产率。同时，他根据该模型计算了美国1990~1949年的全要素生产率，现在的很多学者依然在"索洛余值法"的基础上，考虑更多的生产投入要素来计算全要素生产率。但是新古典经济增长理论中考虑的劳动是简单劳动，也未考虑物质资本的质量，对全要素生产率的理解较为简单。同时，新古典经济增长理论没有对全要素生产率的来源给予说明，规模收益不变的假设也使得其对于全要素生产率的解释具有一定局限性。

（三）内生经济增长理论

全要素生产率理论在内生经济增长理论时期得以发展，内生经济增长理论将技术进步内生化，以 Romer（1986）的知识溢出模型和 Lucas（1988）的人力资本溢出模型为代表，进一步说明了技术进步的来源，阐述了影响全要素生产率的因素。Romer 认为技术进步是全要素生产率提高的主要源泉，知识积累可以提高自身及其他企业的效率，知识存量的积累是促进全要素生产率和经济增长的主要因素。Lucas 将人力资本概念引入经济增长模型，在溢出效应下，微观主体趋利行为导致的人力资本存量的增加会使得规模收益增加，人力资本的增长是影响全要素生产率增长和经济发展的主要因素。Barro（1990）将基础设施资本存量引入经济增长模型，认为基础设施投资可以通过促进生产要素流动和重新配置等影响全要素生产率，从而影响经济增长。但内生经济增长理论未建立一个更为有效的生产函数，未考虑要素禀赋对要素供给的限制，同时内生经济增长理论忽视了制度对要素投入和全要素生产率的作用，关于全要素生产率的解读有待进一步完善。Romer（1990）、Grossman 和 Helpman（1991）、Aghion 和 Howitt（1992）等经济学家在动态一般均衡的框架下将创新、研发与内生经济增长联系起来，提出了 R&D 驱动的经济增长理论（R&D-based Growth Theory）。这一增长理论认为内生的研发和创新是推动经济增长的源泉，其为 R&D 对经济增长的影响提供了更好的理论基础。

第二章
异质性科技创新对全要素生产率影响的理论分析

从前文对异质性科技创新的定义可以看出，不同科技创新活动对全要素生产率的影响可能存在差异。本章在科技创新理论和内生经济增长理论的基础上，构建异质性科技创新影响全要素生产率的理论分析框架，阐明基础研究与应用研究影响全要素生产率的内在机理及政府支持和市场化程度在其中的作用机制。具体而言，本章首先从异质性科技创新定义出发，分析了基础研究、应用研究以及二者双向溢出效应如何影响全要素生产率，然后探讨了政府支持和市场化程度在不同科技创新活动与全要素生产率中的作用机制。在上述理论分析的基础上，本章对传统的 R&D 内生经济增长模型进行扩展，将模型假定中外生的知识库内生化为基础研究部门的输出，构建了一个同时包含基础研究、应用研究以及二者双向溢出效应在内的 R&D 内生经济增长模型，从而更好地刻画异质性科技创新对全要素生产率的影响。

一 理论分析框架综述

根据全要素生产率的定义，全要素生产率增长的主要途径是科技进步和资源配置效率提高，而科技进步取决于科学、技术与创新要素的互动组合，即由基础（科学）研究引致的科学创新和应用（技术）研究引致的技术创新，二者统称为科技创新。由于基础研究和应用研究具有不同特性，在探究科技创新对全要素生产率的影响时，若将其视为同质的科技创新活动，则可能形成具有误导性的结论和建议。因此，本书将从不同科技创新活动的性质和定义出发，全面审视异质性科技创新活动中基础研究、应用研究以及二者双向溢出效应对全要素生产率影响的内在机理，扩展了科技创新与全要素生产率的理论研究视角，也为当前中国出现的"高创新投入与低生产率之谜"提供了一种新的解释。

在明确异质性科技创新对全要素生产率影响的内在机理基础上，本书进一步从中国经济体制的制度层面出发，基于政府和市场两个维度探究如何通过优化不同科技创新活动的资源配置效率来提高全要素生产率。新制度经济学认为，制度是科技创新的决定性因素（Acemoglu et al., 2005），也是引领大国之间科技创新体系差异的关键所在（陈劲等，2021）。制度能够通过市场和非市场（如政府宏观调控）调节边界的动态变化作用于要素配置效率，进而影响全要素生产率水平。具体到科技创新领域，制度主要通过市场化机制和政府创新支持两种力量影响创新资源配置效率。从世界各国科技创新发展史来看，科技创新取决于由市场机制驱动的科技进步和基于国家科技发展战略需求的政府推动两种机制。这两种机制决定了在实现经济高质量发展过程中既要发挥市场在创新资源配置中的决定性作用，也要更好地发挥政府在科技创新领域中的支持作用。在这一过程中需要注意的是，科学和技术的不同特性可能导致政府支持和市场化程度对基础研究与应用研究的作用效果存在差异，这种差异是识别政府支持和市场化程度如何通过优化科技创新活动资源配置效率从而提高全要素生产率的关键所在。因此，当务之急是必须厘清政府支持和市场化程度在不同类型科技创新活动中的作用机制，弄清楚政府或市场应该侧重支持哪一类科技创新活动，支持到何种程度才有利于提高全要素生产率，实现创新驱动经济高质量发展。

基于上述分析，本章将从定性推理和数理分析两方面探究异质性科技创新影响全要素生产率的内在机理以及政府支持和市场化程度在其中的作用机制。在进行机制分析和数理模型构建之前，我们先就研究的基本框架进行综述，初步厘清本章的基本框架和各小节之间的逻辑关系。本章第二节从基础研究和应用研究的概念界定出发，分析了基础研究、应用研究以及二者双向溢出效应对全要素生产率影响的内在机理；第三节则基于政府和市场两个维度，分析了政府支持和市场化程度分别在不同科技创新活动与全要素生产率关系中的作用机制；第四节在第二节和第三节分析的基础上，对传统的 R&D 内生经济增长模型进行扩展，将模型假定中外生的知识库内生化为基础研究部门的输出，构建了一个同时包含基础研究部门、应用研究部门、政府部门在内的 R&D 内生经济增长模型，进一步采用数理模型刻画了异质性科技创新影响全要素生产率的内在机理及作用机制。具体的理论框架如图 2-1 所示。

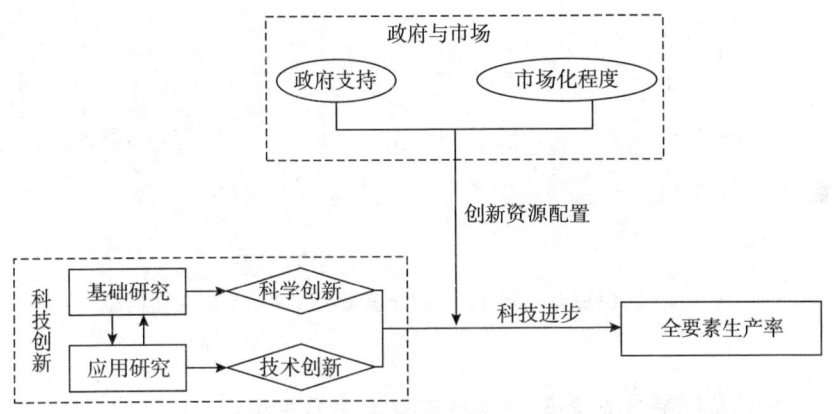

图 2-1　异质性科技创新影响全要素生产率的理论框架

二　异质性科技创新影响全要素生产率的内在机理

科技创新包含基础创新和应用创新两种类型。从科技创新过程来看，基础研究是创新的源头和根基，是实现"从0到1"突破的充分必要条件。从人类文明发展历程来看，具有跨时代意义的突破性技术无一不是源于基础研究产生的新知识和新发现，如牛顿力学三定律、法拉第电磁感应、爱因斯坦相对论等。应用研究是以新产品、新工艺或新技术为目的，在现有基础研究产生的知识基础上进行开发和研究，其产出成果往往可以直接转化为现实生产力或具有较高的生产力转化率。基础研究与应用研究的不同特性决定了其对全要素生产率影响的内在机理存在差异。下文将对基础研究、应用研究以及二者双向溢出效应影响全要素生产率的内在机理展开详细论述，具体分析见图 2-2。

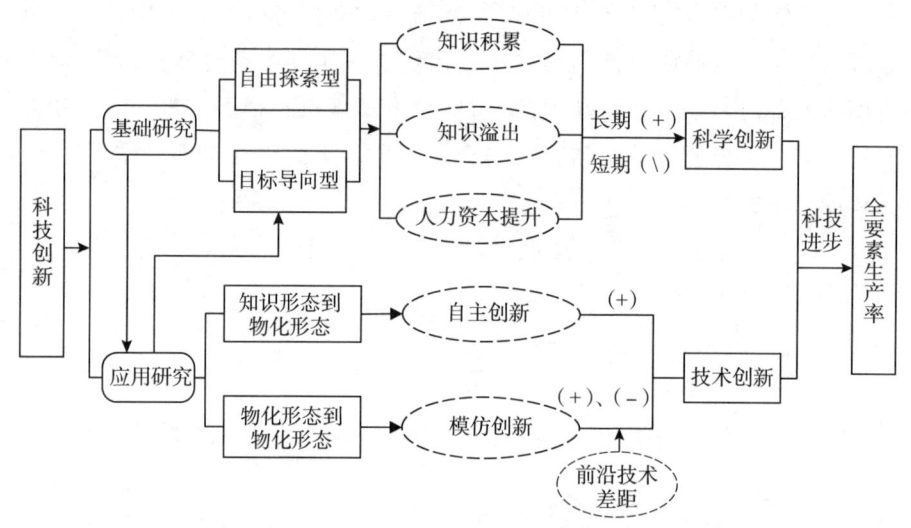

图 2-2 基础研究与应用研究对全要素生产率影响的内在机理

注：（+）代表促进效应，（-）代表抑制效应，（\）代表无影响。

（一）基础研究对全要素生产率影响的内在机理

基础研究以获取新知识、新发现、新学说为目的，根据驱动方式的不同，可以将基础研究分为自由探索型和目标导向型两类。无论是哪一种类型的基础研究，其科学产出在本质上具有"胚胎"属性，无法立即转化为现实生产力，需要经过一系列充满不确定性的中间环节后才可能转化为生产力。但从长期来看，基础研究产生的重大理论突破是提升全要素生产率、实现创新驱动发展的充分必要条件（孙喜和窦晓健，2019）。基础研究的上述两个特征导致基础研究对全要素生产率影响的内在机理较为复杂。基于此，本书从短期和长期两个维度来分析基础研究对全要素生产率的影响。

1. 短期内基础研究对全要素生产率的影响

从创新流程来看，基础研究要转化为现实生产力，需要通过一系列技术试验、测试、改进才能够逐步应用到产业中实现商业化。在基础研究转化为现实生产力的过程中，呈现出以下三个特点。一是转化率低。Jensen 和 Thursby（2001）研究发现，大学研究中的基础创新所获得的新知识和新技术超过 75% 属于概念证明或原型，没有特定的商业用途，只有 12% 的研究成果具有商业化价值，能够通过应用研究加以转化利用。二是时滞性。基础研究转化为现实生产力的过程本质上是科技理论到科技应用的转化，这个过程受制于科技体制、科技认知水平、人力资本、制度环境等诸多因素，进而导致基础研究从投入转化为提高全要素生产率的现实生产力之间出现时滞现象。Mansfield（1995，1998）认为学术研究中的新发现与基于该研究的产品被首次使用之间的平均时间为6~7年。三是非排他性。同应用研究相比，基础研究具有通用性和非排他性，主要在于揭示与发现自然现象和客观事物的规律，但自然现象和客观事物规律的知识无法以专利的形式授予并给予保护，因此基础研究几乎没有获利空间。从投入－产出角度来讲，当要素投入所带来的边际产出小于零时，要素投入便暂时或长期成为沉没成本。同理，基础研究在转化为现实生产力的过程中如果不能带来产出增加或者带来的产出增加低于资源直接投入产生的收益，则表现为基础研究投入在短期内边际产出小于零。基础研究的上述三个特性就意味着短期内过多的基础研究投入不仅无法实现提升全要素生产率的目的，反而可能造成经济损失。

2. 长期内基础研究对全要素生产率的影响

原始创新是一国实现经济高质量增长的关键因素，而基础研究投入是提升一国原始创新能力的主要途径，也是研发投入中最重要的生产率增长要素（罗珵，2019）。从基础研究的定义来看，基础研究具有探索性、创造性、长期性和连续性。Nelson（1993）指出，科学往往先于新技术的兴起，基础研究不仅会催生新的产业，还能够为各行业新技术和新产品的开发提供支撑。例如，20世纪发电机原理的完善和改进促使电力取代蒸汽动力，不仅衍生出电力相关行业，还促使生产率得到有效提升；计算机和信息技术的知识积累为人工智能、大数据、云计算、物联网等在金融、科技、生产生活等领域的应用提供了理论基础和可行性支持；物理学、化学及数学等基础学科的发展，为中国解决35项"卡脖子"技术提供了可能（夏清华和乐毅，2020）。长期来看，基础研究主要通过知识积累、知识溢出和人力资本提升三种渠道作用于全要素生产率。

第一，知识积累渠道。动力能力理论和资源基础理论指出，创新是知识积累的产出，知识是创新链条中最重要的元素（Miller et al.，2007；Michailova and Zhan，2014）。知识积累是知识识别、内化和存储的动态过程，企业在现有知识存量的基础上，通过内部创造和外部获取两种方式将识别到的相关知识进行内化，最后选择性地进行存储，当知识积累达到一定程度后，会发生从量变到质变的转化（Laursen and Salter，2006）。而基础研究是在现有知识基础上对知识边界的进一步扩展和延伸，其产生的新知识是企业获取外部知识的主要来源（武梦超和李随成，2019）。知识积累有利于提升企业外部知识识别效率，及时将隐性知识内化，使得企业产品研发团队的知识同化力增强，提高其将先进技术渗透到新产品研发中的效率（Mu and Benedetto，2012）。可见，基础研究引发的知识积累效应有助于企业更好地整合和利用现有知识，进而提高将基础研究转化为现实生产力的效率，促进全要素生产率提升（Cassiman et al.，2018）。

第二，知识溢出渠道。知识的生产具有积聚性和流动性，以 Griliches（1992）和 Jaffe（1989）研究为基础构建的 G-J 知识生产函数，为知识溢出影响全要素生产率提供了理论分析框架。在 G-J 知识生产函数框架下，创新投入所形成的知识溢出对创新产出的影响效果取决于知识溢出效率，若知识溢出渠道通畅且没有损耗时，创新投入所形成的知识溢出有助于提升区域创新产出，这就要求创新活动产生的外部效应没有边界，即知识可以在不同部门之间进行扩散。基础研究活动主要由大学和研究机构进行，具有公共物品非竞争性和非排他性的属性，在一个封闭的经济体中，基础研究活动产生的新知识和新发现可以被所有个体或组织机构使用，不受区域和空间限制。由此可见，基础研究满足 G-J 知识生产函数框架下的知识溢出渠道通畅无损耗的条件，能够通过知识溢出效应提高创新产出，进而提升企业生产率，其产生的社会福利远远高于创造者自身的收益。

第三，人力资本提升渠道。马克思主义政治经济学认为，劳动者具有物所不具备的主动适应自然、改造自然的能力，是创新驱动经济发展的主体力量（裴小革，2016）。基础研究产生的新知识不是凭空而来的，它是劳动力在前人已知的基础上对未知王国的进一步探索，这种探索实践必须包含新发现、新思想、新理念、新学说或新技术，这就要求劳动力具有思维创新能力，即突破传统的思维学习习惯与逻辑规则，以新颖思路发现和解决问题。思维创新能力的提升不仅由人力投资的数量决定，还取决于人力的劳动使用性质，如果不专门从事创新实践工作，人的思维创新能力很难得到有效发挥和提升。随着基础研究投入增多，专门从事基础研究工作的人员数量不断增加，在推动知识生产和社会发展的同时，依附于人力所产生的知识也提高了人力资本自身素质，形成人力资本推动知识增长，知识积累反过来提升人力资本的良性循环，从而推动全要素生产率不断提升。

（二）应用研究对全要素生产率影响的内在机理

基础研究创造科技新知识，应用研究则是在现有知识积累的基础上开发新产品、新材料和新工艺，其目的在于将技术用于特定的应用中以实现商业化。应用研究可以分为从基础理论知识形态到物化知识形态，或从一种已知物化知识形态到另一种新物化形态的变化，无论是哪种形态的变化，都涉及科技水平的变化，对科技进步及全要素生产率都有着直接的影响（叶祥松和刘敬，2018）。第一种情况下，应用研究将基础研究所创造的新知识消化、吸收，并将其从知识形态转化为具有实用价值和商业价值的发明专利或新产品等物化形态，这种形态的变化包含基础研究所创造的新知识，通常具有突破性和前沿性特征，属于自主创新范畴。第二种情况下，应用研究是在已有物化形态基础上，通过改造工艺流程等方式，将其转化为另一种新的物化形态，通常不涉及新知识的应用，具有流程或形式上的创新，属于模仿创新范畴。从上述分析来看，不同形态变化过程产生的应用研究成果引致不同的技术进步方式，从基础理论知识形态到物化知识形态转化的应用研究会使企业通过自主创新方式取得技术进步，从一种已知物化知识形态到另一种新物化形态变化的应用研究会使企业通过模仿创新方式取得技术进步。由于不同技术进步方式对全要素生产率影响存在差异，因此有必要从自主创新和模仿创新出发，分别阐述应用研究对全要素生产率的影响机制。

1. 应用研究、自主创新与全要素生产率

自主创新是指在新的科学知识和技术原理基础上实现核心技术的突破，完成科技创新全过程，是一国实现创新转型和结构升级的必由之路（庄子银等，2020）。正如2016年李克强总理所言："一个国家自主创新能力越强、掌握的核心关键技术越多，未来的发展后劲和空间就越大。"[①] 自主创新以基础（科学）研究为支撑，通过将基础科学知识应用化、技术化和产品化后，结合市场需求和消费者偏好，形成具有商业价值的新材料、

---

① 李克强总理2016年1月8日在国家科学技术奖励大会上的讲话。

新技术和新产品。这种将知识物化于新技术和新产品的创新模式在促进技术进步的同时，也为企业创造了巨大的商业价值，进而提高了企业全要素生产率。此外，从技术进步的性质来看，突破性创新引致的技术进步以实质性创新为主，实质性创新通常指具有较高技术含量的发明创造，会给企业带来长期价值创造，促进企业生产率提升（黎文靖和郑曼妮，2016；陈强远等，2020）。

从自主创新的实践来看，基础研究是自主创新的源头（王婷等，2020），要实现"卡脖子"技术和原始创新的突破，必须加强基础研究知识成果的转化和应用，因此能否将基础理论知识形态转化为物化知识形态的应用研究就成为自主创新能否取得成功的关键。以 5G 技术为例，华为自 2009 年起以云计算、边缘计算、软件定义网络（SDN）、网络功能虚拟化（NFV）等基础学科为依托，累计投资 40 多亿美元用于 5G 技术和标准的研发与制定，最终实现技术突破，直接占领新的技术和市场高地，获得 500 亿美元的创新收益（IPlytics，2019）。华为 5G 技术的研发是将基础科学知识物化于应用研究的成功实践，在自主研发过程中，基础研究创造的新知识是 5G 技术成功的重要源泉，应用研究是将基础研究知识物化于 5G 技术之中的纽带，是疏通基础研究和产业化连接的快车道，没有应用研究，基础研究成果便无法转化为现实生产力。只有经过应用研究进行吸收、消化、改造的基础科学知识形态才能助推自主创新实现核心技术突破，打通"最后一公里"，拆除阻碍创新链的"篱笆墙"，实现从知识到技术、技术到产品的转化，促进实质性技术进步和全要素生产率的提升。

然而，值得注意的是，突破性创新虽然能够带来实质性技术进步和高收益，但同时也具有研发投入大、研发周期长、产出不确定性大等特点，这就意味着突破性创新面临着过高的机会成本和沉没成本。生延超（2013）认为选择何种技术进步方式与一国所处的经济发展阶段和技术水平有关，当国家技术能力处于较高水平时应该选取以突破性创新为主的自主创新模式。欧阳峣和汤凌霄（2017）认为创新模式的确定要以技术梯度和技术地位特征为基准，当技术能力远落后于发达国家时宜选择模仿创新模式以降低创新投入的不确定性；当技术能力接近发达国家时宜选择自主创新或合作创新模式以实现技术追赶和超越。

2. 应用研究、模仿创新与全要素生产率

模仿创新是指通过学习率先创新者具有知识产权的科技成果，汲取创新先驱者失败教训和成功经验，通过技术引进或者购买破解其核心技术，并在此基础上结合市场需求进行进一步改进和开发（傅家骥，1998）。"后发优势"假设认为，后发国家技术水平的提升同其与技术前沿面的距离成正比，技术越落后的国家能够从技术先进国家吸收的技术知识和应用越多，技术进步速度也往往高于先发国，随后减慢并保持"均衡技术差距"（Nelson and Phelps，1966）。在此框架下，Acemoglu 等（2010）、林毅夫和张鹏飞（2006）指出，技术创新方式应该与一国的要素禀赋相匹配，遵照循序渐进原则，欠发达或发展中国家没有必要研发或引进最先进的技术，可以通过模仿创新方式发挥"后发优势"，降低创新成本并减少创新失败的风险，从而逐步促进技术进步和提升全要素生产率，实现向发达国家的收敛。从世界经济发展历程来看，英国是最早实现工业化的国家，法国、德国工业重点发展领域所需的关键技术、人力资本和专业设备都是模仿英国的；相对于美国和德国而言，日本和韩国是技术后发国家，日本和韩国通过技术学习和模仿创新实现了经济追赶式发展，逐步走向世界科技创新前沿；新中国成立初期就开始学习和引进苏联技术，改革开放以后购买和引进法国、美国、日本、德国等先发国家的技术和设备，通过消化、吸收、改进形成适宜性技术，极大地促进了技术进步和全要素生产率提升，创造了中国 40 多年经济增长奇迹。

尽管模仿创新方式能够在短时间内发挥后发优势，促使后发国家技术进步和全要素生产率得到快速提升，但仅仅依靠模仿创新模式不仅无法实现真正的创新转型和升级，甚至可能陷入"模仿陷阱"，形成低水平创新路径依赖，对技术进步和全要素生产率提升产生抑制作用（魏枫，2014；蔡绍洪和俞立平，2017）。从技术进步的性质来看，模仿创新属于非实质性创新，其创新知识产权主要表现为实用新型专利与外观设计专利，虽然这种模仿创新也能够为一国在技术追赶阶段带来技术学习和创新积累效应（Dan，2017），但其产生的学习效应是边际递减的，即实用新型专利和外观设计专利数量的增长无法在该国步入高收入阶段后继续提供源源不断的动力（Johnson et al.，2015），这一点已得到国内外学者的论证。Kim 等（2012）基于韩国 1970~1995 年的实证研究发现，实用新型专利对企业绩效的促进作用表现出由强到弱的转化过程。毛昊等（2018）基于中国1985～2015年省级面板数据的研究发现，实用新型专利对中国经济增长的贡献呈现出显著为正、不显著为负、显著为负的变化趋势，即过度"膨胀"的实用新型专利会抑制经济增长和全要素生产率提升。

如前文所述，由模仿创新产生的成果建立在已知物化技术的基础上，与从已知物化知识形态到新物化形态变化的第二类应用研究的内涵相符。这类应用研究投入成本低、见效快，一方面能够通过学习和技术积累效应带来技术进步，另一方面能够加快创新产出的商业化进程。但这类应用研究也具有局限性，其对全要素生产率的影响效果与经济体所处的创新阶段和创新能力有关。若经济体处于较高技术创新水平，那么该类应用研究投入对全要素生产率的影响微乎其微，甚至可能产生抑制作用。若经济体处于技术追赶期，此时该类应用研究的影响效果取决于其应用创新成果是否具有市场价值及市场占有率的大小：若新工艺在产出不变的前提下降低了生产成本，新产品、新材料获得消费者认可并取得一定市场占有率，应用研究就会促进技术进步和全要素生产率提升（Mohnen and Hall，2013）；反之，若新材料、新工艺开发失败或新产品没有得到消费者的认同，那么应用研究投入就成为沉没成本，无法促进技术进步，同时可能对全要素生产率的提升产生抑制作用（Bloom et al.，2016）。

（三）二者双向溢出效应对全要素生产率影响的内在机理

科技创新系统的一个重要特征是基础研究和应用研究之间存在双向溢出效应。Nelson（1993）指出，虽然科学研究往往先于新技术兴起，但新技术又会反过来诱发新科学领域兴起。也就是说，在整个科技创新链条中，基础研究和应用研究相互依存，通过各种渠道和手段相互受益、相互促进，形成一种波浪式前进或螺旋式上升的科技创新过程。

1. 基础研究对应用研究的溢出效应

有关基础研究对应用研究的影响和溢出效应已得到理论界和实务界的广泛认可（杨立岩和潘慧峰，2003；Prettner and Werner，2016）。如前文所述，基础研究具有公共物品属性，其主要通过知识积累、知识溢出及人力资本提升渠道促进全要素生产率提升。基础研究的非营利性决定了基础研究的主体主要由大学和科研机构组成。大学和科研机构的基础研究活动对应用研究的影响渠道概括起来主要有以下三种：一是开放科学渠道，将科学家从事基础研究所创造的新知识以出版物、科学报告、公益讲座等方式进行扩散；二是将基础研究所产生的新知识传授给在校学生，通过开展培训和提供有技能的毕业生建立知识传播网络；三是通过产学研平台，鼓励知识创造者和学术研究者参与应用研究及其商业化过程，促使其自身的隐性知识得到有效利用。通过上述媒介，大学和科研机构将其基础研究所创造的知识积累和人力资本扩散到应用研究，提升基础研究的成果转化率（王海军和温兴琦，2018）。

从经验研究来看，国内外学者利用不同层面的数据分析了基础研究如何通过知识积累、知识溢出及人力资本提升路径作用于应用研究，进而影响全要素生产率。Luintel 和 Khan（2011）基于 10 个 OECD 成员国面板数据的研究发现，基础研究能够通过知识积累和知识溢出效应作用于应用研究，进而提升产出和生产率。Akcigit 等（2021）利用法国 2000~2006 年企业层面数据的分析发现，应用研究投入一直维持在过高水平将不利于生产率的提升和产出的增加，而政府对基础研究投入的增加能够提升一国的自主创新水平，扭转应用研究对生产率增长边际效用递减的现象。Gersbach 等（2018）以美国创新增长为例，分析了基础研究和应用研究对经济增长的影响机制，认为基础研究是对知识库的扩展，应用研究是将知识库进行商业化的过程，二者之间的双向溢出效应促使各个领域的生产率得以提升。孙早和许薛璐（2017）利用工业行业数据检验了不同前沿技术差距行业中基础研究对应用研究的创新激励和外溢效应，发现在低技术差距行业中基础研究与应用研究交互项的系数显著为正，这表明基础研究能够通过知识积累和外溢效应促进应用研究发展，进而产生创新激励效应。王娟和任小静（2020）利用中国 1998~2017 年省级面板数据，采用有限分布滞后模型检验了基础研究、应用研究对中国工业全要素生产率的影响，发现基础研究对工业全要素生产率的部分贡献是通过知识积累作用于应用研究而实现。汪淑娟和谷慎（2020）利用 42 个共建"一带一路"国家的数据检验了基础研究对经济高质量发展影响的直接机制及基础研究通过促进应用创新驱动经济高质量发展的间接机制。

2. 应用研究对基础研究的溢出效应

现有文献大多关注基础研究对应用研究的影响，鲜有学者注意到应用研究对基础研究的溢出效应（Brooks，1994）。事实上，人类对每一个事物的正确认识往往都要经过从实践到认识、再从认识到实践的多次反复才能完成（马克思，2000）。具体到科技创新领域，则表现为从应用研究中发现拟解决的现实问题并从中提炼出理论问题，再通过基础研究创造解决理论问题的新知识，最终形成对某个问题螺旋式上升的理解和认识过程，这与 Stokes（1997）提出的"巴斯德模式"内涵相一致。不同于传统线性创新理念，Stokes 认为基础研究与应用研究之间并非单一的线性关系，二者存在动态关联性和交叉融合性，应用需求能够激发相关领域的基础研究。在"巴斯德模式"下，科学家以产业发展引致的应用研究需求为导向来进行基础研究，通过基础研究发现新知识与新原理，进一步将其转化为适用于应用的新技术原理，进而推动产业创新与发展（张守华，2017；Lauritzen，2017）。需要说明的是，上述机制的实现要以一定的客观条件为前提：一是具备从原始创新到最终商业化的综合能力，不仅要有国际一流的大学和科研机构，也要有规模大、特色鲜明的市场以及多渠道的技术商业化机制；二是能够为创新产品提供市场启动的空间，通过基础设施建设、财政补贴等方式主动为新兴产品提供最初的市场。因为由应用引致的基础研究带有目的性，故这一过程涉及的主要是目标导向型基础研究。

从实践经验来看，中国高铁是基于应用需求导向进行基础研究的典型案例。中国并非高铁的原创国和率先发展国，其建设最初源于大规模技术引进。根据创新目标和创新过程，可以将中国高铁建设分为引进消化吸收、逆向创新、正向设计三个阶段（余义勇和杨忠，2020）。第一阶段，引进消化吸收阶段，铁道部于 2004 年、2005 年分别向日本川崎和德国西门子引进时速 200 公里和时速 300~350 公里的高速列车，为高铁行业各创新主体提供学习机会。在此阶段，以北车集团等为代表的领军企业参照引进的图纸进行学习和类比实验，但由于缺乏高速列车的理论基础，无法从理论层面深入理解九大核心系统的设计原理，也无法参透时速 200 公里和 300 公里的设计差异（程鹏等，2011）。为此，高等院校和科研机构将实验和应用研究中遇到的问题进行提炼并抽象出理论问题，搭建实验室、建立相关学科对高速列车运行原理进行研究。高铁应用研究引致的基础研究需求在 2008~2010 年的国家自然科学基金项目上得到体现，3 年间国家自然科学基金资助中与高铁相关的项目有 55 项，涉及高速列车受电弓的非线性随机动力学、高速列车制动盘组动态特性等方面的基础研究。第二阶段，逆向创新阶段。2008年科技部、铁道部实施的《中国高速列车自主创新联合行动计划》明确提出，要实施时速300~350公里的高速列车自主研制。这一阶段，高校、科研院所通过国家自然科学基金等项目进行与高速列车原理相关的基础研究，揭示高铁技术原理，实现技术与理论的二次创新；同时，相关企业将基础研究发现的新原理和新知识应用于技术开发和优化，进而实现技术应用升级。第三阶段，正向设计阶段。以用户为导向的市场需求对高铁行业各创新主体提出了新的要求，如CRH380系列动车组和复兴号动车组，促使高校和科研机构不断加大对高铁前沿技术的基础研究投入力度，企业不断进行技术升级与改造，形成螺旋式上升的科技创新过程，最终实现高铁国产化改造目标，驱动经济增长和全要素生产率提升。

综上，基础研究与应用研究之间并非完全相互分离，二者之间存在双向溢出效应。一方面，基础研究能够通过高等院校、科研机构、产学研平台等将新知识和新思想扩散到应用研究领域，缩短基础研究转化为现实生产力的滞后时长，更好地发挥基础研究对全要素生产率的助推作用。另一方面，应用研究也会反过来激励科学家从事目标导向型基础研究，从而将研究成果快速转化为适用于新产品或新工艺的应用技术，推动产业创新和全要素生产率的提升。

三 政府和市场在异质性科技创新影响全要素生产率中的作用机制

（一）政府支持在异质性科技创新影响全要素生产率中的作用机制

科技创新活动中政府的作用可以追溯到1957年美国国家经济研究局（NBER）开展的研究项目（Blank and Stigler, 1957）。历经半个多世纪，该领域已产出了大量的研究成果，重点聚焦于两个问题：一是政府支持是否提升了整体科技创新水平？二是政府支持能否提升科技创新资源配置效率？尽管学术界对此展开了大量的理论和实证研究，但关于政府支持是"陷阱"还是"馅饼"争论已久，在研究结论上尚未达成共识。事实上，科技创新包含基础（科学）创新和应用（技术）创新两种活动，在不同科技创新活动中，政府支持的作用机制和作用效果可能存在差异。因此，科技创新活动的异质性可能是导致上述研究结论不一致的关键所在，下文将从异质性科技创新活动视角出发，分别探究政府支持在异质性科技创新影响全要素生产率中的作用机制，具体见图2-3。

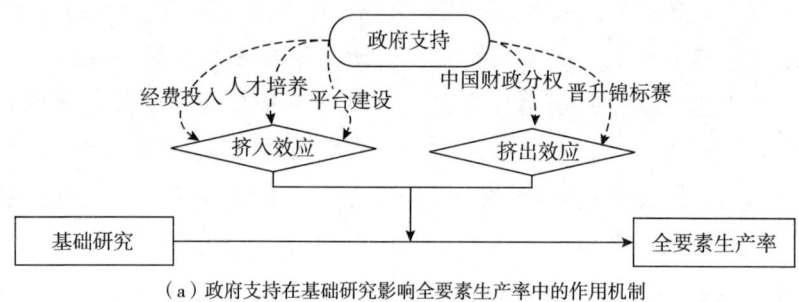

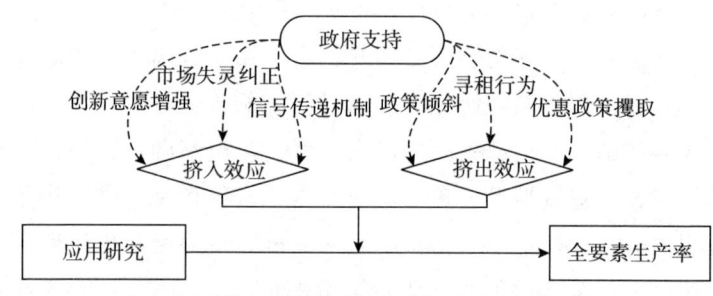

（a）政府支持在基础研究影响全要素生产率中的作用机制

（b）政府支持在应用研究影响全要素生产率中的作用机制

图2-3 政府支持在异质性科技创新影响全要素生产率中的作用机制

1. 政府支持、基础研究与全要素生产率

基础研究的属性和特征决定了市场资源配置机制难以满足经济和社会发展对基础研究的需求，必须由政府在基础研究活动中保持长期、稳定地投入，才可能突破核心技术，解决"卡脖子"问题，实现由科技创新大国向科技创新强国的转变。究其原因，主要有以下四点。一是从公共物品理论来看，基础研究具有非排他性的公共物品属性，其科研收益无法内在化，这一特性与企业利益最大化的目标相悖，导致企业不愿意投资基础研究领域，而政府的首要职责就是提供公共物品，这为政府支持基础研究的正当性奠定了理论基础。二是从市场失灵理论来看，政府能够利用高等院校和科研机构等资源，有效弥补市场机制在基础研究资源配置中的不足，同时能够根据经济社会发展和国家战略的需求合理配置基础研究投入，从而使得基础研究投入既满足短期技术进步的需要，又符合国家长期科技创新战略的需求。三是从研发性质来看，基础研究具有投入多、转化率低、周期长等特点，基础研究投入是否能够转化为现实生产力存在极大的不确定性，需要持续投入大量资金，企业难以承担和满足基础研究的资金需求。四是从国家战略安全来看，基础研究的部分领域涉及经济社会发展命脉和国家战略安全，这部分基础研究投入应该由政府承担，即便企业有投资意愿，也不应由企业来承担。在上述理论基础上，部分学者也从实证角度验证了政府支持在基础研究中的支撑和引领作用。Zeira（2011）、Stiglitz（2015）的研究表明，政府对高等院校和高水平研究机构的支持及主导作用是欧美等国家科技创新水平处于世界前沿的根本原因。对于科技基础相对薄弱的发展中国家来讲，政府支持还是规避技术追赶陷阱，优化科技资源配置，促进科技进步动力转化的重要手段（黄先海和宋学印，2017）。具体而言，政府主要通过经费投入、人才培养、产学研平台建设等渠道支持基础研究，推动一国技术进步和提升全要素生产率水平。

（1）基础研究经费投入

经费投入是基础研究的物质基础，政府支持基础研究最直接和根本的方式就是进行财政科技投入。基础研究根据驱动方式不同，可以划分为自由探索型和目标导向型两类：一方面，政府能够通过稳定、持续的经费投入保证自由探索型基础研究工作的顺利进行，扩展知识积累的广度和深度，提升全民知识素养；另一方面，政府对特定领域中目标导向型基础研究的投入，如政府对人工智能、生命科学、重大装备的制造、新材料与材料科学、催化与清洁能源技术等领域的专项支持计划，有助于突破关键领域和重点行业的核心技术，实现自主创新。同时，政府支持基础研究的各类基金的杠杆作用和引导作用，为基础研究构建多元化的投入机制、保障基础研究的要素供给提供了先决条件，有助于吸引企业从事面向市场前景广阔的目标导向型基础领域研究。

（2）基础创新人才培养

创新驱动的实质是人才驱动，基础学科人才的强弱对关键技术的突破有着决定性作用（Lucas，2015）。然而，中国科技创新人才队伍规模的不断扩大，并没有带来高端科技创新人才和基础创新人才的增加，这也是"钱学森之问"的由来。究其根本，"钱学森之问"指出的是我国科技创新人才的教育问题。高校是培养基础创新人才和高端科技创新人才的阶梯，而我国部分高校人才考核体系中"唯论文""重科研轻教学""重短期轻长期"等问题导致科研人员急功近利，过度追求论文数量而不是质量，致使具有科学价值的产出少，人力资本的总体质量难以得到质的提升。庆幸的是，政府对科技创新激励机制的引导有助于缓解此现象。一方面，政府能够通过"强基计划"等，选拔培养有志于服务国家重大战略需求且综合素质优秀或基础学科拔尖的学生和高层次人才，聚焦高端芯片与软件、智能科技、新材料、先进制造和国家安全等关键领域以及国家人才紧缺的人文社会科学领域；另一方面，政府能够通过引导与完善符合基础研究特点和规律的评价机制，破除科技评价中"唯论文"等不良导向，鼓励科研人员大胆探索、挑战未知，激发科研人员从事基础研究的热情（俞海萍和吴佳儒，2021）。

(3) 产学研平台建设

基础研究的创新主体主要是高校和科研机构，高校和科研机构研究成果转化率的提升离不开产学研平台的支撑。产学研平台的建立能够促进基础研究活动及其成果向私人部门的扩散，基础研究成果的扩散会自发带动技术进步，促使一国整体科技创新水平得以提升。在产学研协同创新发展过程中，政府扮演着十分重要的角色。首先，政府作为产学研平台的中间人和推动者，能够以法律法规等形式为高校、科研机构和企业的协同创新创造一个优良的环境，协调解决协同创新过程中的利益错位问题，帮助产学研平台主体之间实现帕累托最优或纳什均衡（Geisler，1997；Goldfarb and Henrekson，2003；曹霞和于娟，2016）。其次，政府能够通过创新补贴等多种工具，以直接或间接的方式为产学研平台提供部分资金投入，推动产学研各个主体进行创新交流与合作（Lane，2008）。

综上所述，理论上政府对基础研究的支持有助于推动科学创新和技术进步，实现全要素生产率的提升。然而，现实中由于各种因素，政府更倾向于将创新资金投向易于快速转化为现实生产力的应用研究领域。尽管近年来国家已经注意到这个问题，并采取了一系列支持基础研究的措施，但现阶段的政策反馈效果尚不显著，地方政府"重应用轻基础"的问题仍未得到根本改善。相信随着政府创新支持体系和制度的进一步完善，这种现象会得到有效缓解，从而更好地发挥政府对基础研究促进全要素生产率提升的支持作用。

2. 政府支持、应用研究与全要素生产率

应用研究投入产生的收益具有可预期性和内部化性，这就决定了应用创新活动的开发主体主要是企业，应用研究的创新资源配置主要由市场决定。企业应用创新对全要素生产率的影响效果受制于其所面临的技术风险和市场风险，单纯依靠市场的力量难以得到有效解决，必须发挥政府在科技体制机制改革、完善知识产权保护体系、建立科技金融风险投资制度、优化营商环境等方面的作用。完善的知识产权体系有利于规避创新活动中的"搭便车"行为，提升创新主体对高收益、长周期技术创新项目的投资意愿（Arrow，1962）；完善的风险投资制度能够更有效地评估企业的"软信息"，缓解应用创新项目因信息不对称而导致的融资难、融资贵问题，满足应用创新所需的研发资金投入（董屹宇等，2022）；良好的营商环境能够促使市场更有效地发挥资源配置作用，引导资本流向收益更高的技术创新领域（张美莎等，2019）。可见，在科技创新制度体系较为完善的理想状态下，政府能够为市场导向的应用研究提供制度支撑和法律保障，保证市场充分发挥在资源配置中的决定性作用和"筛选器"功能，促使应用创新活动在为企业获取高额创新利润的同时，不断推动社会整体技术进步和提升全要素生产率水平。

然而，科技创新制度体系的建立与完善并非一蹴而就，需要长时间地积累和探索。对于发展中国家来讲，短期内难以建立较为完善的科技创新制度体系，以财税优惠为主的政府直接支持，不仅是对应用创新活动外部性的补偿，也是对制度缺失的一种弥补机制（Hu and Jefferson，2009）。创新补助作为政府支持企业创新的一种方式，成为许多国家政府公共预算的重要组成部分（Rao，2016）。从理论上讲，政府创新补助的无偿供给不仅能够直接增加企业的研发投入，还能通过信号传递机制吸引更多的风险投资支持企业创新研发（Meuleman and Maeseneire，2012），但政府创新补助政策能否取得实效，取决于政策设计意图能否在企业层面得以实现。事实上，政府创新补助对企业创新投资存在"挤入"和"挤出"两种效应。

首先，从"挤入效应"角度来看，引致"挤入效应"产生的内在机理主要包括以下几点。①创新意愿增强效应。政府创新补贴一方面能够变相降低企业研发活动成本，使得原本收益为负的创新项目变得有利可图，另一方面能够援助企业由于创新资金不足、融资约束问题而无法继续开展的创新项目，进而增强企业研发活动的意愿，促进技术进步，提升企业全要素生产率水平（Guo et al., 2016）。②市场失灵纠正效应。科技创新具有外溢性，这种外溢性导致企业创新的收益低于社会收益，从而导致企业缺乏动力进行科技创新活动，最终导致企业创新投入低于社会最优水平（Arrow, 1962），而政府创新补助能够通过弥补企业的技术外溢效应来缓解创新市场失灵问题，激发企业创新活力。③信号传递机制。政府发放给企业的创新补贴需要经过严格的筛选论证程序，企业获得创新补助相当于获得了政府的认可，同时监管部门会对其项目执行进度进行动态跟踪，这无疑向外部释放了企业技术优势的积极信号。创新补助所传递的基于政府认证和监管认证的双重信号，使得外部投资者基于对政府评估的信任不断增加企业科技创新项目投入，最终形成稳定的多元化资金支持路径（郭玥，2018）。

其次，从"挤出效应"角度来看，引致"挤出效应"产生的内在机理主要包括以下几点。①政策补贴的寻租效应。政府创新补贴政策可能会强化政企之间的"逆向选择"问题和寻租行为，使得企业将可支配的资金更多地流向非创新活动和寻租活动，从而挤占企业原本在创新项目上的资金投入，降低企业的创新资源配置效率，不利于企业技术进步和生产效率提升。②优惠政策的攫取行为。创新制度体系不完善和监管不到位等问题，使得企业会采取一些策略性创新行为获得政府的创新补贴资金。如黎文靖和郑曼妮（2016）采用中国上市公司专利数据的研究发现，政府创新补贴政策的激励效应仅对表征策略性创新的非发明专利有效，对代表实质性创新的发明专利没有显著影响。章元等（2018）则进一步揭示了以追求创新数量为主的策略性创新不仅无法促进企业全要素生产率的提升，甚至还会对其产生抑制作用，实质性创新才是提升企业自主创新能力和全要素生产率的根本途径。③创新补贴政策的倾斜效应。相比于资金匮乏但具有创新活力的中小企业，国有企业及大型企业更容易获得政府创新补贴，这就导致创新补贴政策具有倾斜效应，难以落实到真正需要的企业和创新项目中，从而抑制政府补贴对企业自主创新的推进作用。

综上所述，政府支持在应用研究影响全要素生产率中的作用机制较为复杂，并非单一的线性关系。应用创新活动的开发主体主要是企业，政府创新补助在激励企业创新投资上究竟"如其所愿"还是"事与愿违"，取决于"挤入效应"和"挤出效应"的综合作用结果。当政府支持力度在合理范围内时，政府创新补贴可能通过创新意愿增强效应、市场失灵纠正效应及信号传递机制推动企业技术进步和工业全要素生产率提升。随着政府支持力度增强，具有偏向性的政府支持可能会引致企业进行策略性创新，降低企业技术创新质量和技术开发效率，从而抑制企业全要素生产率提升。

（二）市场化程度在异质性科技创新影响全要素生产率中的作用机制

市场化作为中国40多年经济体制改革历程中最主要的制度变迁，在科技创新活动中扮演了十分重要的角色（成力为和孙玮，2012）。已有大量研究表明，市场化改革有助于提升企业的研发投入数量和强度、研发效率和研发溢出效应（戴魁早和刘友金，2020；谢贤君等，2021；孙早等，2014）。尽管这一观点与欧美等国家科技创新处于世界前沿的事实相符，但仍有部分学者对此表示质疑（Moser, 2013；Mowery, 2011），他们认为市场化程度对20世纪早期各国科技创新水平没有显著影响。事实上，市场化程度在科技创新活动中的作用机制是复杂的，其对不同科技创新活动的影响效果也存在差异，这种差异化效应可能是引发上述争论的重要原因。基于此，下文将从科技创新活动的性质和目的出发，探究市场化程度在异质性科技创新影响全要素生产率中的作用机制，具体见图2-4。

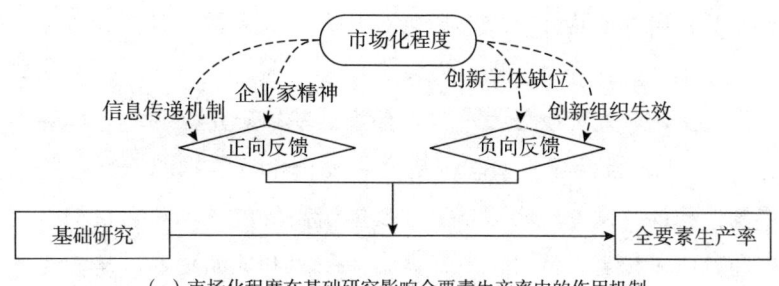

（a）市场化程度在基础研究影响全要素生产率中的作用机制

(b)市场化程度在应用研究影响全要素生产率中的作用机制

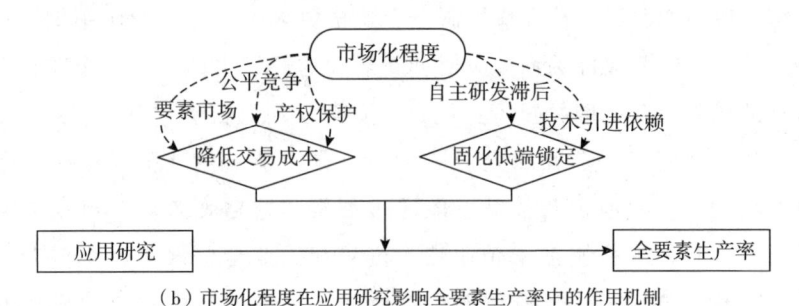

图 2-4　市场化程度在异质性科技创新影响全要素生产率中的作用机制

1. 市场化程度、基础研究与全要素生产率

市场化对基础研究提升全要素生产率的支持作用有限，这主要是由基础研究的性质决定的。基础研究具有的风险性、外部性和非排他性特点，使得基础创新面临"市场失灵"的困境。市场机制的内在功能性缺陷所导致的基础创新领域内的市场失灵现象，主要体现在以下两方面。第一，创新主体的缺位导致基础创新供给总量不足。基础研究投入大、周期长、转化率低的特性导致短期内过多的基础研究投入不仅无法实现提升全要素生产率的目的，反而可能造成经济损失，这与企业利益最大化的目标相悖，导致企业对于具有前瞻性的基础研究缺乏积极性，难以成为基础研究的重要主体。虽然高等院校和科研机构拥有一定的基础创新能力，但其研究范围以"自由探索型基础研究"为主，距离市场应用场景较远，难以真正转化为现实生产力。第二，创新组织的失效导致供给效率低下。基础研究的非排他性决定了基础创新需要市场和政府的共同参与，但由于中国官产学研联盟仍处于起步阶段，尚未建立起行之有效的运行机制和模式，难以在基础性、关键性的领域中取得重大突破。

虽然基础研究的特性导致市场化对其影响效果微乎其微，但这并不意味着市场化程度的提升对基础研究没有作用。前文关于基础研究的概念界定中指出，基础研究可以分为"自由探索型基础研究"和"目标导向型基础研究"。其中，目标导向型基础研究主要由市场需求驱动，企业在充分感应市场信号的基础上，将市场信号反馈给高等院校和科研机构，使得高等院校和科研机构更有针对性地开展知识积累和原始创新，从而提升基础研究的创新效率和研发转化率。毫无疑问，市场机制在目标导向型基础研究中起到至关重要的作用。随着市场化程度的提升，一方面企业对基础研究的现实需求在市场机制的作用下能够得到充分反映，同时市场信号反馈过程中的信息传递效率也不断提升，由此高等院校和科研机构能够及时地开展有针对性和目的性的研究，加快反向创新路径下的基础研究，提高基础成果转化率（雷小苗和李正风，2020）；另一方面市场化改革为我国企业家精神的培育提供了良好的制度环境，经济活动竞争程度的不断增强，激发了微观主体的企业家精神，有助于更好地发挥企业家在发现和捕获创新机会上的作用，进而通过市场信号反馈到高校和科研机构。

2. 市场化程度、应用研究与全要素生产率

应用研究的创新资源配置主要由市场支配，市场化对应用创新起到的作用一直是学术界关注和讨论的焦点（逯东和朱丽，2018）。周其仁（2017）认为，市场化改革通过为经济运行提供完备的公共产品、契约履行和产权保护三项基础性制度来降低交易成本（张峰等，2021），从而提升创新资源配置效率。从创新流程来看，上述三项基础性制度分别对应创新投入端（要素市场）、中间端（公平竞争）和产出端（产权保护）。简言之，市场化改革会通过要素、竞争和产权影响应用创新水平，具体落实到微观层面则表现为创新投入端、中间端及产出端三个环节制度性交易成本的下降。

（1）要素市场

在创新要素获取方面，市场化改革面临的最大问题是要素市场扭曲（Chen et al.，2014）。当要素市场存在扭曲时，劳动力、资本等要素无法得到有效配置，势必影响全要素生产率的提升。就劳动力要素市场扭曲而言，一方面，严格的户籍管理制度阻碍了劳动力要素自由流动，由此产生的城乡二元社会结构加剧了劳动力市场的分割和扭曲，致使部分创新人才无法按照市场机制得到合理配置，抑制了创新要素配置和企业生产效率的提升（李平和季永宝，2014）；另一方面，在财政分权体制和地方政府官员"晋升锦标赛"模式的双重约束下，地方政府会通过干预劳动力工资水平的方式来变相降低企业生产成本，从而吸引投资和外部企业进入，这一举措助推企业通过降低劳动力市场价格的方式获取短期超额利润，忽视了通过技术变革引致的创新生产，导致整个市场处于一种低水平的恶性循环状态。就资本要素市场扭曲而言，政府对金融部门信贷决策的干预导致资本市场"寻租"行为大量存在，寻租活动产生的超额收益会促使企业将更多资

源转移至寻租活动，对企业真正的创新项目投资产生挤出效应，不利于创新资本的有效配置（张晓晶等，2018）。随着市场化进程的加快，劳动力和资本等要素的流动性和市场配置效率不断提升，有利于为企业应用创新提供创新资金和人才支持，从而推动企业全要素生产率不断攀升。

（2）公平竞争

市场化竞争对创新具有基础性激励作用，公平竞争是市场机制高效运行的重要基础。在创新资源的转化方面，市场化程度的提升能够通过打破垄断行业市场准入门槛、调整地方政府补贴偏向、减少政府直接干预等方式促进市场主体的公平竞争。首先，市场化改革有助于破除不同所有制企业以及内外资企业在市场准入方面的"玻璃门"及反复无常的"旋转门"。新中国发展道路的历史逻辑决定了国有企业在市场准入、要素获取和权益保护等方面比非国有企业拥有更优越的待遇，随着市场化和全球化不断推进，政府对民营企业和外资企业也持越来越积极的态度。尤其是自21世纪第二个10年以来，企业发展政策的重点已从之前的基于所有制量身定制转变到不同所有制企业平等竞争上，有利于激发各类市场主体的创新活力，提高经济外向度（张文魁，2021）。其次，市场化改革有助于调整地方政府补贴偏向，抑制地方政府"重生产轻创新"的投资偏好。在财政分权模式下，地方政府出于"职务晋升"和完成考核目标的目的，倾向于将政府补贴投向"短平快"的生产、出口等非创新领域，减少对企业的创新补贴（吴延兵，2019）。随着市场化和"放管服"改革的推进，政务公开和社会监督不断强化，政府和居民间信息不对称的减少抑制了地方政府出于自利动机产生的创新补贴偏向（寇恩惠和戴敏，2019）。最后，市场化改革有助于减少政府直接干预，降低由于竞争机制不完善所产生的摩擦成本和效率损失，激发企业的创新热情，从而提高创新资源的配置效率。张杰等（2014）的研究发现，中国情境下竞争和创新呈正相关关系，即市场化程度的提升能够促进企业创新。

（3）产权保护

在创新成果产出方面，产权保护制度能够通过保障发明者获得可观的技术垄断收益，进而为应用创新活动提供激励（Nordhaus，1969）。知识产权保护可以通过以下两种途径激励企业进行应用创新活动：第一，应用创新活动获得的知识产权具有正外部性，这一特性致使从事创新活动的企业往往难以获得创新项目的垄断收益，而产权保护制度的实施恰好能够缓解这一问题；第二，以专利发明为代表的应用创新成果具有信息不对称的特点，加强知识产权保护能够增强企业披露创新项目信息和未来前景的意愿，缓解了应用创新项目因信息不对称导致的融资难、融资贵问题。反之，如果知识产权制度不健全，一方面企业创新成果将极其容易被竞争对手剽窃或模仿，致使其获得的"事后"创新资金难以得到有效保证，从而抑制企业家在"事前"进行应用创新的动机（龙小宁和林菡馨，2018）；另一方面企业不得不卷入繁杂冗长的维权过程，知识产权"侵权成本低、维权成本高"的特点直接给企业增加大量的制度性交易成本，不利于激发企业家的创新才能和创新热情（解维敏，2016）。

综上所述，理论上市场化程度的提高能够降低创新交易成本，提升创新资源配置效率，对应用研究与全要素生产率的关系起到积极的调节作用。但由于应用研究对全要素生产率的影响受制于技术前沿的约束，当后发国家越来越接近先发国家技术水平时，技术引进效应和模仿效应就会呈边际递减态势，若没有进一步的基础研究的重大突破，应用研究很难继续取得实质性进展。此时后发国家若不能及时成功打开技术赶超的空间，就会陷入"技术能力陷阱"（谢伏瞻，2019），而强调短期利润与市场占有率的市场竞争机制会进一步固化后发国家在全球科技研发分工体系中的低端锁定，不利于技术进步和全要素生产率的提升。这是由于，一方面市场化程度的提升加快了技术市场的国际化进程，进一步导致发达国家向发展中国家转移落后技术，降低了本土研发的收益率，从而导致自主研发的技术增长率长期偏低，抑制了其自主研发动力；另一方面市场化程度的提高导致后发国家产业链陷入"被俘虏"的国际分工网络，经济全球化与市场国际化使后发国家在规模扩大、结构升级的过程中对进口发达国家高科技含量的中间产品形成依赖，其自主创新的能力被削弱。从这个角度来讲，市场化程度的提升能否对应用研究和全要素生产率起到积极的促进作用还取决于一国的科技基础以及前沿技术距离。

四 异质性科技创新对全要素生产率影响的数理模型分析

本节基于现有的 R&D 内生经济增长模型，构建了一个同时包含基础研究和应用研究的 R&D 内生经济增长模型,从而更好地刻画异质性科技创新对全要素生产率的影响。由于基础研究和应用研究之间存在双向溢出效应,这种双向溢出效应会加强知识和技术的积累从而影响全要素生产率,所以本书模型构建中考虑了基础研究和应用研究各自的溢出效应。同时,考虑到政府和市场是科技创新活动影响全要素生产率的关键驱动因素,而 R&D 内生经济增长模型的假定前提是市场运行机制,故在模型分析中引入政府部门对基础研究和应用研究的作用,进一步讨论其在不同科技创新活动中的作用。

(一) 模型设定

现有关于科技创新与经济增长的模型主要分为两大类:一是以新古典经济增长理论为代表的经济增长模型,这类模型假定技术是外生的,从而无法解释技术进步迅速发展的事实;二是在新古典经济增长模型基础上发展起来的 R&D 内生经济增长模型,这类模型将技术进步视为内生决定,能够解释技术进步的原因。R&D 内生经济增长模型为研究科技创新与全要素生产率提供了一个一般性的分析框架。但值得注意的是,传统的 R&D 内生经济增长模型实际上只考察了应用研究,强调的是由市场机制引发的技术进步,没有区分不同研发类型的 R&D 活动。罗默(Romer)等人在模型中构建了一个外生的、不可穷尽的可用知识库,即应用研究可以利用这个知识库来创造新的中间产品。但事实上,知识库并非纯粹的外生变量,而是由基础研究推动的,应用研究的生产力受到经济体"知识前沿"的限制,而"知识前沿"只能通过基础研究创造和产生,除非基础研究能够永久扩展知识库,否则长远来看经济将停止增长。为此,本书将 R&D 内生经济增长中外生的知识库内生化为基础研究部门的输出,尝试构建一个同时包含基础研究和应用研究的异质性 R&D 内生经济增长模型,从而更好地刻画异质性科技创新对全要素生产率的影响。

本书考虑一个时间从 $t=0$ 到 $t=+\infty$ 的连续时间经济模型,着眼于一个包含 6 个部门的封闭分散经济体,分别为家庭部门、最终产品生产部门、中间产品生产部门、基础研究部门、应用研究部门和政府部门。基于 Romer(1990)R&D 内生经济增长进行扩展,将 R&D 活动分为基础研究和应用研究,引入政府行为,设定基础研究资金全部来源于政府,应用研究资金来源于政府和企业。在经济体的运行中,家庭部门既是劳动力的提供者,也是最终产品的消费者;最终产品生产部门生产的产品由中间产品生产部门生产的中间产品和家庭部门提供的劳动力共同决定;中间产品生产部门生产的中间产品由家庭部门提供的劳动力和技术水平决定;研发活动部门包含基础研究和应用研究两个部门,基础研究部门主要产出以创意、理论和原型形式存在的知识形态,不直接作用于生产过程,应用研究部门则是将基础研究成果转化为新的中间产品技术,从而促使中间产品多样化,同时基础研究和应用研究之间的双向溢出效应增强了各自研究部门的生产力;政府部门可以通过选择基础研究部门的规模和向应用研究部门提供补贴的方式来影响经济的增长和福利,而政府资金主要源于税收收入。下文将分别对各部门进行详细讨论。

1. 家庭部门

社会由相同的无限存活家庭组成。假定没有人口增长和死亡,即 L 是一个常数($L>0$)。具有代表性的家庭从消费中获得的效用函数形式为:

$$\int_0^{+\infty} e^{-\rho t} \ln[c(t)] dt \tag{2-1}$$

其中 $c(t)$ 为 t 时刻的人均消费。参数 ρ 是家庭的时间偏好率($\rho>0$)。每个家庭在每一单位时间内被赋予一单位的同质劳动,可用于应用研究、基础研究、中间产品生产或最终产品生产。由于家庭追求效用最大化,又考虑到税收和补贴,他们随时都会选择能产生最高报酬的就业形式。我们将此报酬称为净实际工资,采用 $\bar{w}(t)$ 表示。

家庭可以将获得的收入用于消费或储蓄。他们能够通过持有派息公司的股份来储蓄。在无套利条件下,所有资产有着相同的实际报酬率,采用 $r(t)$ 表示。假设 $a(t)$ 为代表性家庭在 t 时刻内拥有的实际财富,则家庭的预算约束方程为:

$$\dot{a}(t) + c(t) = a(t)r(t) + \bar{w}(t) \tag{2-2}$$

在预算约束方程(2-2)和非庞氏博弈条件下,代表性家庭通过选择消费以最大化家庭福利水平,由此可以得到:

$$\lim_{t \to +\infty} a(t) e^{-\int_0^t r(s)ds} \geq 0 \tag{2-3}$$

通过求解上述优化问题，可以得到如下的消费积累动态方程：

$$\dot{c}(t)/c(t) = r(t) - \rho \tag{2-4}$$

2. 最终产品生产部门

假定最终产品生产部门是完全竞争的，经济中只有一种最终产品，由劳动力和差异化的中间产品生产出单一的同质最终产品。t 时刻拥有的中间产品种类为 $[0, A(t)]$，根据 Romer（1990）的研究，本书假定最终产品的生产函数为：

$$Y(t) = L_Y(t)^{1-\alpha} \int_0^{A(t)} x_i(t)^\alpha \mathrm{d}i \tag{2-5}$$

其中，$Y(t)$、$L_Y(t)$ 和 $x_i(t)$ 分别表示 t 时刻的最终产出率、劳动力投入率和中间产品投入率。$\alpha \in (0, 1)$ 是一个外生给定的技术参数。在给定条件下，最终产品生产部门通过选择雇佣劳动力和中间产品的数量以最大化利润，其优化问题为：

$$\max \left\{ L_Y(t)^{1-\alpha} \int_0^{A(t)} x_i(t)^\alpha \mathrm{d}i - w(t) L_Y(t) - \int_0^{A(t)} p_i(t) x_i(t) \mathrm{d}i \right\}$$

其中，$L_Y(t)^{1-\alpha} \int_0^{A(t)} x_i(t)^\alpha \mathrm{d}i$ 表示最终产品生产部门可以获得的总收入；$w(t)$ 表示劳动力工资；$p_i(t)$ 表示第 i 种中间产品的价格；$w(t) L_Y(t)$ 表示雇佣劳动力的成本；$\int_0^{A(t)} p_i(t) x_i(t) \mathrm{d}i$ 表示购买中间产品的成本。通过求解上述优化问题，能够得到最终产品生产部门对劳动力和中间产品的需求函数：

$$w(t) = (1-\alpha) Y(t) / L_Y(t) \tag{2-6}$$

$$p_i(t) = \alpha [L_Y(t) / x_i(t)]^{1-\alpha} \tag{2-7}$$

3. 中间产品生产部门

假定中间产品生产部门由一系列具有垄断权力的厂商组成，且每个厂商从 R&D 部门购买一种应用技术并注册为永久性专利，利用专利生产出独有的一种中间产品种类。为简化模型，假定所有的中间产品都是由相同的线性技术生产的，只使用劳动力作为其唯一的投入。在技术约束和式 (2-7) 所示需求函数的约束下，中间产品生产部门公司 i 通过选择 $x_i(t)$

的生产数量来最大化自身利润：

$$p_i(t)x_i(t) - w(t)x_i(t) = \alpha L_Y(t)^{1-\alpha}x_i(t)^{\alpha} - w(t)x_i(t) \tag{2-8}$$

求解上述优化问题，可以得到利润最大化的一阶条件为：

$$x_i(t) = [\alpha^2/w(t)]^{1/(1-\alpha)}L_Y(t) \tag{2-9}$$

$$p_i(t) = w(t)/\alpha \tag{2-10}$$

将式（2-9）代入式（2-8），可以得到公司 i 的利润率为：

$$\pi(t) = (1-\alpha)[\alpha^{(1+\alpha)}/w(t)^{\alpha}]^{1/(1-\alpha)}L_Y(t) \tag{2-11}$$

公司 i 在区间 $[t, +\infty]$ 的利润在 t 时刻的现值为：

$$V(t) = \int_t^{+\infty} e^{-\int_t^s r(s')ds'} \pi(s)ds \tag{2-12}$$

$V(t)$ 是任意中间产品生产部门的价值，即公司在 t 时刻的股价。中间产品生产部门所用的劳动力总量为：

$$L_X(t) = \int_0^{A(t)} x_i(t)di = x(t)A(t) = [\alpha^2/w(t)]^{1/(1-\alpha)}A(t)L_Y(t) \tag{2-13}$$

4. 基础研究部门

通常来讲，新的中间产品种类的产生需要两个步骤：第一步是基础研究部门产生新的科学原理知识，从而扩展现有的知识库；第二步是基础研究部门产生的新知识通过应用研究转化为新的中间产品生产所需要的应用技术。假定基础研究产生的新科学原理知识与应用研究所需要的应用技术是一一对应的，基础研究投入人员全部来源于政府，本书借鉴 Jones（1995）的 R&D 生产函数设定，并引入应用研究对基础研究的溢出效应指标，构造出基础研究的生产函数：

$$\dot{B}(t) = \gamma_B B(t)^{1-\mu_B} A(t)^{\mu_B} L_B(t) \tag{2-14}$$

其中，$\dot{B}(t)$ 表示 t 时刻通过基础研究产生的新的科学原理知识，$B(t)$ 为基础研究科学原理知识存量，$A(t)$ 为应用研究知识存量，$L_B(t)$ 为 t 时刻用于基础研究的劳动力总量。γ_B 和 μ_B 为外生给定参数，$\gamma_B > 0$ 刻画了基础研究的生产率；$\mu_B \in (0, 1)$ 刻画了应用研究对基础研究的溢出效应，μ_B 越大，溢出效应越强。$1 - \mu_B$ 刻画了基础研究知识存量对新科学原理知识产生的影响。

5. 应用研究部门

应用研究以基础研究为前提，应用研究人员将基础研究产生的新科学原理知识转化为新的中间产品所需的应用技术，从而使之商业化。本书采用 $L_A(t)$ 表示 t 时刻用于应用研究的劳动力总量。为简化模型，假设一种新的科学原理知识只能产生一种新的中间产品的应用技术，即 $A(t) \leq B(t)$。这意味着若政府永远停止基础研究，技术进步就会消失，产出的长期增长就无法维持。应用研究的生产函数如下：

$$\bar{A}(t) = \begin{cases} \gamma_A A(t)^{1-\mu_A} B(t)^{\mu_A} L_A(t), & \text{if } A(t) < B(t) \\ \min\{\gamma_A L_A(t), \gamma_B L_B(t)\} A(t), & \text{if } A(t) = B(t) \end{cases} \quad (2-15)$$

为了分析式（2-15），需要讨论两种情形。第一种情形下，t 时刻 $A(t) < B(t)$，即新应用技术的产生速度小于新科学原理知识的产生速度。此时在 t 时刻未转化为现实生产力的科学原理知识为 $B(t) - A(t)$，$L_A(t)/[B(t) - A(t)]$ 表示从事任何一项未转化为现实生产力技术的应用研究人员数量。设定 $z_j(t)\Delta$ 为新科学原理知识 $j \in [A(t), B(t)]$ 在时间区间 $[t, t+\Delta)$ 中转化为新应用技术的概率，其中 $\Delta > 0$ 无限趋近于 0。可以得到：

$$z_j(t) = \gamma_A A(t)^{1-\mu_A} B(t)^{\mu_A} \frac{L_A(t)}{B(t) - A(t)}$$

其中，$\gamma_A > 0$ 和 $\mu_A \in (0, 1)$ 是外生给定的参数。t 时刻新应用技术生成的总速率 $\bar{A}(t)$ 可以用 $z_j(t)$ 对 $j \in [A(t), B(t)]$ 的积分计算：

$$\bar{A}(t) = \gamma_A A(t)^{1-\mu_A} B(t)^{\mu_A} L_A(t)$$

第二种情形下，t 时刻 $A(t) = B(t)$，即新应用技术的产生速度等于新科学原理知识的产生速度。此时：

$$\bar{A}(t) = \min\{\gamma_A A(t)^{1-\mu_A} B(t)^{\mu_A} L_A(t), \bar{B}(t)\}$$

将式（2-14）中 $\bar{B}(t)$ 的方程代入上式，并结合 $A(t) = B(t)$，可以得到：

$$\bar{A}(t) = \min\{\gamma_A L_A(t), \gamma_B L_B(t)\} A(t)$$

本书设定基础研究活动由政府资助，而应用研究则是由私人企业资助。t 时刻新专利或应用技术的售价由式（2-12）中定义的 $V(t)$ 给出。任何特定应用研究者在时间区间 $[t, t+\Delta)$ 内获得此价格的概率约等于 $\bar{A}(t)\Delta/L_A(t)$。结合式（2-15），可以得到 t 时刻花费在应用研究上单位时间的预期收益率：

$$w_A(t) = \begin{cases} \gamma_A A(t)^{1-\mu_A} B(t)^{\mu_A} V(t), & \text{if } A(t) < B(t) \\ \min\{\gamma_A, \gamma_B[\gamma_B/L_A(t)]\} A(t) V(t), & \text{if } A(t) = B(t) \end{cases} \quad (2-16)$$

6. 政府部门

在不考虑其他税收收入和财政支出的情境下，假定政府通过对劳动力收入征税获得财政收入，征收税率记作 $\tau(t)$，财政支出用于投资基础研究和应用研究。其中，基础研究部门的政府投资为 $\bar{w}(t)L_B(t)$，$L_B(t)$ 为基础研究部门雇佣的劳动力，$\bar{w}(t)$ 为劳动力净实际工资（考虑了劳动税和研究补贴）；应用研究部门的政府投资是 $\sigma(t)w_A(t)L_A(t)$，$\sigma(t)$ 为应用研究活动的补贴率。采用 $P = \{L_B(t), \sigma(t)\}$ 表示政府相应的策略方案。假设政府始终保持财政收支平衡，则意味着 $\tau(t)$ 由以下预算约束方程决定：

$$\bar{w}(t)L_B(t) + \sigma(t)w_A(t)L_A(t) = \tau(t)w_A(t)L_A(t) + \tau(t)w(t)[L_X(t) + L_Y(t)] \quad (2-17)$$

当 $L_B(t) \in [0, L]$，$\sigma(t) \geq 0$，且 $\tau(t) \in [0, 1)$ 时，策略方案 P 是可行的。

（二）稳态均衡

在上一小节对经济中所有主体行为描述的基础上，本小节在市场均衡条件下，分析劳动力市场、资本市场、最终产品市场的出清条件（中间产品市场的出清问题已在上文分析中间产品生产部门利润最大化问题时给予说明）。

劳动力市场出清条件为：

$$L_A(t) + L_B(t) + L_X(t) + L_Y(t) = L \quad (2-18)$$

在劳动力市场无套利条件下，从事不同岗位的劳动力所获得的净实际工资 $\bar{w}(t)$ 相同。由于在每个均衡中人均消费和产出均为正，这就要求 $L_X(t)$ 和 $L_Y(t)$ 在任何时候都严格为正。当 $L_A(t) > 0$ 时，劳动力市场无套利条件为：

$$\bar{w}(t) = [1-\tau(t)]w(t) = [1-\tau(t)+\sigma(t)]w_A(t) \quad (2-19)$$

资本市场出清要求 t 时刻家庭部门的总财富等于所有生产中间产品的公司的总价值，即：

$$a(t)=A(t)V(t)/L \qquad (2-20)$$

家庭是最终产品的唯一消费者，因此最终产品市场出清条件是：

$$c(t)=Y(t)/L \qquad (2-21)$$

下面将定义模型的均衡，假设新应用技术和新科学原理知识的初始值分别为 A_0 和 B_0，并且满足 $0<A_0<B_0$，则模型的均衡可以定义如下。

定义 1 均衡与 A_0 和 B_0 的初始值有关，策略方案 $P=\{L_B(t), \sigma(t)\}$ 是一系列满足 $\varepsilon=\{Y(t), x(t), A(t), B(t), L_A(t), L_X(t), L_Y(t), c(t), r(t), \bar{w}(t), w(t), w_A(t), a(t), \pi(t), V(t), \tau(t)\}$ 条件的时间路径。

在上述定义中，需要注意的是：

①任意时刻 t 均满足模型设定中的最优化和市场出清条件；

②$A(0)=A_0$，$B(0)=B_0$，且 $\lim\limits_{t\to+\infty}a(t)e^{\int_0^t r(s)ds}\geq 0$；

③消费严格为正，对于任意时刻 t，$c(t)>0$ 均成立；

④税率是可行的，对于任意时刻 t，$0\leq\tau(t)<1$。

根据前文模型的假设，基础研究是经济长期增长的必要条件。在这一假定前提下，只要政府对基础研究活动的资助没有挤出生产中雇佣的全部劳动力，基础研究对应用研究的溢出效应就会导致应用研究部门可以无限期地产生新技术专利，为从事应用研究的私人企业提供动力。据此可以得到以下引理。

引理 1 假设 $\varepsilon>0$ 和 $T\geq 0$，对于任意时刻 $t\geq T$，$\varepsilon\leq L_B(t)\leq L-\varepsilon$ 均成立，则均衡状态下 $\lim\limits_{t\to\infty}A(t)=+\infty$。

本小节重点关注策略方案 $P=\{L_B(t), \sigma(t)\}$，其中 $L_B\in[0, L]$，$\sigma\geq 0$，二者均为常数。在平衡增长路径（BGP）中，劳动份额 $L_A(t)$、$L_X(t)$、$L_Y(t)$ 以及税率 $\tau(t)$ 不随时间的推移而发生改变。因此，下文将在这些函数中省略时间参数。同理，在平衡增长路径中，人均消费的增长率也是恒定的。从式（2-4）可以得出，实际利率也是常数，可以采用 r 代替 $r(t)$。本书采用 $g_v(t)$ 来表示任意严格为正的可微函数 v 在 t 时刻的增长率，$g_v(t) \equiv \bar{v}(t)/v(t)$。

引理 2 在平衡增长路径中，$A(t)$ 和 $B(t)$ 必须以相同的速度增长，即对于任意时刻 $t \geq 0$，方程 $g_A(t) = g_B(t)$ 均成立。

引理 2 的结论是由基础研究和应用研究两个研究部门之间的溢出效应建模得到的。由于 $\mu_A > 0$，$\mu_B > 0$，这意味着一个部门的研究活动会影响另一个部门的研究活动，反之亦然。假设等式中 $A(t)$ 和 $B(t)$ 的指数加起来等于 1，式（2-14）和式（2-15）中增长率 $g_A(t)$ 和 $g_B(t)$ 相同，采用 g 表示 $A(t)$ 和 $B(t)$ 的共同增长率。为了便于下文的分析，此处采用以下公式来定义函数 $D(g)$、$F(g, L_B, \sigma)$ 和 $H(L_B, \sigma)$：

$$D(g) = (1-\alpha+\alpha^2)\rho + g$$

$$F(g, L_B, \sigma) \equiv \alpha(1-\alpha)\gamma_A[D(g)(L-L_B) + (1-\alpha+\alpha^2)(g+\rho)\sigma L]/D(g)^2$$

$$H(L_B, \sigma) \equiv F(\gamma_B L_B, L_B, \sigma)$$

在附录 A 中本书总结了这些有助于描绘 BGP 特征的函数性能。结合附录 A 引理 2 的证明中有关 $F(g, L_B, \sigma)$ 和 $H(L_B, \sigma)$ 的描述，很容易得出以下结论。

第一，对于任意 $L_B \in [0, L]$，$\sigma \in [0, +\infty)$，均存在唯一的 $\bar{g} > 0$ 使得：

$$F(\bar{g}, L_B, \sigma) = [\bar{g}/(\gamma_B L_B)]^{\mu_A/\mu_B} \tag{2-22}$$

第二，当且仅当 $H(0, \sigma) \geq 1 \geq H(L, \sigma)$ 时，方程 $H(L_B, \sigma) = 1$ 具有唯一解 $\bar{L}_B$：

$$\bar{L}_B = \begin{cases} 0, & \text{if } H(0,\sigma) < 1 \\ \bar{L}_B, & \text{if } H(0,\sigma) \geq 1 > H(L,\sigma) \\ L, & \text{if } H(L,\sigma) \geq 1 \end{cases}$$

结合上述分析，可以得到增长率为 g 的平衡增长路径存在的一个充分必要条件。

定理 1 （a）若 g 为策略方案 $P = \{L_B, \sigma\}$ 对应的 BGP 均衡中变量 $A(t)$ 和 $B(t)$ 的共同增长率，则有：

$$g = \begin{cases} \gamma_B L_B, & \text{if } L_B \leq \bar{L}_B \\ \bar{g}, & \text{if } L_B > \bar{L}_B \end{cases} \tag{2-23}$$

$$A(t)/B(t) = \begin{cases} 1, \text{if } 0<L_B \leq \bar{L}_B \\ [\bar{g}/\gamma_B L_B]^{1/\mu_B} <1, \text{if } L_B > \bar{L}_B \end{cases} \quad (2-24)$$

最终产出和消费以相同增长率 $g_Y = g_c = (1-\alpha)g$ 增长，且利率 $r = (1-\alpha)g+\rho$。

(b) 假设 g 满足式（2-23）和式（2-25），则存在对应于策略方案 $P = \{L_B, \sigma\}$ 的 BGP 均衡，变量 $A(t)$ 和 $B(t)$ 在平衡增长路径下以 g 的速率增长。

$$D(g)(L-L_B) > \alpha(1-\alpha)g\sigma L \quad (2-25)$$

（三）结果讨论

本小节将分别从基础研究、基础研究与应用研究双向溢出效应、政府支持、市场化程度等角度对上述得出的结论进行详细的讨论。

1. 基础研究的讨论

定理 1 中（a）部分阐述了经济增长率 g，以及基础研究与应用研究的比值 $A(t)/B(t)$ 在均衡中必须满足的条件。从定理 1 中 g 的函数表达式可以看出，基础研究和应用研究对经济产出的影响与政府基础研究投入的阈值 $\bar{L}_B$ 有关，需要结合基础研究中 $\bar{L}_B$ 的大小分情况进行讨论。

（1）$L_B \leq \bar{L}_B$ 的情形

当政府所采用的基础研究人员 L_B 不超过 $\bar{L}_B$ 时，长期来看应用研究人员能够将所有基础研究产生的新科学原理知识转化为新技术，从而将其商业化，此时 $A(t)/B(t) = 1$。在这种情况下，政府对基础研究的投入较少，应用研究人员生产新技术所需要的科学知识是有限的，因此长期来看应用研究人员可能会完全耗尽可用的科学知识。根据式（2-23），此时总体增长率 g 只取决于政府资助的基础研究部门的规模 L_B 以及基础研究部门的生产力 γ_B。换句话说，在 $L_B \leq \bar{L}_B$ 的情形下，基础研究是经济长期增长的唯一引擎；应用研究对全要素生产率的提升具有边际递减作用，长期来看应用研究对经济长期增长没有明显作用，这也意味着，此时政府在应用研究上的补贴 σ 对增长率 g 没有任何影响。

（2）$L_B > \bar{L}_B$ 的情形

政府所采用的基础研究人员 L_B 大于 $\bar{L}_B$ 时，基础研究人员会以足够快的速度推动理论前沿，对于任意时刻 t，都存在满足应用研究生产新技术所需的知识存量，此时 $A(t)/B(t)<1$。在这种情况下，基础研究能够永久扩展知识库，应用研究可以通过促使基础研究转化为现实生产力来刺激经济增长，而经济增长潜力与基础研究产生新科学原理知识的速度有关。根据式（2-22），此时增长率 g 处于 $\gamma_A L_A$ 和 $\gamma_B L_B$ 之间，即在 L_B 大于 $\bar{L}_B$ 的情形下，应用研究步伐永远落后于知识前沿，能够持续长久地产生可用于现实生产力的新技术，长期增长由基础研究和应用研究共同决定。但需要注意的是，这并非意味着政府无限制地进行基础研究投入。虽然 g 对于 $L_B \in [0, \bar{L}_B]$ 是严格递增的，但在 $L_B > \bar{L}_B$ 的情形下，$g = \bar{g}$ 和 L_B 之间的关系可能会变得更加复杂，下面采用一个简单的例子对此进行解释。

假设：

$$\sigma = 0 \text{ 和 } L > \frac{(1-\alpha+\alpha^2)\rho}{\alpha(1-\alpha)\gamma_A} \tag{2-26}$$

$$\bar{L}_B = \frac{\alpha(1-\alpha)\gamma_A L - (1-\alpha+\alpha^2)\rho}{\alpha(1-\alpha)\gamma_A + \gamma_B} \tag{2-27}$$

进一步假设 $\mu_A = \mu_B$，求解方程（2-22）可以得到：

$$\bar{g} = \frac{(1-\alpha+\alpha^2)\rho}{2} + \sqrt{\frac{(1-\alpha+\alpha^2)^2\rho^2}{4} + \gamma_A \gamma_B \alpha(1-\alpha) L_B (L - L_B)}$$

将这一结果与式（2-23）相结合，可以发现均衡增长率在区间 $[0, \bar{L}_B]$ 上随 L_B 的增加而线性增加，在区间 $[\bar{L}_B, L]$ 由 L_B 的单峰函数决定。特别地，若 $[\bar{L}_B, L/2]$ 非空，则 g 在 $[\max\{\bar{L}_B, L/2\}, L]$ 上相对于 L_B 是递减的，而在 $[\bar{L}_B, L/2]$ 上是递增的。这个例子说明，L_B 的增加对应用研究存在两种影响效应：一是大量基础研究引发的 $B(t)$ 增加通过知识溢出正向影响应用研究；二是 L_B 的增加减少了原本可以用于其他生产活动的劳动力，对应用研究产生负面影响。当正向溢出效应占主导时，L_B 的增加会导致更大的增长，g_B 和 g_A 相对于 L_B 都在增加。反之，当 L_B 过大时，应用研究和生产活动劳动力供给减少的负面效应占主导地位，g_A 相对于 L_B 呈下降趋势，此时基础研究的增加不仅不利于整体发展，而且不利于新技术的产生。

通过对上述两种情形的分析，可以得到以下推论。

推论 1 在基础研究投入未达到最优水平时，基础研究是经济长期增长和全要素生产率提升的唯一引擎，应用研究对全要素生产率提升具有边际递减作用；在基础研究投入达到最优水平时，全要素生产率由基础研究和应用研究共同决定。

2. 溢出效应的讨论

在本书的模型设定中，假定基础研究与应用研究之间存在双向溢出效应，具体表现为基础研究对应用研究的正向溢出效应 $\mu_A>0$ 和应用研究对基础研究的反向溢出效应 $\mu_B>0$。由式（2-22）可知，溢出参数 μ_A 和 μ_B 的相对大小是 $\bar{g}$ 的关键决定因素。下文将讨论两种特殊情形，以更好地展示溢出效应的作用。

（1）仅存在正向溢出效应的情形

当 $\mu_A>0$ 且 μ_B 趋于 0 时，应用研究对基础研究的反向溢出效应可以忽略不计，可视为仅存在正向溢出效应。在这种情形下，当 $\bar{g}<\gamma_B L_B$ 时，式（2-22）右边的 $\bar{g}$ 趋于 0；当 $\bar{g}>\gamma_B L_B$，则趋于 $+\infty$。这立即证明了当 μ_B 趋近于 0 时，式（2-22）的唯一解 $\bar{g}$ 收敛于 $\gamma_B L_B$。将此结果与式（2-23）相结合，可以得出，当 $\mu_B \approx 0$ 时，对于所有 L_B 和 σ 的组合设置，平衡增长率均满足 $g \approx \gamma_B L_B$。由此得到引理 3。

引理 3 当 μ_B 无限趋于 0 时，平衡增长率 $g=\gamma_B L_B$，则有：

$$\lim_{\mu_B \to 0} A(t)/B(t) = \begin{cases} 1, \text{if } 0<L_B \leq \bar{L}_B \\ H(L_B,\sigma)^{1/\mu_A}<1, \text{if } L_B>\bar{L}_B \end{cases}$$

这意味着经济的长期增长只取决于政府、L_B 以及生产率参数 γ_B。尤其是当只存在基础研究对应用研究的正向溢出效应时，政府应用研究资助 σ 没有增长效应。若应用研究在理论前沿运作，总体增长将受到基础研究和生产率的限制，无论是在 $L_B \leq \bar{L}_B$ 的情况下还是 $L_B>\bar{L}_B$ 的情况下，政府对应用研究补贴均无效。因此，在仅存在正向溢出效应的情形下，只能通过基础研究来刺激长期增长。

（2）仅存在反向溢出效应的情形

当 $\mu_B>0$ 且 μ_A 趋于 0 时，基础研究对应用研究的正向溢出效应可以忽略不计，可视为仅存在反向溢出效应。在这种情形下，当 $\bar{g}>0$ 时，式（2-

22）的右侧收敛于1：

$$\bar{g} = \begin{cases} \bar{\bar{g}}, \text{if } F(0, L_B, \sigma) > 1 \\ 0, \text{if } F(0, L_B, \sigma) \leq 1 \end{cases} \quad (2\text{-}28)$$

其中，$\bar{\bar{g}}$ 由 $F(g, L_B, \sigma) = 1$ 确定。将此结果与式（2-23）相结合，可以得到引理 4。其中，$\bar{\bar{L}}_B$ 定义为：

$$\bar{\bar{L}}_B = (1+\sigma)L - \frac{(1-\alpha+\alpha^2)\rho}{\alpha(1-\alpha)\gamma_A}$$

引理 4 （a）当且仅当 $\bar{L}_B = 0$ 时，$\bar{\bar{L}}_B \leq 0$ 成立；当 $\bar{L}_B > 0$ 时，$\bar{L}_B < \bar{\bar{L}}_B$。

（b）假设 μ_B 为大于 0 的常数，当 μ_A 无限趋于 0 时，平衡增长率为：

$$g = \begin{cases} \gamma_B L_B, \text{if } L_B \leq \bar{L}_B \\ \bar{\bar{g}}, \text{if } \bar{L}_B < L_B \leq \bar{\bar{L}}_B \\ 0, \text{if } L_B > \bar{\bar{L}}_B \end{cases}$$

引理 4 描述了三种不同情形下的增长率。当基础研究人员的实际数量没有超过阈值 $\bar{L}_B$ 时，政府应用研究补贴 σ 没有增长效应；当 L_B 处于 $\bar{L}_B$ 和 $\bar{\bar{L}}_B$ 之间时，基础研究和应用研究共同影响增长率，$\bar{\bar{g}}$ 相对于 σ 是递增的，相对于 L_B 是递减的，当 $L_B = \bar{L}_B$ 时，增长率 g 取得最大值，这意味着基础研究超过门槛值 $\bar{L}_B$ 将不利于增长；当 L_B 超过 $\bar{\bar{L}}_B$ 时，均衡增长率为零。

通过对上述两种特殊情况的分析，可以看出：在没有从应用研究到基础研究的反向溢出效应时，政府只能通过资助基础研究来提升增长率；在没有从基础研究到应用研究的正向溢出效应时，只有应用研究部门在每个时点完全耗尽经济中可用的知识库时，基础研究投入增加才会促进增长率。定理 1 中所涵盖的一般情况可以看作本小节所讨论的两种特殊情况的混合。根据上述分析，我们可以得到以下推论。

推论 2 基础研究与应用研究之间的双向溢出效应有助于更好地促进全要素生产率提升。

3. 政府支持的讨论

下面将进一步分析政府研究补贴的影响。首先，分析政府基础研究补贴的影响。在前文的模型假定中，基础研究投入全部来源于政府，结合推论 1 的内容可知，只有当政府对基础研究投入达到一定力度时，才能更好地发挥基础研究对应用研究的溢出效应。现在我们考虑一种极端情况，假设基础研究投入的阈值为 $\bar{L}_B=0$。从 $H(L_B,\sigma)$ 的定义中可以看出，$\bar{L}_B=0$ 成立的条件是：

$$\frac{\alpha(1-\alpha)\gamma_A L(1+\sigma)}{(1-\alpha+\alpha^2)\rho} \leq 1 \qquad (2-29)$$

在这种情况下，$A(t)$ 严格小于 $B(t)$，政府对基础研究的任意投入产生的新科学原理知识都足够支持应用研究产生新技术。

其次，分析政府应用研究补贴的影响。政府应用研究补贴 σ 对增长率 g 的影响与政府基础研究投入有关。在 $L_B \leq \bar{L}_B$ 的情形下，应用研究在理论前沿面展开，此时在市场机制下，私人部门有动力积极地开展应用研究活动，政府补贴 σ 没有起到显著效果；在 $L_B > \bar{L}_B$ 的情形下，应用研究不受制于前沿理论的约束，政府对应用研究部门的补贴增加了劳动力在应用研究部门工作的激励，从而将劳动力供给转向应用研究部门，加速了 $A(t)$ 的增长。对于任意给定的 $B(t)$ 增长率，较高的研究补贴使应用研究更有可能赶上经济的理论前沿，新技术和新科学原理知识之间的长期比值 $A(t)/B(t)$ 增大，理论前沿更有可能成为应用研究的约束性条件。据此，可以得到以下推论。

推论 3　政府对基础研究的支持达到一定力度时，能够更好地发挥基础研究对应用研究的溢出效应，促进基础研究转化为现实生产力；政府对应用研究的支持效果与应用研究和理论前沿面的距离有关，若应用研究在理论前沿面展开，政府对应用研究的补贴是无效的，若应用研究没有在理论前沿面展开，政府对应用研究的补贴有助于提升增长率。

4. 市场化程度的讨论

从前文的模型设定中可知，基础研究全部由政府提供，故市场化程度的高低对基础研究活动没有影响，其主要作用于应用研究、中间产品和最终产品部门。要素市场的扭曲程度能够在一定程度上表征市场化程度，通常情况下，市场化程度较低的地区，其要素扭曲程度较高，随着市场化程度的提升，要素扭曲程度逐渐改善。假定要素市场存在扭曲，结合戴魁早和刘友金（2016）基于垄断竞争的市场结构模型对要素市场扭曲与创新绩效的分析可知，在其他条件不变的前提下，随着要素市场扭曲程度的提升，企业的创新效率会不断下降，即应用研究引致的全要素生产率提升效应不断下降。随着要素扭曲程度的改善，企业的创新效率会逐步提升，即能够更好地发挥应用研究对全要素生产率的促进作用。同时，结合推论1可知，应用研究对全要素生产率的影响效果与应用研究是否在理论前沿面有关，这就决定了市场化程度的提高在应用研究影响全要素生产率中的作用并非简单的线性关系。若应用研究已经处在理论前沿面，市场化程度的提升对应用研究无显著影响，这是由于此时经济增长由基础研究唯一决定；若应用研究没有在理论前沿面展开，市场化程度的提升对应用研究的支持有助于提升增长率。据此，我们可以得到如下推论。

推论4 市场化程度提升对基础研究无显著影响，对应用研究的支持效果与应用研究和理论前沿面的距离有关，若应用研究在理论前沿面展开，市场化程度的提高对应用研究无明显作用，若应用研究没有在理论前沿面展开，市场化程度的提高有助于更好地发挥应用研究对全要素生产率的助推作用。

（四）数值模拟

本小节通过数值模拟的方式对上述研究推论进行验证。在进行模拟之前，首先对相关参数的基准值进行设定。借鉴 Barro 和 Sala-I-Martin（1992）、Barro 等（1995）、Bloom 等（2002）、Jaffe（1989）、Jones（1995）、Gersbach 等（2018）的研究，设定参数 α、ρ、σ、μ_A、μ_B、γ_A、γ_B 分别为 0.8、0.02、0.3、0.6、0.2、0.3、10。图 2-5 刻画了在固定模型中所有参数的情况下，基础研究 L_B $\{L_B \in (0, 0.10]\}$ 对应用研究 L_A、经济增长率 g 以及应用研究到知识前沿面的距离 $A(t)/B(t)$ 的影响。设定 $B(0)=10$，$L=1$，从图 2-5 可以看出，基础研究投入的增加能够对经济增长率 g 产生积极的影响。根据应用研究与基础研究理论前沿面之间的距离，可以将增长机制划分为两种。首先，当 $L_B \leq \bar{L}_B$ 时，$A(t)=B(t)$，这意味着应用研究已经在知识前沿面展开，即此时经济增长率完全取决于基础研究，如果基础研究不再增加，投入再多的应用研究均不会对经济增长产生影响。然而，基础研究的增加最终会导致 L_B 超过阈值 $\bar{L}_B$。其次，当 $L_B > \bar{L}_B$ 时，应用研究并未在知识前沿面展开，此时基础研究和应用研究均对长期经济增长产生积极影响。此外，应用研究 L_A 的数量首先会随着基础研究 L_B 的增加而增加，这是因为基础研究产生的新想法通过溢出效应增加了对应用研究的激励，但需要注意的是，由于 $L=1$ 是恒定的，若 L_B 增加过度则会对 L_A 产生反向影响，如图 2-5 所示，在 L_B 收敛于 0.10 的情况下 $A(t)/B(t)$ 收敛于 0。上述研究表明，在应用研究没有到达基础研究的知识前沿面时，经济增长率由基础研究和应用研究共同决定；当应用研究到达知识前沿面时，基础研究是决定经济增长率的唯一引擎。

图 2-5 基础研究 L_B 变化产生的影响

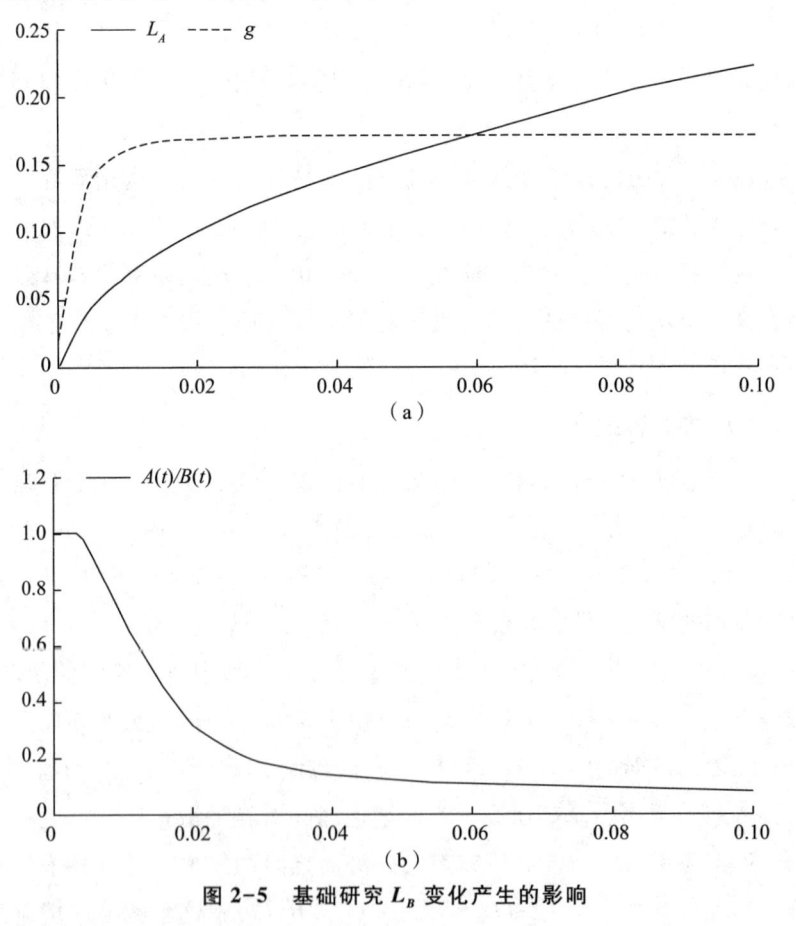

图 2-6 刻画了在固定模型中除 σ 以外参数的情况下，政府补贴 σ（$\sigma \in [0, 0.5]$）对应用研究 L_A、经济增长率 g 以及应用研究到知识前沿面的距离 $A(t)/B(t)$ 的影响。从图 2-6 可以看出，在参数 $\sigma \in [0, 0.5]$ 范围

内，应用研究在知识前沿面之下进行，此时随着基础研究创造的新知识和新想法转化为新的中间产品所需的应用技术，政府补贴对经济增长表现为严格的积极影响。同时，政府补贴促使应用研究的成本相对下降，从事应用研究的人员数量也相应增加，更高的商业化速度以及阈值 $\bar{L}_B$ 本身是 σ 的递增函数这一事实，使得应用研究最终可能到达知识前沿面。因此，新技术与新知识的比值也随着 σ 的增加而增加。当 σ 增长到一定程度时，应用研究将到达知识前沿面，即 $A(t)/B(t)=1$，此时政府给予进一步的应用研究补贴将不再影响增长。这表明政府对应用研究的支持效果与应用研究和理论前沿面的距离有关，若应用研究在理论前沿面展开，政府对应用研究的补贴是无效的；若应用研究没有在理论前沿面展开，政府对应用研究的补贴则有助于提升增长率。

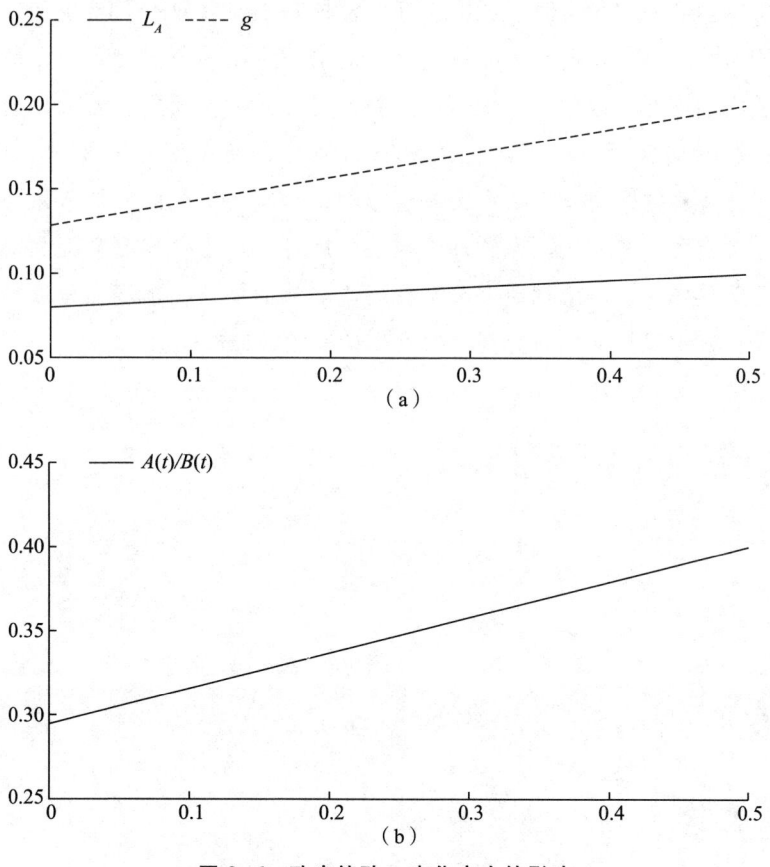

图 2-6 政府补贴 σ 变化产生的影响

五 本章小结

本章在对基础研究和应用研究进行概念界定的基础上，构建了基础研究与应用研究影响全要素生产率的理论分析框架，阐明了基础研究与应用研究影响全要素生产率的作用机制。在理论分析的基础上，本书还通过拓展内生经济增长模型对此进行进一步的数理分析。研究发现：①基础研究的合理增加有助于促进全要素生产率提升；应用研究对全要素生产率的影响取决于基础研究的理论前沿程度，在基础研究未达到最优理论前沿面时，应用研究对全要素生产率的贡献呈边际递减趋势；基础研究与应用研究的双向溢出效应有助于更好地促进全要素生产率提升。②政府对基础研究的支持达到一定力度时，能够更好地发挥基础研究对全要素生产率的助推作用。政府对应用研究的支持效果与前沿技术距离有关，若应用研究在理论前沿面展开，政府对应用研究的补贴是无效的；反之，若应用研究距离理论前沿面较远，政府对应用研究的补贴有助于提升全要素生产率。③市场化程度提升对基础研究无显著影响，对应用研究的支持效果与前沿技术距离有关，若应用研究在理论前沿面展开，市场化程度的提高对应用研究无明显作用；若应用研究没有在理论前沿面展开，市场化程度的提高有助于更好地发挥应用研究对全要素生产率的助推作用。

第三章
中国科技创新与工业全要素生产率的特征事实

在第二章理论分析异质性科技创新对全要素生产率影响的基础上，本章通过分析 2000~2019 年中国科技创新和工业全要素生产率的演化轨迹，从中归纳出中国科技创新与工业全要素生产率的特征事实。具体的逻辑脉络如下。首先，梳理以美、英、德、法、日为代表的五大科技强国和中国的长时序研发投入趋势，分析各国研发投入的总体情况，从中总结出一般化、整体性的规律；而后分别从研发活动类型、经费执行部门角度出发，比较五大科技强国和中国研发投入结构的差异，归纳中国科技创新投入结构的总体特征。其次，运用 SFA 模型测算中国 2000~2019 年分省份工业全要素生产率和分行业工业全要素生产率；而后从时间趋势、空间维度和区域差异视角分析省际层面工业全要素生产率的变化过程及演变特征，从时间趋势、行业差异视角分析行业层面工业全要素生产率的变化过程及演变特征。

一 中国科技创新的特征事实分析

自改革开放 40 多年以来，中国研发投入不断增加，成为在世界百年未有之大变局下具有重要影响的科技大国。我国经济发展方式也由要素驱动、投资驱动向创新驱动转变，如何实现从"科技大国"到"科技强国"的跨越是当下亟待解决的关键问题。要解决这个问题，就必须进一步明确，当前我国科技创新投入与主要科技强国相比，处在什么样的水平？创新投入结构与创新型国家相比，又有何差异？只有客观地认识和分析现阶段中国科技创新的特征及与发达国家之间的差距，才能更好地完善科技创新支持体系。基于此，本书采用经济合作与发展组织（OECD）及各国官方网站公布的统计数据，梳理了以美、英、德、法、日为代表的五大科技强国和中国的长时序研发投入趋势，以期通过与科技强国研发投入强度与结构的对比，更好地观察和明确中国科技创新投入的现状，为完善和优化我国科技创新投入决策提供参考和方向指引。具体地，本章将首先分析各国研发投入的总体情况，从中总结出一般化、整体性的规律；其次分别从研发活动类型、经费执行部门角度出发，比较科技强国和中国研发投入结构的差异，归纳中国科技创新投入结构的总体特征。

（一）研发投入趋势分析

研发投入是衡量一国科技创新水平的重要指标。考虑到数据的可得性和可比性，下文将从研发投入规模和研发投入强度两个角度出发，分析以美、英、德、法、日为代表的五大科技强国和中国 2000~2019 年的长时序研发投入趋势。

1. 研发投入规模

研发投入规模主要包含 R&D 投入经费和 R&D 人员全时当量。图 3-1 为以美、英、德、法、日为代表的主要科技强国和中国的 R&D 投入经费和 R&D 人员全时当量。从图 3-1 来看，2000~2019 年各国的 R&D 投入经费和 R&D 人员全时当量总体呈上升趋势。美国的 R&D 投入经费处于世界领先地位，在 2009 年出现小幅下滑，近年来增长速度逐渐提升，但 R&D 人员全时当量近年来增长速度相对较慢。英国的 R&D 投入经费及 R&D 人员全时当量在六个国家中最少，其中 R&D 投入经费增长较为缓慢，R&D 人员全时当量在 2005~2011 年经历了一段时间的增长停滞。德国的 R&D 投入经费呈匀速增长态势，同时 R&D 人员全时当量呈缓慢增长的状态。法国的 R&D 投入经费与 R&D 人员全时当量增长速度基本一致，近年来均呈现匀速增长态势。日本的 R&D 投入经费增长在 2008 年及 2014 年达到波峰，呈现波动式增长的状态，而其 R&D 人员全时当量波动更为明显，分别在 2002 年、2006 年达到波谷、波峰，尽管波动明显但总体上仍然呈现上升态势。中国的 R&D 投入经费在六个国家中位列第二，但增长速度远远超过其他国家，同时 R&D 人员全时当量也呈现快速增长的状态。

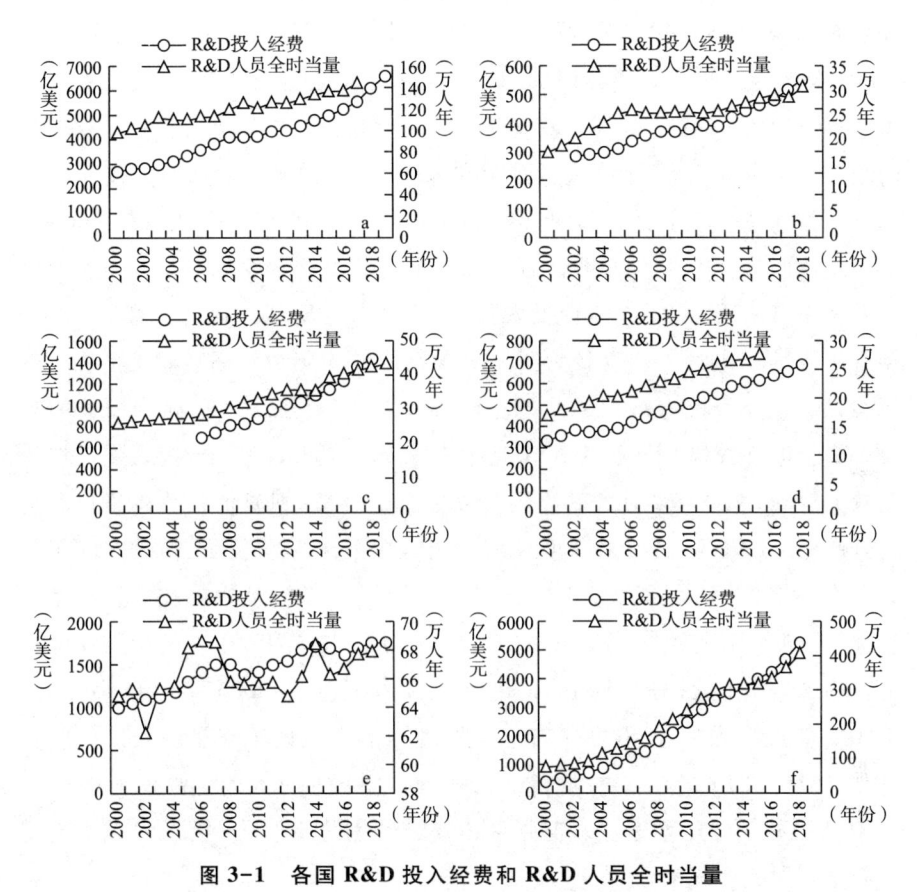

图 3-1　各国 R&D 投入经费和 R&D 人员全时当量

注：(a) 美国；(b) 英国；(c) 德国；(d) 法国；(e) 日本；(f) 中国。部分年份缺数据。

通过与其他五大科技强国对比可以看到，中国近年来在 R&D 方面的投入呈现总量大、增速快、趋势平稳上升等特征，说明我国十分重视科研领域对经济增长、社会发展方面的作用，正在向成为科研大国的目标逐步迈进。

2. 研发投入强度

研发投入强度主要采用 R&D 经费投入强度（即 R&D 投入占 GDP 的比重）和 R&D 人员投入强度（即每百万人中的 R&D 人员）来表征。图 3-2 为以美、英、德、法、日为代表的主要科技强国和中国的 R&D 经费投入强度及 R&D 人员投入强度。从图 3-2 可以看出，各国的 R&D 经费投入强度和 R&D 人员投入强度基本呈现上升趋势。美国的 R&D 经费投入强度与 R&D 人员投入强度均较为稳定，呈现平稳中略有上升的趋势，其中 R&D

经费投入强度稳定保持在 2.7%~3.0%，R&D 人员投入强度稳定保持在 4000~4500 人/百万人。英国的 R&D 经费投入强度大致在 1.5%~2.0%，R&D 人员投入强度在 2000~2006 年增长速度较快，之后主要呈现平稳增长的趋势。德国的 R&D 经费投入强度和 R&D 人员投入强度增长速度基本一致，总体保持平稳上升，其中 R&D 经费投入强度在 2013 年出现较大回落，之后迅速回升，R&D 人员投入强度在六个国家中处于领先地位，增长速度相对较快。法国的 R&D 经费投入强度在 2001 年出现小高峰，2001~2012 年有所回落，2013 年出现较为明显的增长，2014 年短暂回落后又呈现上升趋势，总体处于较为平稳的状态；R&D 人员投入强度呈现稳步增长的态势，增长速度较快。日本的 R&D 经费投入强度与 R&D 人员投入强度均呈现较大波动，其中 R&D 经费投入强度在 2015 年达到峰值，总体呈现波动上升趋势；R&D 人员投入强度在六个国家中处于靠前位置，在 2006 年与 2014 年达到波峰，在 2002 年与 2012 年达到波谷，波动幅度较大，近年来呈现较快的增长速度。中国的 R&D 经费投入强度与 R&D 人员投入强度均呈现稳中有升的态势，其中 R&D 经费投入强度在 2006 年出现小高峰，R&D 人员投入强度在 2009 年有一个较大回落，但近年来呈现较快的增长速度。对比其他五大科技强国可以发现，中国的 R&D 经费投入强度与 R&D 人员投入强度增速快，但强度不高，特别是 R&D 人员投入强度更是远低于其他五个国家。

通过五大科技强国与中国长时序研发投入趋势的对比分析，我们发现，中国科技创新投入总体上具有以下三个特征。①规模大。近些年中国研发（R&D）投入经费已逼近美国总量，位居全球第二，按折合全时当量计算的研发人员总量稳居世界第一。新中国成立初期，专门从事科研工作的人员仅 600 余人，相比之下，自新中国成立 70 年以来科技投入规模和科技人才队伍取得了辉煌成绩。②增速快。近些年中国研发投入经费增长速度和研发人员全时当量增长速度均处于全球领先行列。其中，研发投入经费从 2000 年的 329.36 亿美元上升至 2018 年的 5256.93 亿美元，增加约 15 倍；研发人员全时当量从 2000 年的 69.51 万人年上升至 2018 年的 406 万人年，增加约 5 倍。③强度低。中国 R&D 经费投入强度小幅攀升，从 2000 年的 0.89% 提升至 2019 年的 2.24%，已超过英国，接近法国；R&D 人员投入强度即每百万人中拥有研发人员数量由 2000 年的 538 人上升至

2018 年的 1307 人。但中国的研发投入强度与美国等发达国家相比仍存在一定差距，尤其是 R&D 人员投入强度远低于其他科技强国。上述有关科技创新投入结构的总体特征事实说明，自 21 世纪以来，中国积极推进创新体系建设，持续加大科技投入，整体科技实力明显提升，取得了瞩目成就。然而，科技创新投入强度与发达国家相比，仍存在一定差距，特别是每百万人中拥有的 R&D 人员数量远远低于五大科技强国。为了实现从"科技大国"到"科技强国"的转变，中国必须建立完善的科技创新体制机制，切实加快创新型人才培养步伐，加强高层次人才队伍建设，为科技创新人才营造"尊重创新、自由灵活、宽容失败、保障平等、成果激励"的良好创新氛围，构建全球科技创新人才高地。

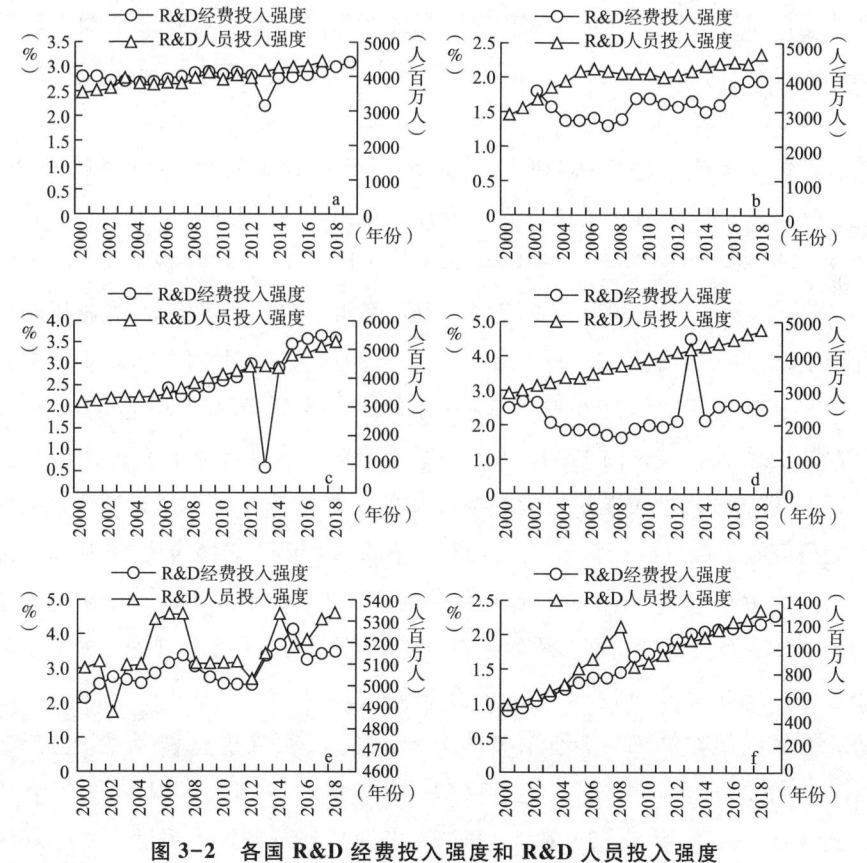

图 3-2　各国 R&D 经费投入强度和 R&D 人员投入强度

注：(a) 美国；(b) 英国；(c) 德国；(d) 法国；(e) 日本；(f) 中国。部分年份缺数据。

（二）研发活动类型分析

从研究类型来看，研发活动主要包括基础研究、应用研究及试验发展。基础研究投入强度（即基础研究投入占国内 R&D 总投入的比重）是反映国家创新水平和科技水平的重要指标。本书将应用研究及试验发展统一划分为广义上的应用研究，重点通过基础研究投入占国内 R&D 总投入比重的变化来反映中国基础研究和应用研究的变迁过程。由于基础研究的成果产出以发表学术论文为主要形式，科技评价研究中也可以通过论文发表数量来衡量国家的科研水平与影响水平（贺德方，2011）。

图 3-3 展示了以美、英、德、法、日为代表的主要科技强国和中国的基础研究经费和基础研究投入强度变动趋势。从图 3-3 的结果来看，各国关注基础研究的程度不同。从基础研究经费来看，五大科技强国和中国的基础研究经费在 2000~2019 年均总体呈上升趋势。美国基础研究经费从 2000 年的 427.52 亿美元上升至 2019 年的 1078.38 亿美元，增长约 1.52 倍；英国基础研究经费从 2007 年的 55.40 亿美元上升至 2018 年的 99.13 亿美元，增长约 79%；德国基础研究经费从 2005 年的 50.54 亿美元上升至 2018 年的 80.52 亿美元，增长约 59%；法国基础研究经费从 2000 年的 78.55 亿美元上升至 2018 年的 155.55 亿美元，增长约 98%；日本基础研究经费从 2000 年的 122.44 亿美元上升至 2019 年的 216.52 亿美元，增长约 77%；中国基础研究经费从 2000 年的 17.18 亿美元上升至 2019 年的 317.06 亿美元，增长约 17.45 倍。从基础研究投入强度来看，美国 2000~2019 年基础研究投入强度处于小幅波动的平稳状态，为 15%~19%。英国基础研究投入强度处于波动上升趋势，在 2010 年和 2016 年达到波峰，总体区间为 15%~18%。德国基础研究投入强度处于小幅下降趋势，由 2005 年的 8.46% 下降至 2018 年的 5.67%。法国基础研究投入强度呈现先上升后下降的趋势，2000~2009 年处于波动上升趋势，2009~2018 年处于波动下降趋势，总体区间在 22%~26%。日本基础研究投入强度呈波动变化趋势，2007 年和 2014 年达到波谷，分别为 11.38% 和 11.91%，2012 年和 2016 年达到波峰，分别为 12.62% 和 13.11%。中国基础研究投入强度 2000~2004 年呈上升趋势，2005~2013 年呈波动下降趋势，2014~2018 年呈小幅上升态势，总体区间在 4%~6%。

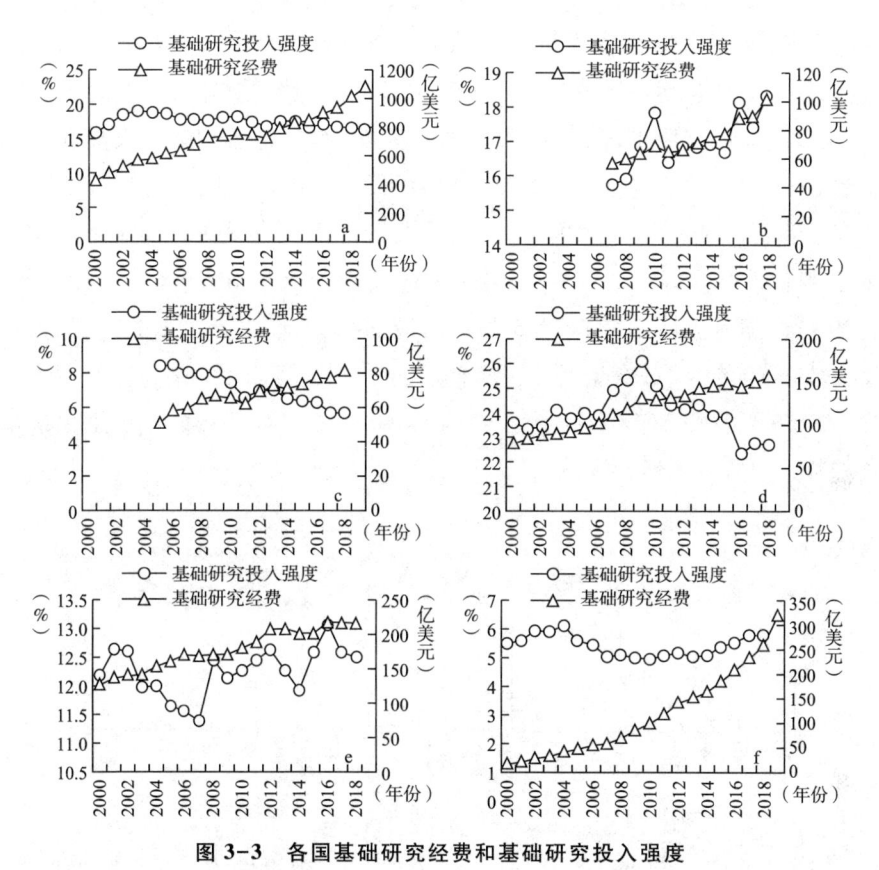

图 3-3　各国基础研究经费和基础研究投入强度

注：(a) 美国；(b) 英国；(c) 德国；(d) 法国；(e) 日本；(f) 中国。部分年份缺数据。

图 3-4 展示了各国科技论文数和 R&D 人员人均论文数的变化趋势，数据来源于世界银行数据库。从科技论文数来看，除日本外，美国、英国、德国、法国、中国的科技论文数均总体呈上升态势。其中，美国科技论文数从 2000 年的 30.48 万篇增至 2018 年的 42.28 万篇，增长约 39%；英国科技论文数从 2000 年的 7.73 万篇增至 2018 年的 9.77 万篇，增长约 26%；德国科技论文数从 2000 年的 6.90 万篇增至 2018 年的 10.44 万篇，增长约 51%；法国科技论文数从 2000 年的 4.97 万篇增至 2018 年的 6.64 万篇，增长约 34%；中国科技论文数从 2000 年的 5.31 万篇增至 2018 年的 52.82 万篇，增长约 9 倍；日本科技论文数总体呈先上升后下降的态势，2005 年达到波峰 11.2 万篇，之后波动下降至 2017 年的 9.8 万篇。从 R&D 人员人均论文数来看，除中国外，其余各国的

R&D人员人均论文数总体呈下降态势。其中，美国R&D人员人均论文数呈现较大的波动，在2003年达到波谷0.29篇，在2005年达到波峰0.35篇，随后有所下降，但2012年后逐渐下降。英国R&D人员人均论文数在2000年达到最高0.45篇，随后下降，2018年达到最低0.32篇，但仍居世界领先水平。德国R&D人员人均论文数的下降较为显著，2018年达到最低点0.27篇。法国R&D人员人均论文数在2006年达到波峰0.29篇，随后有所下降，2015年达到最低0.26篇。日本R&D人员人均论文数在2000~2011年总体上升，2011年达到波峰0.170篇，随后逐年下降，2017年达到最低0.145篇。中国R&D人员人均论文数总体呈快速增长趋势，但数量依然较少。

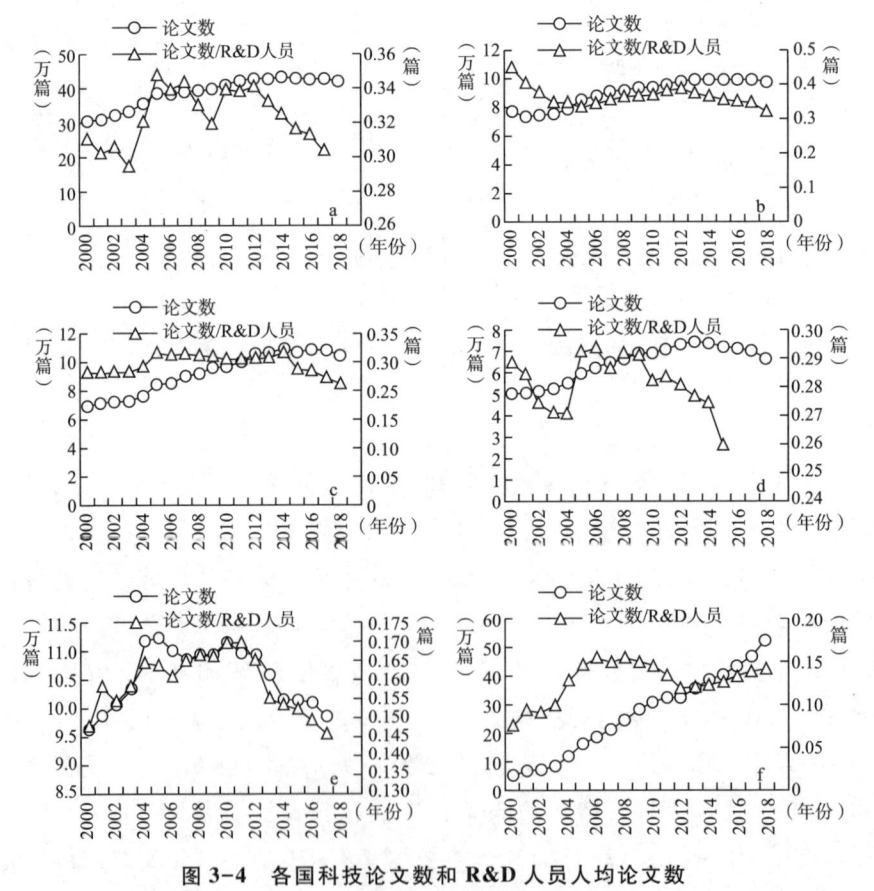

图3-4 各国科技论文数和R&D人员人均论文数

注：(a) 美国；(b) 英国；(c) 德国；(d) 法国；(e) 日本；(f) 中国。部分年份缺数据。

通过五大科技强国与中国长时序研发投入趋势的对比分析，本书发现中国基础研究具有以下四个特征。①基础研究投入增速快。中国2000~2019年基础研究投入增长约17.45倍，远远超过五大科技强国59%~152%的增幅范围。②基础研究投入强度低。2019年基础研究投入占国内R&D总投入比重为6.03%，远低于美、英、法、日等主要科技强国。③科技论文数增速快。中国科技论文数从2000年的5.31万篇增长至2018年的52.82万篇，增长约9倍，远超美、英、德、法等科技强国26%~51%的增幅范围，成为仅次于美国的第二大科技论文产出国。④人均论文数少。从科技论文数与R&D人员的比值来看，中国研发人员人均论文数总体呈快速增长趋势，但相比五大科技强国而言仍然最低。上述有关基础研究的特征事实说明，经过多年长期积累，中国基础（科学）研究取得长足进步，整体水平显著提高。但与世界科技强国相比，中国基础研究短板依然突出，研发投入强度和人均论文数还有较大差距。为进一步加强基础（科学）研究，大幅提升原始创新能力，中国一方面要进一步优化研发投入结构，加大对基础研究活动的支持力度；另一方面要完善科技人才管理体制，建立有利于创新人才成长和发展的体制机制，激发科研人员从事基础研究工作的热情。

（三）经费执行部门分析

从R&D经费支出部门来看，R&D经费的执行部门可以分为企业、高等学校、研究机构及其他三类。表3-1展示了中国2000~2019年R&D经费按执行部门的构成。从表中可以看到，在三类执行部门中，企业的R&D经费支出占比最大，且比重随时间推移总体在增长，这说明我国目前的R&D支出更多地应用于企业的内部研发，大多属于应用研究与试验发展方向；高等学校的R&D经费支出占比最小，且近年来有所下降，这说明当前应用于高校基础研究与应用研究的经费较少；研究机构及其他的R&D经费支出也总体呈现减少的趋势。这说明我国的R&D经费主要支出方向仍为企业的应用研究，对高等学校、科研机构及其他的基础研究投入并不高。这一现象与中国当前基础研究投入不足的现实状况相吻合。

表 3-1 中国 R&D 经费按执行部门构成（2000~2019 年）

单位：%

年份	企业	高等学校	研究机构及其他
2000	59.96	8.57	31.47
2001	60.44	9.82	29.74
2002	61.18	10.14	28.68
2003	62.37	10.54	27.09
2004	66.82	10.22	22.96
2005	68.32	9.89	21.79
2006	71.08	9.22	19.70
2007	72.28	8.48	19.23
2008	73.26	8.45	18.29
2009	73.23	8.07	18.71
2010	73.42	8.46	18.12
2011	75.74	7.93	16.33
2012	76.15	7.58	16.27
2013	76.61	7.23	16.16
2014	77.30	6.90	15.80
2015	76.79	7.05	16.16
2016	77.46	6.84	15.70
2017	77.59	7.19	15.22
2018	77.42	7.41	15.18
2019	76.42	8.11	15.47

表 3-2 为美、英、德、法、日为代表的主要科技强国和中国 2018 年 R&D 经费按执行部门构成的情况。从表中可以发现，各国的 R&D 经费支出均为企业占比最高。高等学校执行的研发经费占其研发经费总量的范围在 7%~24%，其中，英国的高等学校 R&D 经费支出占比最高，达到 23.58%，超过研究机构及其他支出，这说明英国注重高等学校研究投入，也在一定程度上阐释了英国 R&D 人员人均论文数最多的原因；日本的企业 R&D 经费支出占比最高，这与日本国内企业注重科技研发息息相关；中国研究机构及其他经费占比在各国中最高，美国次之，总体来说各国相差不大。对比其他国家可以看到，中国的高等学校经费支出占

比最低，仅有 7.41%，远低于五大科技强国高等学校 R&D 经费占比 11%~24%的区间范围。究其原因，一方面可能是由于中国在对高校的 R&D 经费投入上仍然具有较大缺口，与主要科技强国相比仍有差距，高校作为培养高层次创新人才的重要基地以及基础研究和高技术领域原始创新的主力军之一，其资金主要来源于政府，而目前政府对 R&D 经费的投入远不能达到充分利用科技力量的要求。另一方面可能与中国特殊的科研体制有关，中国现行科技创新体制下高等院校和科研机构均承担着人才培养、科学研究与社会服务职责，只是高等院校重点履行"人才培养"和"科学研究"双重职责，科研机构则重点履行"科学研究"职能。二者的职能定位存在混淆和界限不明确问题，尽管高等院校在以求知为导向的基础研究方面有着较强的比较优势，但以中国科学院等为代表的研究机构依然承接了部分类似课题，进一步挤占了高等院校的科技创新经费投入。

表 3-2　各国 R&D 经费按执行部门构成（2018 年）

单位：%

国家	企业	高等学校	研究机构及其他
美国	73.36	12.33	14.31
英国	67.57	23.58	8.86
德国	68.89	17.58	13.54
法国	65.49	20.48	14.03
日本	79.42	11.56	9.02
中国	77.42	7.41	15.18

二　工业全要素生产率测算与结果分析

（一）估计方法与模型设定

如前文所述，计算全要素生产率的方法主要有 3 种，分别为索洛余值法、随机前沿分析法（SFA）和数据包络分析法（DEA），现有文献中多数采用后两种方法进行计算。与 DEA 相比较，SFA 主要有以下优势：一是 SFA 考虑了随机偏误的影响，使得面板数据估计结果偏差较小；二是 SFA

设定了具体的函数模型，可以对参数以及模型进行检验；三是 SFA 测算的是绝对效率，可以对不同单元效率进行比较，弥补了 DEA 中无法对有效单元效率值比较的缺陷。DEA 在处理多产出上更有优势，鉴于本书产出变量只有一个，且采用面板数据进行分析，所以采取 SFA 计算省份行业的全要素生产率。

Aigner 等（1977）、Meeusen 和 Broeck（1977）最早提出随机前沿分析法。从理论上讲，任何经济体的"实际产出"都不会超过"产出边界"，二者之间的偏离程度可视作无效率损失。假设一个厂商在给定投入要素 z 的前提下，理想产出水平为 $f(z)$，q 为实际产出。在现实生活中存在各种因素可能导致实际产出低于产出边界，因此效率 TE 可表示为：

$$TE = \frac{q}{f(z)} \leq 1 \tag{3-1}$$

以式（3-1）为基础，可以设定以下模型：

$$q_i = f(z_i, \beta) \cdot TE_i \tag{3-2}$$

其中，TE_i 为 i 省份（或行业）在给定投入要素和生产技术水平下的产出效率，若 $TE_i = 1$，则表示不存在效率损失；若 $TE_i < 1$，则表示存在效率损失。β 为生产函数的待估计参数，$f(z_i, \beta)$ 为 i 省份（或行业）的"产出边界"，并非"随机边界"。而在实证分析过程中，产出变量的衡量及模型设定等均有可能存在有偏性，若是这些随机变量不能得到有效控制，很可能造成效率低估或高估问题。为了避免随机因素对 TE_i 的影响，需要在式（3-2）的基础上加入随机干扰项，得到如下函数：

$$q_i = f(z_i, \beta) \cdot TE_i \cdot \exp(v_i) \tag{3-3}$$

其中，v_i 表示随机干扰项，通常假设其服从正态分布。为了确保产出为非负值，对其进行指数转换，并将其代入式（3-3）中进行简单形式变化，得到：

$$q_i = [f(z_i, \beta) \cdot \exp(v_i)] \cdot TE_i \tag{3-4}$$

其中，"[ ]"中的函数表征"随机边界"，指在对产出边界的设定中考虑了随机因素的影响。式（3-4）的表达形式将影响效率的因素分为两方面：一是与生产效率相关的因素（如管理能力等），二是无法人为控制的随机干扰项。对式（3-4）左右两边分别取对数，得到以下函数：

$$\ln(q_i) = \ln[f(z_i,\beta)] + v_i - u_i \tag{3-5}$$

其中，$u_i = -\ln(TE_i)$，由 $0 < TE_i \leq 1$，可得到 $u_i \geq 0$。这意味着 i 省份（或行业）的实际产出始终处在产出边界之下，u_i 通常被称为技术无效率项。通常情况下我们假定技术无效率项 u_i 与无法控制的随机干扰项 v_i 相互独立，图 3-5 较为直观地展示了随机前沿的思想（Porcelli，2009）。

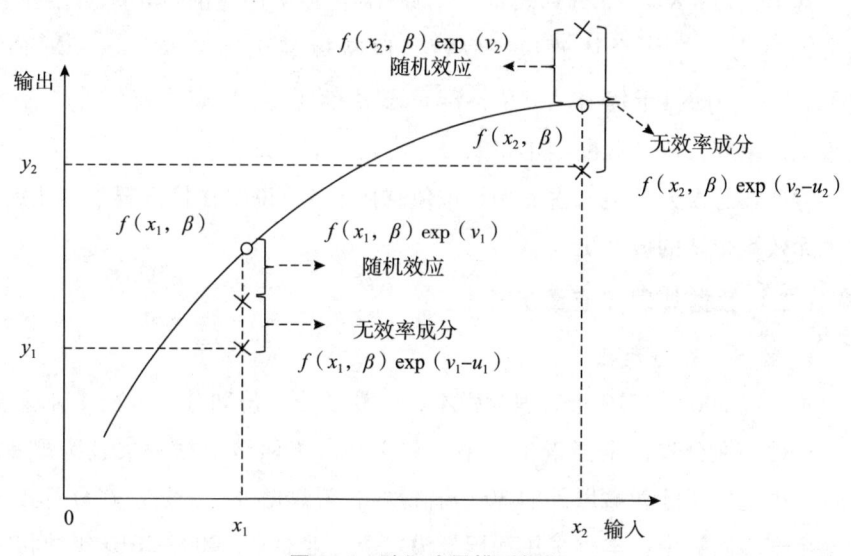

图 3-5　随机边界模型解释

在计算效率之前，首先需要确定生产函数形式及采用何种 SFA 模型进行估计。生产函数形式主要有 C-D 生产函数和超越对数函数。SFA 模型主要有正态-半正态模型、正态-截断型半正态模型及正态-指数模型。其中，不同的 u_i 和 v_i 的分布形式对应不同的 SFA 模型。通常情况下，假设随机干扰项 v_i 服从正态分布，由于技术无效率项 u_i 取值大于零，多数文献将其设定为单边分布，主要包括指数分布、半正态分布和截断型半正态分布，故此衍生出以上 3 种 SFA 模型。本书参照 Greene（2005）的研究，将生产函数设定为超越对数函数，采用正态-截断型半正态 SFA

模型估计省份行业的全要素生产率。具体地,以劳动和资本为投入要素,建立如下模型:

$$\ln Y_{it} = \beta_0 + \beta_1 \ln L_{it} + \beta_2 \ln K_{it} + \frac{1}{2}\beta_3 (\ln L_{it})^2 + \beta_4 \ln L_{it} \ln K_{it} + \frac{1}{2}\beta_5 (\ln K_{it})^2 + \beta_6 t + \beta_7 t \ln L_{it} + \beta_8 t \ln K_{it} + \frac{1}{2}\beta_9 t^2 + \varphi_i + v_{it} - u_{it} \quad (3-6)$$

$$TE_{it} = \exp(-u_i) \quad (3-7)$$

$$\gamma = \frac{\sigma_u^2}{\sigma_u^2 + \sigma_v^2} \quad (3-8)$$

其中,Y_{it}、K_{it}、L_{it} 分别表示 t 时期 i 省份或 i 行业的产出、资本投入和劳动投入。φ_i 为个体效应,假设其服从标准正态分布 [$\varphi_i \sim N(0, \sigma_\varphi^2)$];$v_{it}$ 为随机干扰项,服从标准正态分布 [$v_{it} \sim N(0, \sigma_v^2)$];$u_{it}$ 为技术无效率项,服从截断型半正态分布 [$u_{it} \sim N^+(\varpi, \sigma_u^2)$]。$\gamma$ 表示技术效率方差在总误差项中所占比例,该值越接近 1,说明在投入要素一定时,技术无效率带来的波动更大。

(二) 数据处理与变量定义

1. 数据来源与处理

本书以 2000~2019 年数据为样本,计算了分省份和分行业的工业全要素生产率。在分省份全要素生产率测算中,由于西藏数据缺失较为严重,所以本书选取了除西藏以外的 30 个省份的相关数据进行分析。在分行业全要素生产率测算中,本书采用我国规模以上工业企业 2000~2019 年的相关数据。数据主要来源于《中国工业统计年鉴》、《中国统计年鉴》以及各省份统计年鉴。

具体的数据处理过程和需要说明的情况如下。在本书数据选取的样本期内,中国《国民经济行业分类》分别于 2002 年、2011 年和 2017 年进行修订,导致样本期内工业行业的名称和分类存在口径不一致问题,为了保证数据的一致性和统一性,本书对 3 次行业分类进行合并和拆分处理。具体而言,2002 年版的工业大类行业共 39 个,2011 年版和 2017 年版工业大类行业均为 41 个,没有明显变更,仅个别大类行业下新增了中类行业,不影响本书的研究数据,故此处将工业行业数据划分为 2000~2002 年、2003~

2011年、2012~2019年三个阶段。①在2000~2002年的行业数据中,删除"木材及竹材采运业",该行业在2002年行业划分标准中从"采矿业"大类划分到"农、林、牧、渔业"大类;②在2003~2011年的行业数据中,删除"废弃资源和废旧材料回收加工业"以及"金属制品、机械和设备修理业",将其数据合并到"其他工业",这是因为2002年以前国家统计局并未列报这两个行业的数据,2002年修订后才开始公布;③在2012~2019年的行业数据中,将橡胶和塑料制品业拆分为"橡胶制品业"和"塑料制品业",将"汽车制造业"和"铁路、船舶、航空航天和其他运输设备"合并为"交通运输设备制造业",同时删除"开采辅助活动"、"废弃资源综合利用业"以及"金属制品、机械和设备修理业",将其统一划分为"其他工业",最终得到37个大类工业行业(具体的行业新旧类目对照表见附录B)。

2. 变量选取与定义

在计算全要素生产率之前,首先要确定投入和产出变量。根据C-D生产函数的定义,投入指标主要有资本和劳动两类要素,产出指标主要指产值。在分省份工业全要素生产率计算中,现有文献通常采用各省份工业增加值作为产出指标(余泳泽,2015)。在分行业工业全要素生产率计算中,现有文献主要采用细分行业的工业增加值、工业产值表征行业产出值(赵文军和于津平,2012;沈小波和林伯强,2017)。本书投入和产出的具体指标选取和定义如下。

(1) 产出指标 (Y_{it})

由于2008年以后我国不再公布各行业工业增加值,2012年以后统计年鉴不再公布各行业的工业产值,而工业销售产值与工业产值数据相差较小。为了尽可能避免数据缺失,保证数据口径的一致性,本书参考郭威和曾新欣(2021)的研究,选取"规模以上工业企业工业销售产值"作为产出指标来计算省份行业工业全要素生产率。同时为了剔除价格因素的影响,以2000年为基期,分别采用省份或行业的工业生产者出厂价格指数对当年各省份或行业的工业销售产值进行平减。

(2) 劳动投入 (L_{it})

在计算分省份和分行业的工业全要素生产率时,参照蔺鹏和孟娜娜(2021)、李斌等(2013)的做法,选取省份或行业的规模以上工业企业平均用工人数来表示劳动投入水平。

(3) 资本投入（K_{it}）

参照多数文献的做法，本书采用资本存量衡量资本投入水平，同时采用永续盘存法对资本存量进行估算，具体计算公式如下：

$$K_{it} = (1-\delta_{it})K_{it-1} + I_{it}/P_{it} \qquad (3-9)$$

其中，K_{it} 为某一省份或行业 t 时期的资本存量。δ_{it} 表示某一省份或行业 t 时期的折旧率，I_{it} 为某一省份或行业 t 时期的固定资产投资额，P_{it} 为某一省份或行业 t 时期的固定资产投资价格指数。在行业资本存量计算中，本书借鉴陈诗一（2011）的研究，以 2000 年为基期，采用当期折旧与上期固定资产原价的比值来表示当期折旧率，计算过程如式（3-10）所示；采用当期固定资产原价与上期固定资产原价的差额来表示固定资产投资额，计算过程如式（3-11）所示，由于国家统计局并未公布各行业的固定资产投资价格指数，故采用全国固定资产投资价格指数来代替。在省份资本存量测算中，固定资产投资额和折旧率的处理和计算方法与行业一致。

$$\delta_{it} = (累计折旧_{it} - 累计折旧_{it-1})/固定资产原价_{it-1} \qquad (3-10)$$

$$I_{it} = 固定资产原价_{it} - 固定资产原价_{it-1} \qquad (3-11)$$

（三）测算结果分析

1. 分省份工业全要素生产率测算结果分析

本书测算了我国 30 个省份（除西藏外）2000~2019 年工业全要素生产率，具体测算结果见附录 C。下文将重点从时间趋势、空间维度和区域差异三方面分析 2000~2019 年省际工业全要素生产率的变化过程及演变特征。

图 3-6 展示了 2000~2019 年全国及东部、中部、西部三大区域工业全要素生产率的变化轨迹。从整体趋势来看，全国工业全要素生产率呈先上升后下降的趋势，可以分为 3 个阶段：2000~2007 年呈连续上升趋势，2008 年出现小幅下滑后又逐渐趋于平稳，自 2013 年起工业全要素生产率呈明显下降趋势。这与中国经济发展历程和科技创新模式相吻合，自改革开放以来，中国实行重工业优先发展的赶超战略，

通过技术引进、技术模仿等方式快速提升技术水平，大国的规模优势和后发优势促使其全要素生产率和经济增长得以快速提升。2008年国际金融危机爆发后，中国工业化和城镇化步伐减慢，以追求数量和速度为中心的粗放型发展模式难以继续释放经济红利，全要素生产率呈现停滞不前的状态，中国GDP增速2012年起开始回落，告别了过去30年平均10%的高速增长。2013年起中国经济增长进入新常态，经济增长速度放缓，以模仿创新为主的创新方式难以继续有效提升工业的实质性技术进步，导致全要素生产率对经济增长的贡献逐渐下降。从东部、中部、西部三大区域变化趋势来看，2000~2019年我国东部、中部、西部工业全要素生产率总体变化趋势均呈先上升后下降的趋势，与全国样本变化轨迹基本一致。东部、中部、西部工业全要素生产率的均值分别为0.859、0.834和0.832，存在明显的区域差异，这是我国区域经济发展不均衡带来的必然结果。

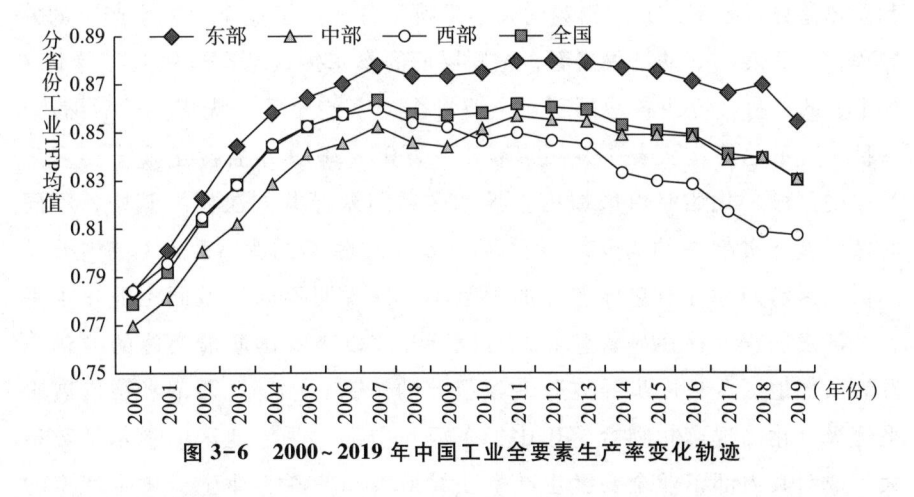

图3-6　2000~2019年中国工业全要素生产率变化轨迹

从中国省际工业全要素生产率的空间格局演化情况来看，中国工业全要素生产率整体呈现出"南强北弱"和"西低东高"的格局，东部地区的天津、海南、福建、上海等均位居第一梯队，西部地区省份大多集中在第三、四梯队。导致上述结果的原因可能如下：一方面，国家"优先发展东部地区"的战略导致东部、中部、西部经济发展水平从同一层级开始逐步分化，差距开始逐步扩大；另一方面，东部地区的制度环境和创新环境更为优良，能够吸引更多的科技创新项目落地，进而促使当地工业全要素生产率不断提升。从省际工业全要素生产率的空间格局演化过程来看，东北地区中黑龙江、辽宁的工业全要素生产率呈不断下降趋势，这与东北地区近年来人口迁移、产业结构落后的现状相吻合。东部地区中天津、上海的工业全要素生产率基本处于平稳态势，海南的工业全要素生产率呈不断上升趋势，这与中国 2001 年加入 WTO 后对外开放水平不断提升密切相关，海南作为贸易港口能够持续获取高水平开放的制度红利。中部地区与西部地区在 2010 年以前总体演化格局相差不大，自 2010 年起以湖北、河南为代表的中部地区省份的工业全要素生产率总体呈上升趋势，拉开了与西部地区省份的差距。这一方面可能是由于"中部崛起战略"的效果开始逐渐显现；另一方面在"去库存""去产能"背景下，西部地区工业经济发展的下行压力较大，导致西部地区工业全要素生产率与中部和东部地区的差距扩大。

表 3-3 和表 3-4 分别报告了中国工业全要素生产率的分区域泰尔指数和总体差异贡献率。泰尔指数的大小反映了各地区工业全要素生产率的差异程度。从表 3-3 的结果来看，全国层面的泰尔指数基本呈先上升后下降再上升的趋势，说明各地区工业全要素生产率差异呈"先扩大，后缩小，再扩大"的趋势。从表 3-4 可以看出，2000~2019 年省际工业全要素生产率的区域变化始终由区域内差异和区域间差异共同决定，其中，不同区域间差异贡献率约为 92%，区域内差异贡献率约为 8%，区域内差异远低于区域间差异对总体差异的贡献率。这说明不同区域间工业化水平和经济发展程度存在显著差异，与改革开放以来我国政府实施的"优先发展东部地区""逐步开放"政策引致的东部、中部、西部经济发展水平逐级分化的现实相吻合。相比于东部和中部，西部地区的泰尔指数最大，说明其内部工业全要素生产率差异最大，新疆工业全要素生产率均值（0.710）与重庆（0.881）、广西（0.857）等中西部地区相比分别相差 0.171 和 0.147，这也是区域内部差异中西部地区贡献率较高的原因。中部地区的泰尔指数次之，东部地区的泰尔指数最小，二者变化波动不大，说明中部地区和东部地区工业全要素生产率差异并无明显缩小或扩大趋势。不同区域内部的分析表明，在政策实施过程中要结合不同区域的特点提出差异化策略。

表 3-3　中国工业全要素生产率分区域泰尔指数

年份	全国	东部	中部	西部	年份	全国	东部	中部	西部
2000	1.22	0.03	0.03	0.30	2010	1.16	0.02	0.03	0.14
2001	1.23	0.03	0.04	0.33	2011	1.17	0.02	0.05	0.13
2002	1.25	0.04	0.04	0.36	2012	1.16	0.03	0.01	0.14
2003	1.24	0.04	0.07	0.33	2013	1.17	0.05	0.02	0.14
2004	1.21	0.01	0.07	0.26	2014	1.20	0.08	0.06	0.16
2005	1.18	0.01	0.10	0.15	2015	1.20	0.09	0.09	0.12
2006	1.20	0.02	0.08	0.20	2016	1.21	0.08	0.09	0.18
2007	1.16	0.02	0.02	0.14	2017	1.24	0.05	0.03	0.36
2008	1.15	0.01	0.04	0.11	2018	1.18	0.03	0.05	0.17
2009	1.15	0.02	0.03	0.11	2019	1.23	0.10	0.02	0.26

表 3-4　中国工业全要素生产率总体差异贡献率

单位：%

年份	区域内差异贡献率 东部	中部	西部	合计	区域间差异贡献率	年份	区域内差异贡献率 东部	中部	西部	合计	区域间差异贡献率
2000	0.85	0.93	8.04	9.83	90.17	2010	0.62	0.82	3.92	5.37	94.63
2001	0.77	1.00	8.83	10.60	89.40	2011	0.55	1.34	3.85	5.74	94.26
2002	1.14	1.18	9.51	11.83	88.17	2012	0.83	0.31	4.08	5.23	94.77
2003	1.05	1.76	8.61	11.41	88.59	2013	1.49	0.69	4.01	6.19	93.81
2004	0.35	1.82	6.96	9.13	90.87	2014	2.31	1.69	4.54	8.55	91.45
2005	0.33	2.73	4.02	7.08	92.92	2015	2.45	2.43	3.25	8.14	91.86
2006	0.49	2.29	5.37	8.15	91.85	2016	2.18	2.09	5.02	9.29	90.71
2007	0.51	0.65	3.87	5.03	94.97	2017	1.37	0.71	9.54	11.61	88.39
2008	0.43	1.10	3.23	4.76	95.24	2018	0.87	1.42	4.74	7.03	92.97
2009	0.51	0.96	3.24	4.71	95.29	2019	2.64	0.61	7.12	10.37	89.63

2. 分行业工业全要素生产率测算结果分析

图 3-7 显示了 2000~2019 年以分行业 TFP 均值表征的工业全要素生产率的演化轨迹。分行业计算的中国工业全要素生产率均值为 0.845，与分省份计算的结果（0.843）基本一致。由图 3-7 可以得知，我国工业全要素生产率总体呈"先增长，后下降"的趋势。2000~2007 年，工业全要素生

产率增长迅速，这主要得益于改革开放以及大国规模优势带来的一系列制度红利。2008年，受到国际经济危机的影响，中国经济整体下滑，工业经济全要素生产率有着明显的回落。为了应对这种危局，中国政府于2008年11月推出了进一步扩大内需、促进经济平稳较快增长的十项措施，又称为"四万亿元投资计划"。受到政策利好的影响，从2009年开始，中国经济整体开始回暖，一直到2013年工业全要素生产率都保持在一个较高位点。2014~2019年，随着中国经济发展步入新常态，工业全要素生产率呈波动下降趋势。分行业所计算的我国工业全要素生产率变化情况与分省份分析结果大概一致，这也验证了本书计算方法和计算口径的准确性和统一性。

图 3-7　2000~2019 年中国工业全要素生产率演化轨迹

图3-8展示了37个二级行业2000~2019年工业全要素生产率的均值，在一定程度上反映了37个二级行业的发展现状和所处阶段。结果显示，全要素生产率均值排前五名的行业分别为电气机械和器材制造业、纺织业、金属制品业、食品制造业和塑料制品业；全要素生产率均值排后五名的行业分别为石油和天然气开采业，石油加工、炼焦和核燃料加工业，黑色金属矿采选业，燃气生产和供应业，电力、热力生产和供应业。通过观察与分析发现，全要素生产率均值较高的行业均为非垄断行业，而全要素生产率均值较低的行业均为垄断行业。这意味着行业市场竞争有助于提升全要素生产率，而行业垄断则会对全要素生产率产生消极影响。从中国改革开放的40多年历程来看，中国经济保持高速增长的本质在很大程度上就是市场竞争机制作用不断扩大的过程。因此，在今后一段时间，中国必须持续

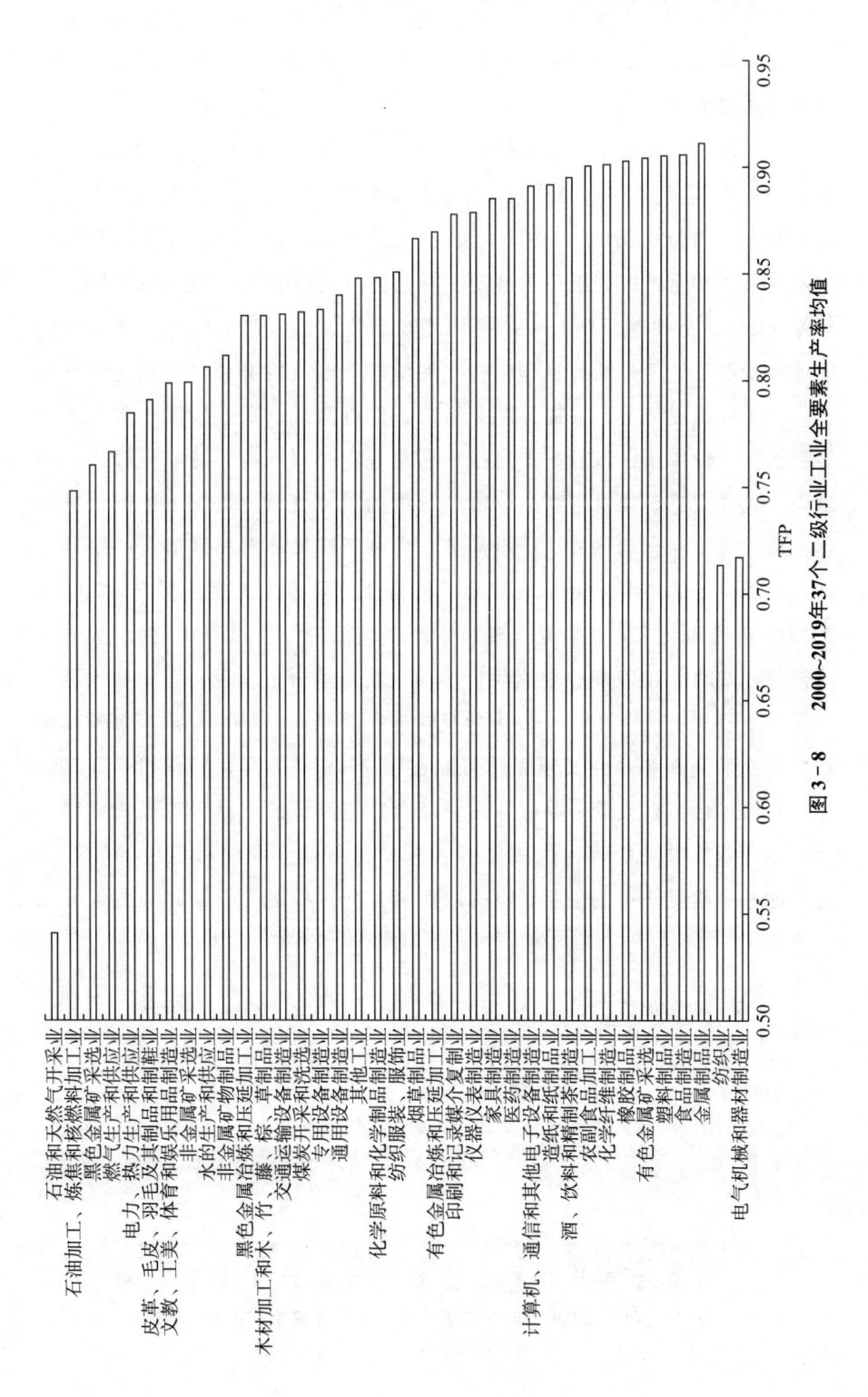

图3-8 2000~2019年37个二级行业工业全要素生产率均值

强化反垄断执法，通过市场公平竞争不断激发市场活力和创新动力，促进经济高质量发展。

进一步对全要素生产率均值最高和最低行业的演化轨迹进行分析，结果如图3-9所示。2000~2019年电气机械和器材制造业全要素生产率均值排名第一，约为0.920。从图中可以看出，2000~2013年电气机械和器材制造业全要素生产率处于小幅波动上升趋势，在2014年出现大幅下降，跌至0.833，之后快速反弹，保持平稳增长态势，这表明电气机械和器材制造业现阶段正处于不断升级和调整发展阶段。电气机械和器材制造业作为工业的重要组成部分，在提升产业经济、促进高端制造业发展中起着不可替代的基础性作用，该行业产品技术密集程度相对较高，特高压设备、磁悬浮、线性电磁等技术是制造业转型升级的重要支撑。近年来电气机械和器材的智能化和自动化替代稳步推进，为电气机械和器材制造业的快速发展提供了良好的环境，极大地带动了该行业全要素生产率的提升。2000~2019年石油和天然气开采业全要素生产率均值最低，约为0.546。进一步对该行业2000~2019年全要素生产率演化轨迹的分析发现，石油和天然气开采业全要素生产率2000~2008年呈快速下降趋势，2009年出现短暂反弹后呈平稳下降态势。究其原因，可能在于2008年国际金融危机后，2009年初我国出台了以放宽企业海外投资限制、提高石油产品出口退税率以及为石油企业提供融资等为代表的一系列助力石油企业应对危机的政策支持，这些举措促使石油企业规模得以快速扩张，促进了石油和天然气开采

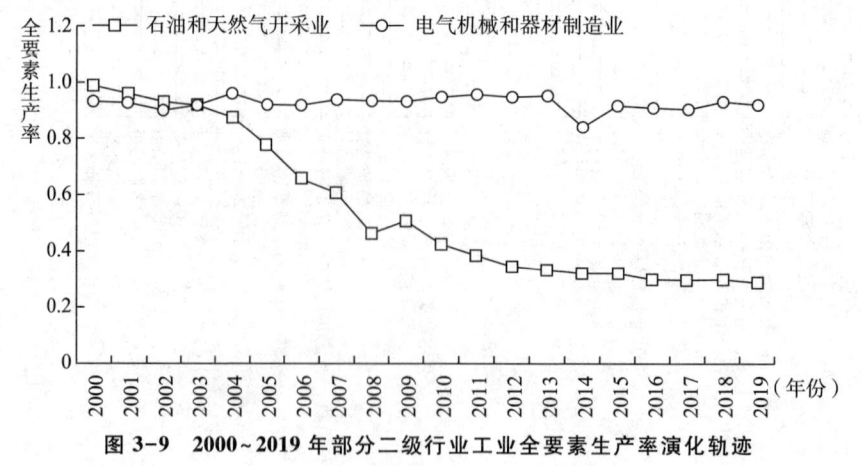

图3-9 2000~2019年部分二级行业工业全要素生产率演化轨迹

业的振兴和生产率提升。然而2010年后石油和天然气开采业全要素生产率呈不断下滑态势，说明单纯依靠政策支持和规模扩张难以实现石油企业真正的高质量发展，只有技术水平的不断攀升才能为石油和天然气开采业发展提供源源不断的动力。

三 本章小结

本章首先从科技创新的时间趋势、研发活动类型、经费执行部门3个层面分析了五大科技强国与中国科技创新的现状和特点，发现中国科技创新活动具有以下典型特征。①从2000~2019年科技创新的总体时间趋势来看，中国科技创新呈现出规模大、增速快、强度低的特征。近些年中国研发投入经费已逼近美国总量，位居全球第二，按折合全时当量计算的研发人员总量稳居世界第一，但研发投入强度与美国等发达国家相比仍存在一定差距，尤其是R&D人员投入强度远低于其他科技强国。②从创新活动类型来看，中国基础研究投入强度低，基础研究投入占国内R&D总投入比重以及人均论文数远低于美、英、法、日等主要科技强国的平均水平。③从创新经费执行部门来看，中国的高等学校经费支出占比最低，2018年仅7.41%，远低于五大科技强国高等学校R&D经费占比11%~24%的区间范围。

其次，本章运用SFA模型测算了2000~2019年分省份工业全要素生产率和分行业工业全要素生产率，发现中国工业全要素生产率具有以下典型特征。①中国工业全要素生产率总体呈先上升后下降的趋势，可以分为3个阶段：2000~2007年呈连续上升趋势，2008年出现小幅下滑后又逐渐趋于平稳，自2013年起工业全要素生产率呈明显下降趋势。②分省份工业全要素生产率的测算结果表明，中国省份工业全要素生产率整体呈现出"南强北弱"和"西低东高"的格局，各省份工业全要素生产率整体差异呈"先扩大，后缩小，再扩大"的趋势。其中，不同区域间差异是造成省份整体区域差异的主要因素，对总体差异的贡献率约为92%，而区域内差异对总体差异的贡献率约为8%，远低于区域间差异对总体差异的贡献率。③分行业工业全要素生产率的测算结果表明，不同工业行业间的发展现状和全要素生产率存在显著差异。其中，全要素生产率均值较高的行业均为非垄断行业，而全要素生产率均值较低的行业均为垄断行业。

第四章
异质性科技创新对全要素生产率影响的实证检验

本章在第二章异质性科技创新影响全要素生产率的理论分析和第三章科技创新与工业全要素生产率特征事实的基础上，以中国 2000~2019 年的工业数据为样本，构建包含行业、地区、时间在内的三维面板模型，实证检验异质性科技创新对工业全要素生产率的影响。首先，基于理论分析提出基础研究、应用研究以及二者双向溢出效应影响工业全要素生产率的研究假设；其次，采用多元回归模型、系统 GMM 和工具变量法等计量手段，估计不同类型科技创新活动对工业全要素生产率的影响效果；最后，进一步研究不同经济发展水平区域和不同前沿技术差距下异质性科技创新对工业全要素生产率的差异化影响。

一　实证假设

如第二章第二节所述，基础研究以获取新知识、新发现、新学说为目的，其创新产出在本质上具有"胚胎"属性，能够通过知识积累、知识溢出和人力资本提升三种渠道推动工业全要素生产率不断增长。然而，基础研究在转化为现实生产力的过程中具有转化率低、时滞性、非排他性特征，这就导致短期内基础研究投入无法立即转化为现实生产力，难以有效发挥其对工业全要素生产率的积极作用，需要经过一系列充满不确定性的中间环节才可能转化为生产力。因此，本书认为基础研究虽然有助于促进工业全要素生产率提升，但这种促进作用存在一定的时滞现象。

如第二章第二节所述，应用研究对工业全要素生产率的影响取决于其引致的技术进步方式。应用研究通过自主创新方式促进技术进步时,有利于促进工业全要素生产率的提升。应用研究通过模仿创新方式促进技术进步时,对工业全要素生产率的影响受制于经济发展程度和技术积累水平。对于经济欠发达和技术积累水平较低的国家来讲,模仿创新能够发挥"后发优势",减少创新失败的风险和创新成本,从而逐步促进一国技术进步和提高工业全要素生产率水平,实现向发达国家的收敛。然而,随着技术积累水平的不断提升,仅仅依靠模仿创新模式不仅无法实现真正的创新转型和升级,甚至可能陷入"模仿陷阱",形成低水平创新路径依赖,对技术进步和工业全要素生产率的提升产生抑制作用。已有研究数据表明,近年来中国应用研究投入强度的提高并没有促进全要素生产率的提升,反而导致 TFP 增长率开始出现小幅下降。基于此,本书认为应用研究对中国工业全要素生产率的影响可能呈倒"U"形关系,也可能呈负相关关系,这与一国科技创新发展阶段和技术进步方式有关。

除了上述直接作用外,基础研究与应用研究还可以通过二者之间的双向溢出效应作用于工业全要素生产率。一方面,基础研究能够通过开放科学、高等院校、产学研平台等渠道将其所创造的知识积累和人力资本扩散到应用研究,提升基础研究成果的现实转化率;另一方面,应用研究需求能够为基础研究提供方向,以应用为导向的基础研究更容易将其发现的新知识和新原理转化为适用于应用的新技术,进而通过技术进步推动工业全要素生产率的提升。可见,在整个科技创新链条中,基础研究和应用研究相互依存,通过各种渠道和手段相互受益、相互促进,从而不断提升全要素生产率水平。基于上述分析,本书提出以下假设。

H4-1:基础研究的增加始终具有知识积累和扩散作用,有助于促进工业全要素生产率提升,但这种促进作用存在一定的滞后;应用研究对工业全要素生产率的提升具有边际递减作用,现阶段可能呈倒"U"形或负向关系;基础研究与应用研究之间的双向溢出效应能够进一步促进工业全要素生产率提升。

众多研究表明,不同前沿技术差距下,可学习、模仿和吸收的知识存量也会存在显著差异(金晓雨和宋嘉颖,2020;曹霞等,2020)。当本国工业技术水平与前沿技术差距较大时,本国企业能够通过模仿创新充分吸收利用外部知识从而快速提升自身科技创新水平,而随着本国工业技术不断接近世界前沿技术水平，企业通过模仿和改进先进技术的空间持续缩小，干中学效应不断递减，技术引进成本将大于研发成本，技术进步将更多依赖自主研发（郑江淮和荆晶，2021）。世界现代产业发展史表明，当一个国家技术接近世界前沿水平时，若没有基础研究的重大突破，应用研究难以取得实质性进展。因此，不同前沿技术差距下基础研究与应用研究对工业全要素生产率的影响将存在显著差异。当前沿技术差距较大时，科技创新对工业全要素生产率的影响体现在以模仿创新为主的应用研究上，此时基础研究对工业全要素生产率的影响较小。当前沿技术差距较小时，科技创新对工业全要素生产率的影响体现在以自主创新为主的应用研究上，此时基础研究对工业全要素生产率的影响较大。基于此，本书提出以下假设。

H4-2：不同前沿技术差距下，异质性科技创新活动对工业全要素生产率的影响存在显著差异。

自改革开放以来，在我国政府"优先发展东部地区"与"逐步开放"的政策导向下（靳振忠等，2017），东部、中部、西部经济发展水平开始从同一层级逐步分化。经过40多年的变迁，东部地区在经济总量、技术进步与产业基础方面取得了较快发展，中部次之，西部最为缓慢，形成了东部、中部、西部从高到低的经济技术梯度。实质上，东部、中部、西部可以看作同一经济体的"不同发展阶段"（张成思和刘贯春，2015），由于这种阶段差异，经济发展水平和产业基础较为优良的东部地区不仅能够率先引进和掌握先进科学技术，还能够为"高风险、长周期、高投入"的科技创新项目提供优良的政策支持和创新环境，促使科技创新水平不断提高，推动工业全要素生产率攀升，形成创新高质量发展格局。反之，经济发展水平和产业基础较为薄弱的中西部地区，不仅没有良好的促进科技成果转化的孵化器，也没有足够的资金支持科学技术发展，这就导致科技创新对工业全要素生产率的影响可能存在区域差异。考虑到基础研究和应用研究活动的性质不同，本书认为基础研究与应用研究对不同区域工业全要素生产率的边际影响也可能存在差异。据此，本书提出以下假设。

H4-3：不同经济发展水平区域下，异质性科技创新活动对工业全要素生产率的影响存在显著差异。

二 研究设计

（一）模型设定

参照 Griliches（1979）的研究模型，将人力资本和知识资本引入柯布-道格拉斯生产函数：

$$Y_{ijt} = CK_{ijt}^{\alpha} L_{ijt}^{\beta} Z_{ijt}^{\gamma} = CK_{ijt}^{\alpha} (N_{ijt} H_{ijt})^{\beta} Z_{ijt}^{\gamma} \tag{4-1}$$

其中，i 和 j 分别表示地区和行业，t 表示时间；Y_{ijt} 为 i 地区 j 行业的产值；K_{ijt} 为物质资本投入；L_{ijt} 为劳动资本投入，由简单劳动资本投入（N_{ijt}）和人力资本（H_{ijt}）两部分组成；Z_{ijt} 为 i 地区 j 行业的知识资本存量。假定 Y_{ijt} 不仅取决于企业本身的知识存量，还取决于该企业所处地区和所属行业的资本存量。

本书考察的是基础研究、应用研究对全要素生产率的影响，根据知识资本积累的目的，将知识资本划分为基础研究（BR）和应用研究（AR）两部分，则对应的生产函数形式为：

$$Y_{ijt} = CK_{ijt}^{\alpha} L_{ijt}^{\beta} Z_{ijt}^{\gamma} = CK_{ijt}^{\alpha} (N_{ijt} H_{ijt})^{\beta} BR_{ijt}^{\gamma_1} AR_{ijt}^{\gamma_2} \tag{4-2}$$

根据索洛余值的定义，可知全要素生产率为总产出中扣除物质资本和简单劳动资本投入的剩余。由此可得：

$$TFP_{ijt} = Y_{ijt} / K_{ijt}^{\alpha} N_{ijt}^{\beta} = CH_{ijt}^{\beta} BR_{ijt}^{\gamma_1} AR_{ijt}^{\gamma_2} \tag{4-3}$$

对式（4-3）两边进行取对数处理，可得：

$$\ln TFP_{ijt} = \ln C + \gamma_1 \ln BR_{ijt} + \gamma_2 \ln AR_{ijt} + \beta \ln H_{ijt} \tag{4-4}$$

在式（4-4）基础上引入影响全要素生产率的控制变量和残差项，可得到如下三维面板计量模型：

$$\ln TFP_{ijt} = \alpha_0 + \alpha_1 \ln BR_{ijt} + \alpha_2 \ln AR_{ijt} + control + \mu_i + \nu_j + \eta_t + \varepsilon_{ijt} \tag{4-5}$$

其中，AR_{ijt} 和 BR_{ijt} 分别为 i 地区 j 行业用于应用研究和基础研究的资本存量；control 为影响总产出的一系列因素［包含式（4-4）中的人力资本因素］；μ_i 为地区固定效应，ν_j 为行业固定效应，η_t 为时间固定效应；

ε_{ijt} 为随机扰动项。在具体的三维面板数据构建中，参照 Hsu 等（2014）、叶祥松和刘敬（2020）的做法，对所有变量分别进行地区层面和行业层面的两次测度，构建地区维度和行业维度的交互项，并将交互项引入模型（4-5），得到如下基准回归模型：

$$\ln TFP_{ijt} = \alpha_0 + \alpha_1 \ln(BR_{it} \times BR_{jt}) + \alpha_2 \ln(AR_{it} \times AR_{jt}) + control + \mu_i + \nu_j + \eta_t + \varepsilon_{ijt} \quad (4-6)$$

考虑到一个地区行业前期的知识存量和科技水平会决定该地区该行业的科技基础和禀赋，本书将每个地区每个行业视为一个独立的个体控制固定效应，将模型（4-6）由三维静态模型转化为二维动态面板模型：

$$\ln TFP_{kt} = \alpha_0 + \alpha_1 \ln BR_{kt} + \alpha_2 \ln AR_{kt} + \alpha_3 \ln TFP_{k,t-1} + control + c_k + \eta_t + \varepsilon_{kt} \quad (4-7)$$

其中，k 表示第 k 个地区行业；$\ln TFP_{k,t-1}$ 为第 k 个地区行业 $t-1$ 期的全要素生产率；c_k 为第 k 个地区行业的固定效应；其余变量与前文含义相同。

如前文所述，应用研究对全要素生产率的影响可能存在非线性，应用研究持续投入对创新效率和创新增长可能存在边际递减现象。本书采用描述非线性和边际递减特征的一般性方法，在式（4-7）中引入应用研究的平方项，用以验证应用研究对全要素生产率是否存在非线性影响，据此得到本书计量回归的基准模型：

$$\ln TFP_{kt} = \alpha_0 + \alpha_1 \ln BR_{kt} + \alpha_2 \ln AR_{kt} + \alpha_3 \ln TFP_{k,t-1} + \alpha_4 (\ln AR_{kt})^2 +$$
$$control + c_k + \eta_t + \varepsilon_{kt} \quad (4-8)$$

在基准模型基础上，为了进一步验证基础研究与应用研究之间的双向溢出效应是否能够推动全要素生产率提升，本书在模型（4-8）中引入基础研究与应用研究的交互项，得到以下有待估计的计量模型：

$$\ln TFP_{kt} = \alpha_0 + \alpha_1 \ln BR_{kt} + \alpha_2 \ln AR_{kt} + \alpha_3 \ln TFP_{k,t-1} + \alpha_4 (\ln AR_{kt})^2 +$$
$$\alpha_5 \ln BR_{kt} \times \ln AR_{kt} + control + c_k + \eta_t + \varepsilon_{kt} \quad (4-9)$$

（二）变量与数据

本章基于异质性研发视角，探讨基础研究、应用研究对全要素生产率的影响机制及作用效果，以 2000~2019 年的工业数据为样本，构建包含行业、地区、时间在内的三维面板数据。其中，主要解释变量基础研究和应用研究的数据来源于《中国科技统计年鉴》。需要说明的是，本书的应用研究为广义应用研究，包含统计口径中的应用研究和试验发展两部分；被解释变量 TFP 的数据来源已在第三章进行阐述；控制变量中人力资本指标的数据来源于《中国工业统计年鉴》、《中国劳动统计年鉴》及《中国人口统计年鉴》，外商直接投资数据来源于 CEIC 数据库，贸易自由度、规模总量及人均产值数据来源于《中国统计年鉴》和《中国工业统计年鉴》。具体的变量定义和测度方法如下。

1. 基础研究（BR）

通常情况下，有关科技创新活动的衡量可以从投入和产出两个角度入手，相比于投入指标，产出指标更能反映创新的真实效果。具体到基础研究，其产出成果多以知识、发现和原理等形式存在，部分研究成果会以论文的形式呈现，若仅用论文发表数量来表征基础研究的产出成果难以刻画基础研究活动的全貌，造成指标低估问题。因此，本书参照严成樑和龚六堂（2013）的研究，地区基础研究采用各地区基础研究资本存量与 R&D 总支出存量的比值来衡量，行业基础研究采用各行业基础研究资本存量与工业 R&D 总支出存量的比值来衡量。以地区为例，在计算基础研究资本存量时，借鉴 Toole（2012）的方法，采用永续盘存法计算基础研究累计水平，具体的计算公式如下：

$$BR_{it} = (1-\delta) \times BR_{it-1} + I_{it} \tag{4-10}$$

其中，BR_{it} 和 BR_{it-1} 分别表示地区 i 在 t 年和 $t-1$ 年的基础研究资本存量；I_{it} 表示地区 i 在第 t 年的基础研究经费支出；δ 表示研发折旧率，由于基础研究投入对创新增长始终具有知识积累效应，故此处参照孙早和许薛璐（2017）的研究，设定 $\delta=0$。在估计各地区基础研究资本存量时，首先需要估算出各地区基期的基础研究资本存量，假定基础研究资本存量的增长率与 R&D 支出增长率一致，则第 i 个地区基期（2000 年）的基础研究资本存量 BR_{i0} 为：

$$BR_{i0} = I_{i0} / (\rho_i + \delta) \tag{4-11}$$

其中，I_{i0} 为地区 i 基期的基础研究经费支出，ρ_i 为研究样本期间地区 R&D 支出增长率。由式（4-10）和式（4-11）可得到 2000~2019 年中国各地区的基础研究资本存量。最后，将各地区各年份基础研究资本存量汇总即可得到样本期内全国基础研究资本存量，再乘以各行业研发投入占比得到行业基础研究资本存量。同理，行业基础研究资本存量的计算方法与地区类似，不再赘述。

2. 应用研究（AR）

应用研究的衡量办法与基础研究类似。依然以地区为例，首先计算各地区应用研究资本存量：

$$AR_{it} = (1-\delta) \times AR_{it-1} + I_{it} \qquad (4-12)$$

其中，AR_{it} 和 AR_{it-1} 分别表示地区 i 在 t 年和 $t-1$ 年的应用研究资本存量；I_{it} 表示地区 i 在第 t 年的应用研究经费支出；δ 表示研发折旧率，参照吴延兵（2006）的研究，设定 $\delta=15\%$。在估计各地区应用研究资本存量时，首先需要估算出各地区基期的应用研究资本存量，假定应用研究资本存量的增长率与 R&D 支出增长率一致，则第 i 个地区基期（2000年）的应用研究资本存量 AR_{i0} 为：

$$AR_{i0} = I_{i0} / (\rho_i + \delta) \qquad (4-13)$$

其中，I_{i0} 为地区 i 基期的应用研究经费支出，ρ_i 为研究样本期间地区 R&D 支出增长率。由式（4-12）和式（4-13）可得到 2000~2019 年中国各地区的应用研究资本存量。同理，行业应用研究资本存量的计算方法与地区类似，不再赘述。

3. 全要素生产率（TFP）

采用 SFA 方法测算各地区和各行业的工业全要素生产率，具体计算过程和结果如第三章第二节所述。同时，考虑到被解释变量在回归中的重要性，在稳健性检验中，本书采用数据包络分析法（DEA）对各地区各行业的全要素生产率进行重新测算。

4. 控制变量

为了控制其他可能影响全要素生产率的因素，本书参照现有研究选取了人力资本（HR）、外商直接投资（FDI）、贸易自由度（Trad）、规模总量（Size）及人均产值（PV）作为控制变量。控制变量选取的依据以及具体的衡量办法如下。

（1）人力资本（HR）

技术进步离不开人才支撑，通常情况下拥有较多人力资本的地区行业更有条件进行技术创新活动，而积极的创新活动有助于生产率的提升。参照现有多数文献衡量人力资本的方法，本书采用各地区各年份平均受教育年限来衡量该地区的人力资本水平。具体地，设定文盲与半文盲受教育年限为 1.5 年，小学受教育年限为 7.5 年，初中受教育年限为 10.5 年，高中受教育年限为 13.5 年，大专及本科受教育年限为 17.5 年，研究生及以上受教育年限为 22.5 年。同时，参照叶祥松和刘敬（2020）的研究，采用各行业各年份科学家、工程师数量与总从业人数的比值来指代行业人力资本水平。

（2）外商直接投资（FDI）

外商直接投资增加不仅会加剧市场竞争程度，优化创新资源配置，还会通过技术引进、消化、吸收等途径增加知识积累，推动技术进步，从而提高全要素生产率（白洁，2022）。因此，本书将外商直接投资这一指标作为影响全要素生产率的控制因素。具体而言，采用各地区外商直接投资总额与地区 GDP 的比值来衡量地区外商直接投资水平，采用各行业规模以上企业外商资本金与工业总产值的比值衡量行业外商直接投资水平。

（3）贸易自由度（$Trad$）

通常情况下，贸易自由度越高，要素市场的流动性就越强，要素流动性增强带来产业内竞争的加剧，这就促使企业不断进行技术升级和改造以保证市场占有率，最终促进行业整体全要素生产率的提升。本书采用各地区进出口总额与地区 GDP 的比值来衡量地区贸易自由度，采用各行业规模以上工业企业出口交货值与工业总产值的比值衡量行业贸易自由度。

（4）规模总量（$Size$）

规模总量是决定企业能否获得创新资金的关键因素，从目前我国信贷市场的状况来看，以银行为主的金融机构争相将贷款对象锁定在大中型企业，对中小企业群体则表现为"惜贷"，而后者恰恰是我国企业技术创新的主体力量，其创新效率相较于大中型企业更高（冯涛和张美莎，2020）。可见，规模总量可能会通过影响创新效率的途径作用于企业全要素生产率。本书采用各地区规模以上工业企业资产总计与 GDP 的比值作为地区规模总量的衡量指标，采用各行业平均资产总数作为行业规模总量的衡量指标。

（5）人均产值（PV）

人均产值是衡量一个地区行业经济发展的有效指标，通常情况下一个地区行业的人均产值越高，其市场化程度和竞争激烈程度就越高，激烈的市场竞争能够倒逼企业通过优化资源配置、提升技术水平等渠道提升全要素生产率。因此，本书预期人均产值与工业全要素生产率呈正相关关系，采用各地区GDP与从业人数的比值来衡量地区人均产值，采用各行业工业总产值与从业人数的比值衡量行业人均产值。

具体的变量定义及测度方法如表4-1所示。

表4-1　主要变量定义及测度方法

符号	变量名称	地区层面	行业层面
BR	基础研究	各地区基础研究资本存量与R&D总支出存量的比值	各行业基础研究资本存量与工业R&D总支出存量的比值
AR	应用研究	各地区应用研究资本存量与R&D总支出存量的比值	各行业应用研究资本存量与工业R&D总支出存量的比值
TFP	全要素生产率	采用SFA方法测算各地区TFP	采用SFA方法测算各行业TFP
HR	人力资本	各地区各年份平均受教育年限	各行业各年份科学家、工程师数量与总从业人数的比值
FDI	外商直接投资	各地区外商直接投资总额与地区GDP的比值	各行业规模以上企业外商资本金与工业总产值的比值
Trad	贸易自由度	各地区进出口总额与地区GDP的比值	各行业规模以上工业企业出口交货值与工业总产值的比值
Size	规模总量	各地区规模以上工业企业资产总计与GDP的比值	各行业平均资产总数（总资产/企业个数）
PV	人均产值	各地区人均产值（GDP/从业人数）	各行业人均产值（工业总产值/从业人数）

（三）描述性统计

表4-2为主要变量的描述性统计结果。从地区数据来看，基础研究的平均值为0.182，应用研究的平均值为2.717，二者相差约13.92倍，这表明当前中国省份科技创新投入以应用研究为主，基础研究占比相对较低。基础研究的最大值为2.285，最小值为0.003，最大值与最小值的级差为2.282；应用研究的最大值为12.273，最小值为0.011，最大值与最小值的级差为12.262。这说明不同省份基础研究和应用研究投入大小具有显著的差异，这也为下文的分地区样本检验提供了现实依据。全要素生产率的最大值为0.986，最小值为0.686，最大值与最小值的级差为0.300，这表明不同地

区的全要素生产率水平存在明显差异。此外，控制变量中人力资本、外商直接投资、贸易自由度、规模总量、人均产值均存在显著的区域差异。

从行业数据来看，基础研究的平均值为 0.121，应用研究的平均值为 2.592，二者相差约 20.42 倍，这表明当前中国工业行业科技创新投入以应用研究为主，基础研究占比相对较低。基础研究的最大值为 2.091，最小值为 0.000，最大值与最小值的级差为 2.091；应用研究的最大值为 19.154，最小值为 0.018，最大值与最小值的级差为 19.136。这说明不同工业行业基础研究和应用研究投入大小具有显著的差异，这也为下文的分行业样本检验提供了现实依据。全要素生产率的最大值为 0.973，最小值为 0.235，最大值与最小值的级差为 0.738，这表明不同行业的全要素生产率水平存在明显差异。此外，控制变量中人力资本、外商直接投资、贸易自由度、规模总量、人均产值均存在显著的行业差异。

表 4-2 主要变量的描述性统计结果

变量	地区数据					行业数据				
	样本量	最大值	最小值	平均值	标准误	样本量	最大值	最小值	平均值	标准误
BR	600	2.285	0.003	0.182	0.295	740	2.091	0.000	0.121	0.173
AR	600	12.273	0.011	2.717	3.031	740	19.154	0.018	2.592	3.769
TFP	600	0.986	0.686	0.940	0.445	740	0.973	0.235	0.782	0.151
HR	600	13.928	7.454	10.066	1.030	740	10.602	0.001	1.671	1.537
FDI	600	12.099	0.000	2.396	2.158	740	15.402	0.011	3.048	2.634
Trad	600	171.128	1.277	31.210	37.133	740	69.646	0.008	13.027	15.516
Size	600	306.363	61.781	140.801	46.211	740	189.650	0.135	5.547	18.433
PV	600	164563	2759	33127.31	26797.78	740	939.935	2.310	141.549	125.538

三 实证结果分析

（一）回归结果

由于全要素生产率的变化趋势具有连续性，所以上一期的全要素生产率很可能对当期结果产生影响。在进行回归分析之前，本书首先对数据进行 DW 检验和 Breusch-Godfrey 序列相关检验，检验结果显示模型（4-8）和模型（4-9）中均存在明显的自相关问题。为了解决此问题，本书参照傅元海等（2016）的研究，采用系统 GMM 法分别估计基础研究、应用研究对工业全要素生产率的影响，将被解释变量工业 TFP 以及主要解释变量视为内生变量，其他控制变量视为外生变量。具体的回归结果见表 4-3 和表 4-4。

表 4-3 为采用模型（4-8）进行的基准回归结果，所有模型均控制了时间固定效应，结果显示不同类型科技创新对工业全要素生产率的影响均存在显著差异。从基础研究的回归结果来看，第（1）~（5）列中基础研究（$\ln BR$）的系数不显著，第（6）~（7）列中基础研究的系数分别为 0.085 和 0.099，且分别通过了 5% 和 1% 的显著性水平检验，即基础研究投入每提升 1 个单位，工业全要素生产率分别上升 0.085 个单位和 0.099 个单位。这表明基础研究短期内对工业全要素生产率的提升没有显著促进作用，基础研究对工业全要素生产率的提升效应存在一定的时滞，滞后时长大约为 5 年。究其原因，主要在于基础研究以获取新知识、新发现、新学说为目的，其创新产出在本质上具有"胚胎"属性，无法立即转化为现实生产力，需要经过一系列充满不确定性的中间环节才可能转化为生产力。

从应用研究的回归结果来看，第（1）~（7）列中应用研究平方项的系数均不显著，应用研究一次项的系数均为负，且至少通过了 10% 的显著性水平检验。这意味着现阶段应用研究投入对工业全要素生产率的影响并未呈现倒"U"形，而是表现为单一的抑制作用。出现这种结果的原因可能如下：一方面，中国科技创新经过长期积累实现了跨越式发展，现阶段正处于从跟踪追赶到并行发展的重要转型期，技术模仿空间不断缩小，干中学效应不断递减，迫切需要加强自主创新能力以实现生产率的提升，但当前中国应用创新以模仿创新为主，自主创新能力依然不强，无法实现对全要素生产率的助推作用；另一方面，在基础研究不变的前提下，应用研究的持续投入对工业全要素生产率的提升本身就具有边际递减作用，这一特性进一步加强了以模仿创新为主的应用研究对工业全要素生产率的抑制作用。

从控制变量的回归结果来看，人力资本、外商直接投资、贸易自由度及人均产值对工业全要素生产率提升均具有促进作用。这表明随着人力资本投入的增加、外商直接投资的加大、贸易自由度的提升以及人均产值的增长，工业全要素生产率会得到显著提升，这与前文的分析相一致。而规模总量对工业全要素生产率提升整体上具有抑制作用，这可能是因为相较于追求收益稳定的大型规模企业，中小企业更倾向于选择预期收益更高的创新投资项目。

表 4-3　基础研究、应用研究影响工业全要素生产率的基准回归结果

模型 (4-8)	(1) 无滞后期	(2) 滞后1期	(3) 滞后2期	(4) 滞后3期	(5) 滞后4期	(6) 滞后5期	(7) 滞后6期
$\ln TFP_{t-1}$	0.751** (2.297)	0.611** (2.042)	0.623** (2.430)	0.669** (2.492)	0.588* (1.684)	0.618* (1.674)	0.719** (2.147)
$\ln BR$	0.003 (0.070)	0.102 (0.709)	0.029 (0.607)	0.060 (1.444)	0.015 (1.250)	0.085** (2.480)	0.099*** (3.031)
$\ln AR$	-0.172* (-1.831)	-0.300** (-2.298)	-0.274* (-1.801)	-0.225*** (-3.560)	-0.260** (-2.024)	-0.349* (-1.738)	-0.264** (-2.415)
$(\ln AR)^2$	0.354 (1.524)	-0.081 (-1.214)	-0.495 (-1.108)	-0.287 (-0.725)	-0.436 (-0.906)	-0.596 (-1.263)	-0.132 (-1.156)
$\ln HR$	0.493 (1.080)	0.231 (1.528)	0.527* (1.894)	0.291* (1.834)	0.022** (2.077)	0.253*** (2.804)	0.292** (2.370)
$\ln FDI$	0.014* (1.858)	-0.013 (-0.363)	0.008 (0.401)	0.010** (2.259)	0.007 (0.295)	-0.015 (-0.607)	0.024* (1.869)
$\ln Trad$	-0.015 (-0.583)	0.015* (1.825)	0.008 (0.273)	0.068** (2.287)	0.007* (1.912)	0.012* (1.849)	0.026 (1.243)
$\ln Size$	-0.040 (-0.510)	-0.073* (-1.655)	-0.057* (-1.666)	-0.011 (-0.134)	-0.027** (-2.307)	0.092 (1.119)	0.064 (1.256)
$\ln PV$	0.110** (2.041)	-0.122 (-0.845)	-0.055 (-0.493)	0.203*** (3.269)	-0.022 (-0.203)	0.044* (1.776)	0.017** (2.269)
常数项	6.428* (1.849)	3.672** (2.491)	10.206** (2.288)	4.636*** (3.523)	-6.544* (-1.915)	12.223* (1.715)	-2.587** (-2.426)
AR (2)	-1.40	-0.95	-1.05	-0.87	-0.96	-1.32	-1.44
Hansen	20.15	23.59	28.53	24.10	22.15	25.78	26.45
观测值	22200	21090	19980	18870	17760	16650	15540

注：***、**、*分别代表1%、5%、10%的显著性水平，括号内为t值，AR (2) 和 Hansen 检验报告对应的统计量（下表同）。

表4-4为考虑基础研究与应用研究双向溢出效应，采用包含交互项的模型（4-9）的回归结果。从表4-4的回归结果来看，基础研究、应用研

究以及控制变量对工业全要素生产率的影响结果与表4-3中回归结果基本一致，仅存在个别系数大小和显著性水平上的差异，在此不再赘述，下文将重点分析和探讨基础研究与应用研究双向溢出效应对工业全要素生产率的影响效果。

表4-4 基础研究、应用研究影响工业全要素生产率的回归结果（包含交互项）

模型 (4-9)	（1）无滞后期	（2）滞后1期	（3）滞后2期	（4）滞后3期	（5）滞后4期	（6）滞后5期	（7）滞后6期
$\ln TFP_{t-1}$	0.706*** (2.822)	0.613** (2.454)	0.512** (2.039)	0.554*** (3.209)	0.682** (2.548)	0.740** (2.239)	0.747** (2.514)
$\ln BR$	2.293 (0.587)	-0.732 (-0.505)	0.871 (0.457)	7.025 (0.821)	2.659 (0.756)	0.339** (2.237)	0.154* (1.816)
$\ln AR$	-0.198*** (-2.653)	-0.107** (-2.490)	-0.115** (-2.142)	-0.220* (-1.853)	-0.285*** (-3.529)	-0.271*** (-3.469)	-0.225* (-1.663)
$(\ln AR)^2$	-1.666 (-0.664)	-0.480 (-1.469)	-0.128 (-1.093)	-5.370 (-0.860)	-1.155 (-0.808)	-0.487 (-1.457)	-2.068 (-0.911)
$\ln BR \times \ln AR$	0.050 (0.579)	0.146 (0.441)	-0.190 (-0.438)	0.058* (1.808)	0.069* (1.766)	0.072** (2.189)	0.086* (1.754)
$\ln HR$	0.699** (2.468)	0.246 (0.986)	-0.430 (-1.207)	0.139* (1.721)	0.166** (2.493)	-0.380 (-0.780)	0.174 (0.315)
$\ln FDI$	-0.009 (-0.325)	-0.017 (-0.677)	0.003* (1.827)	0.073** (2.290)	0.026* (1.820)	-0.040 (-1.050)	0.013 (0.484)
$\ln Trad$	0.001 (0.025)	0.042** (2.137)	-0.000 (-0.014)	0.078*** (3.192)	0.002** (2.055)	-0.014 (-0.513)	0.006** (2.311)
$\ln Size$	-0.027** (-2.209)	0.073 (1.093)	-0.059* (-1.687)	-0.094 (-1.138)	0.002 (0.028)	0.041 (0.445)	-0.050** (-2.294)
$\ln PV$	0.119 (1.089)	0.124 (-1.337)	0.051 (-0.433)	0.240** (2.482)	0.058* (1.901)	0.159** (2.060)	0.049 (0.681)
常数项	36.520** (2.059)	11.681* (1.741)	-3.478** (-2.117)	-14.748* (-1.862)	26.657** (2.430)	10.254** (2.449)	-47.781* (-1.753)
AR(2)	-1.01	-0.78	-0.82	-0.61	-0.59	-0.74	-0.89
Hansen	20.17	27.18	29.85	23.44	23.12	26.58	27.51
观测值	22200	21090	19980	18870	17760	16650	15540

从基础研究与应用研究双向溢出效应对工业全要素生产率的影响结果来看，第（4）~（7）列中，二者交互项（$\ln BR \times \ln AR$）的系数均显著为正，这表明基础研究与应用研究双向溢出效应对工业全要素生产率提升具有推

动作用。以第（4）列的回归结果为例，基础研究与应用研究交互项的系数为0.058，且通过了10%的显著性水平检验，即基础研究与应用研究的交互项每提升1个单位，工业全要素生产率能够提升0.058个单位。同时，从基础研究的时滞性来看，基础研究对工业全要素生产率的助推作用存在5年及以上的滞后，但基础研究通过影响应用研究间接促进工业全要素生产率只需要3年左右，这意味着基础研究与应用研究的双向溢出效应有助于加快基础研究对工业全要素生产率的提升作用，二者间的相互渗透与溢出效应是提升工业全要素生产率的一个重要途径。中国高铁跻身世界前列的成功案例也为此结论提供了很好的现实依据。

（二）分组分析

在不同技术前沿行业和不同经济发展水平地区下，科技创新投入对工业全要素生产率的影响不同。为了进一步探讨不同科技创新活动对工业全要素生产率影响的行业差异和区域差异，本书分别从行业前沿技术差距、地区经济发展水平出发，将全样本分别划分为高技术差距和低技术差距以及东部、中部、西部三大区域，以探究基础研究与应用研究在不同行业、不同地区中对工业全要素生产率的影响是否存在差异。

在具体的行业分组中，参照Driffield和Taylor（2000）的研究，将技术差距水平 μ 设定为：

$$\mu = LP_j^F / LP_j^R \tag{4-14}$$

其中，j 代表行业，LP 代表劳动生产率，F 代表技术前沿国（美国），R 代表技术追赶国（中国）。技术前沿国（美国）数据来源于OECD数据库，具体的技术差距水平 μ 的处理过程如下。①技术前沿国和技术追赶国工业行业的匹配。OECD数据库中美国工业行业的分类以国际标准行业分类法（ISIC）为准，而中国工业行业是参照《国民经济行业分类》标准划分的，二者之间存在划分标准的不一致性。为了保证数据的可比性与连续性，本书按照ISIC的划分标准，将中国工业行业进行了删除和合并，最终得到31个工业行业。[①] ②计算技术前沿国和技术追赶国的劳动生产率。劳动生产率采用各国各行业工业增加值与劳动力就业人数的比值衡量。需要指出的

[①] 具体的中美两国工业行业类比标准与分组对照表见附录E。

是，为了保证数据的一致性和可比性，在计算中国劳动生产率之前，要先将中国工业行业增加值转化为以美元计量的数值。③通过上述两个步骤，我们可以得到两国工业行业技术差距的水平值，之后按照技术差距水平的高低顺序进行排列，并将其划分为高技术差距行业（16个）和低技术差距行业（15个）。

在区域分组中，参照国家统计局的区域划分标准，将样本分为三大区域。遵循区域划分的一般化处理方式，设定东部为经济发展水平较高的地区，中部为经济发展水平次发达的地区，西部为经济发展水平欠发达的地区。具体来讲，东部地区包括北京、天津、河北、辽宁、上海、江苏、浙江、福建、山东、广东、海南11个省（直辖市），中部地区包括黑龙江、吉林、山西、安徽、江西、河南、湖北、湖南8个省，西部地区包括内蒙古、广西、重庆、四川、贵州、云南、陕西、甘肃、青海、宁夏、新疆11个省（自治区、直辖市）。

1. 以前沿技术差距划分的行业分组回归结果

为考察不同前沿技术差距下基础研究和应用研究对工业全要素生产率影响的异质性，本书进一步基于高技术差距行业和低技术差距行业两个子样本数据，对模型（4-9）进行分组回归，限于篇幅，此处仅披露了基础研究和应用研究无滞后期、滞后3期、滞后5期的结果，具体如表4-5所示。从基础研究对工业全要素生产率的直接影响结果来看，滞后5期的基础研究对高技术差距行业、低技术差距行业全要素生产率的影响系数分别为0.089、0.137，且均通过了5%的显著性水平检验，即基础研究投入每增加1个单位，高技术差距行业和低技术差距行业全要素生产率分别提升0.089个单位、0.137个单位。基础研究对工业全要素生产率的推动作用呈现"高技术差距行业<低技术差距行业"的态势，这说明当本国技术水平与前沿技术水平差距越小时，基础研究对行业全要素生产率的推动作用越强。究其原因，可能是随着技术差距的缩小，本国可获取和吸收国外技术的程度降低，只能通过自主创新方式进一步提升该行业的技术水平，而基础研究投入对自主创新研发起着至关重要的作用。

从应用研究对工业全要素生产率的影响结果来看，高技术差距行业和低技术差距行业样本中应用研究二次项的系数均不显著，无显著的倒"U"形关系。从应用研究一次项系数的回归结果来看，高技术差距行业和低技术差距行业具有显著不同特征。以应用研究无滞后期的回归结果为例，第（1）列的回归结果中，高技术差距行业中应用研究对工业全要素生产率的影响系数为 0.399，且通过了 10% 的显著性水平检验，这表明应用研究投入的增加有助于提升高技术差距行业的全要素生产率，应用研究每提升 1 个单位，高技术差距行业全要素生产率提升 0.399 个单位；第（4）列回归结果中，低技术差距行业中应用研究对工业全要素生产率的影响系数为 -0.286，且通过了 5% 的显著性水平检验，这表明应用研究投入的增加会抑制低技术差距行业的全要素生产率，应用研究每提升 1 个单位，低技术差距行业全要素生产率下降 0.286 个单位。导致上述结果产生的原因可能在于，不同技术距离下应用研究对工业全要素生产率的影响不同，当技术距离较大时，应用研究主要通过模仿创新方式促进技术进步，从而提升工业全要素生产率；而随着技术距离的缩小，干中学效应递减，过度以模仿创新为主的应用研究不仅无法继续促进全要素生产率的提升，还可能会对全要素生产率产生抑制作用。

从基础研究与应用研究交互项的影响结果来看，滞后 3 期的基础研究与应用研究对高技术差距行业和低技术差距行业全要素生产率的影响系数分别为 0.009 和 0.017，且分别通过了 5% 和 10% 的显著性水平检验，即基础研究与应用研究的双向溢出效应每提升 1 个单位，高技术差距行业和低技术差距行业全要素生产率分别提升 0.009 个单位和 0.017 个单位。滞后 5 期的回归结果与此类似。这表明基础研究与应用研究双向溢出效应对工业全要素生产率的推动作用呈现"高技术差距行业<低技术差距行业"的态势。究其原因，可能是相比于高技术差距行业，低技术差距行业对基础研究的需求更大，有关支持基础研究与应用研究成果融合的平台建设等更为完善，更有利于二者之间双向溢出效应的实现和发挥。

表 4-5 基础研究、应用研究对工业全要素生产率的影响：前沿技术差距

模型（4-9）	高技术差距行业			低技术差距行业		
	(1)	(2)	(3)	(4)	(5)	(6)
	无滞后期	滞后 3 期	滞后 5 期	无滞后期	滞后 3 期	滞后 5 期
$\ln TFP_{t-1}$	0.396*** (4.729)	0.387*** (4.582)	0.423*** (4.454)	0.279*** (5.681)	0.303*** (6.698)	0.402*** (7.375)

续表

模型（4-9）	高技术差距行业			低技术差距行业		
	(1)	(2)	(3)	(4)	(5)	(6)
	无滞后期	滞后3期	滞后5期	无滞后期	滞后3期	滞后5期
lnBR	0.304 (1.358)	-0.036 (-0.373)	0.089** (1.983)	0.195 (1.220)	0.043 (0.648)	0.137** (2.154)
lnAR	0.399* (1.822)	0.191** (2.482)	0.074** (2.169)	-0.286** (-2.230)	-0.219** (-1.996)	-0.377* (-1.651)
(lnAR)²	0.002 (0.022)	-0.022 (-0.215)	-0.065 (-0.531)	-0.004 (-0.087)	0.053 (1.161)	0.076 (1.502)
lnBR×lnAR	-0.021 (-0.189)	0.009** (2.240)	0.010** (2.277)	-0.038 (-0.525)	0.017* (1.940)	0.019** (2.493)
lnHR	0.112* (1.768)	-0.034 (-0.241)	-0.079 (-0.487)	0.074* (1.704)	-0.048 (-0.758)	0.158** (2.344)
lnFDI	0.056** (2.267)	0.216** (2.032)	0.021** (2.085)	0.067 (0.798)	0.012 (0.154)	0.098 (1.208)
lnTrad	0.184* (1.911)	0.061 (0.558)	0.147 (1.149)	0.155** (2.014)	0.040 (0.563)	0.096 (1.235)
lnSize	-0.031 (-0.245)	0.073 (0.546)	0.113 (0.760)	0.153 (1.389)	0.083 (1.031)	0.136 (1.625)
lnPV	0.149* (1.854)	-0.230 (-1.193)	0.011 (0.046)	0.175* (1.954)	-0.019 (-0.201)	0.216* (1.802)
常数项	-0.073** (-2.080)	1.166** (2.207)	0.041** (2.030)	-0.459*** (-3.612)	0.354*** (3.643)	-0.801*** (-3.121)
AR（2）	-0.97	-0.54	-0.67	-0.65	-0.35	-0.41
Hansen	13.3	11.9	10.5	18.0	33.4	29.4
观测值	9600	8160	7200	9000	7650	6750

2. 以经济发展水平划分的区域分组回归结果

为考察不同区域下基础研究和应用研究对工业全要素生产率影响的异质性，本书进一步基于东部、中部、西部三个地区的子样本数据，对模型（4-9）进行分组回归，具体结果如表4-6所示。限于篇幅，此处仅披露了基础研究和应用研究无滞后期、滞后3期、滞后5期的结果，以更直观地进行区域差异对比。从基础研究对工业全要素生产率的直接影响结果来看，滞后5期的基础研究对东部、中部、西部地区工业全要素生产率的影响系数分别为0.090、0.074和0.054，且分别通过了5%、5%和10%的显著性水平检验，即基础研究投入每增加 1 个单位,东部、中部、西部地区工业全要素生产率分别提升 0.090 个单位、0.074 个单位和 0.054 个单位。这表明基础研究对工业全要素生产率的推动作用呈现"东部>中部>西部"的态势。究其原因,可能是相比于中西部地区,东部地区的人力资本水平、科技创新制度环境和产业基础更为优良,所以基础研究投入对全要素生产率的促进作用更强。

表 4-6 基础研究、应用研究对工业全要素生产率的影响:区域差异

模型 (4-9)	东部地区			中部地区			西部地区		
	(1)	(2)	(3)	(4)	(5)	(6)	(7)	(8)	(9)
	无滞后期	滞后3期	滞后5期	无滞后期	滞后3期	滞后5期	无滞后期	滞后3期	滞后5期
$\ln TFP_{t-1}$	0.725*** (15.180)	0.722*** (14.684)	0.708*** (13.866)	0.629*** (10.597)	0.686*** (12.348)	0.731*** (12.640)	0.701*** (13.167)	0.712*** (12.200)	0.736*** (12.682)
$\ln BR$	0.049 (0.600)	0.072 (1.500)	0.090** (1.999)	0.066 (0.441)	0.097 (1.450)	0.074** (2.195)	0.017 (0.136)	0.008 (0.181)	0.054* (1.908)
$\ln AR$	0.352*** (3.060)	0.328** (2.182)	0.363** (2.244)	-0.393*** (-4.308)	-0.274** (-2.422)	-0.141** (-2.035)	-0.462*** (-7.776)	-0.277*** (-3.818)	-0.163** (-2.388)
$(\ln AR)^2$	0.833 (1.032)	0.940 (1.186)	0.990 (1.022)	-0.253 (-0.382)	-0.234 (-0.483)	-0.020 (-0.041)	-1.340 (-0.739)	-1.377 (-0.798)	-0.627 (-0.361)
$\ln BR\times\ln AR$	0.087 (0.175)	0.065*** (3.267)	0.074** (2.202)	0.255 (0.304)	0.018** (2.437)	0.029* (1.723)	0.153 (0.159)	0.014*** (4.452)	0.026** (2.011)
$\ln HR$	0.208** (2.396)	-0.223 (-0.426)	-0.318 (-0.557)	0.043 (0.051)	0.570* (1.767)	-0.228 (-0.302)	0.061 (0.075)	-0.159 (-0.189)	0.215** (2.251)
$\ln FDI$	0.015 (0.482)	0.007** (2.231)	0.012** (2.372)	0.057 (0.985)	0.094* (1.848)	0.068 (1.349)	0.020** (2.469)	0.031* (1.707)	-0.037 (-0.847)
$\ln Trad$	-0.037 (-0.918)	0.028* (1.666)	0.016* (1.859)	-0.012 (-0.199)	-0.031 (-0.613)	0.012** (2.220)	0.003** (2.068)	0.006 (1.124)	-0.005 (-0.106)
$\ln Size$	0.070 (0.761)	0.128 (1.267)	0.024 (0.215)	-0.134 (-0.871)	-0.148** (-1.970)	-0.215 (-1.387)	-0.135* (-1.769)	-0.168 (-1.388)	-0.161** (-1.989)
$\ln PV$	0.068 (1.160)	0.053* (1.911)	0.068 (1.087)	-0.068 (-0.599)	-0.038 (-0.370)	0.014 (0.129)	0.137 (1.570)	0.158* (1.899)	0.111 (1.272)
常数项	15.051** (2.078)	16.319** (2.157)	17.579** (2.181)	-0.719* (-1.774)	-3.110* (-1.881)	2.260** (2.278)	-27.039* (-1.849)	-26.783* (-1.853)	-4.040** (-2.447)
AR (2)	-0.87	-0.92	-1.01	-0.64	-0.68	-0.35	-0.29	-0.37	-0.41
Hansen	23.3	22.1	20.9	17.3	15.9	14.5	17.3	15.9	14.5
观测值	8140	6919	6105	5920	5032	4440	8140	6919	6105

从应用研究对工业全要素生产率的直接影响结果来看，三个子样本中应用研究二次项的系数均不显著，一次项的系数均显著，这表明应用研究对工业全要素生产率的影响在区域间不存在倒"U"形关系，表现为单纯的线性关系。具体来看，以应用研究无滞后期的回归结果为例，应用研究投入持续增加对东部地区工业全要素生产率的影响系数为 0.352，且通过了 1% 的显著性水平检验；应用研究投入持续增加对中西部地区工业全要素生产率的影响系数分别为 -0.393 和 -0.462，且均通过了 1% 的显著性水平检验。这表明应用研究投入持续增加对东部地区工业全要素生产率具有促进作用，而对中西部地区工业全要素生产率表现为抑制作用。究其原因，可能在于东部地区的应用研究活动以自主创新为主，中西部的应用研究活动以模仿创新为主。自主创新引致的技术进步以实质性创新为主，实质性创新通常指具有较高技术含量的发明创造，会给企业带来长期价值创造，助推企业科技创新水平和全要素生产率的提升。模仿创新虽然能够在短时间内发挥后发优势，促使后发国家技术进步和全要素生产率得到快速提升，但仅仅依靠模仿创新模式不仅无法实现真正的创新转型和升级，甚至可能陷入"模仿陷阱"，形成低水平创新路径依赖，对技术进步和全要素生产率提升产生抑制作用。

从基础研究与应用研究交互项的影响结果来看，以滞后 3 期的回归结果为例，二者双向溢出效应对东部、中部、西部地区工业全要素生产率的影响系数分别为 0.065、0.018 和 0.014，且分别通过了 1%、5% 和 1% 的显著性水平检验，即基础研究与应用研究的溢出效应每提升 1 个单位，东部、中部、西部地区工业全要素生产率分别提升 0.065 个单位、0.018 个单位、0.014 个单位。滞后 5 期的回归结果与此类似。这表明基础研究与应用研究双向溢出效应对工业全要素生产率的推动作用呈现"东部>中部>西部"的态势。究其原因，可能是相比于中西部地区，东部地区有关支持基础研究与应用研究成果融合的产学研平台建设等更为完善，更有利于二者之间双向溢出效应的实现。

四 稳健性检验

（一）内生性处理

内生性问题长期以来都是经济学实证分析中无法避免又必须解决的关

键问题，遗漏变量、测量误差以及反向因果关系等都是产生内生性的原因。从本书的研究对象来看，存在以下可能引发内生性问题的潜在来源：一是从遗漏变量来看，尽管本书已经尽可能选取了影响工业全要素生产率的控制变量，但不可能涵盖所有的潜在影响因素；二是从测量误差来看，国家统计局关于工业行业的数据以大中型工业企业统计为主，与工业行业的整体真实情况难免存在一定的偏误；三是从反向因果关系来看，科技创新活动中基础研究、应用研究投入的增加会影响工业全要素生产率，反过来，工业全要素生产率水平的高低也会影响科技创新投入活动，二者之间可能存在相互因果关系。

为了控制内生性问题，通常采用工具变量法（IV）对研究结论进行验证。参照Nunn和Qian（2014）、黄群慧等（2019）的研究，本书分别选取各省份各行业基础研究、应用研究的期初资本存量与上一年度全国财政科学技术支出占财政总支出比例的交互项作为基础研究和应用研究的工具变量。有效的工具变量必须同时满足相关性和无关性两个条件：从相关性角度来讲，基础研究和应用研究的期初资本存量代表了其初始积累情况，科技创新活动具有持续性和滞后性，创新初始积累水平会影响当前的全要素生产率水平；从无关性角度来讲，随着工业技术进步和结构升级，各省份各行业期初的工业全要素生产率水平对科技创新活动和技术进步的影响基本消失，符合工具变量外生性要求。其中，全国财政科学技术支出在财政总支出中的占比数据来源于《全国科技经费投入统计公报》。

在采用工具变量法进行回归分析前，必须对工具变量的有效性进行检验。如果工具变量无效，则可能导致估计结果不一致或估计的方差过大。为此，本书对工具变量进行了如下检验。①不可识别检验，使用工具变量法的前提之一是秩条件成立，秩条件成立意味着工具变量与解释变量相关。本书采用Kleibergen和Paap（2006）提出的"Kleibergen-Paap rk LM统计量"（简称"LM统计量"）对此进行检验，结果显示LM统计量的P值为0.000，强烈拒绝不可识别的原假设，这表明工具变量与内生变量具有相关性。②弱工具变量检验，如果工具变量与解释变量仅存在微弱的相关，则会导致工具变量法估计量的渐进方差变得很大，难以收敛到真实的参数值。判断一个工具变量是否为弱工具变量的方法很多，本书采用"Kleibergen-Paap rk Wald F统计量"（简称"KPF统计量"）和"Cragg-Donald Wald F

统计量"(简称"CDF 统计量")(Cragg and Donald,1993)进行检验,结果显示统计量均大于 Stock-Yogo weak ID test 10%水平下的临界值。这说明本书所选取的工具变量是有效的。在上述检验基础上,进一步采用两阶段最小二乘法对不同科技创新活动与工业全要素生产率关系进行实证检验,工具变量法估计的基准回归结果见表4-7。

表4-7 基础研究、应用研究对工业全要素生产率的影响:内生性检验

模型(4-8)	(1)无滞后期	(2)滞后1期	(3)滞后2期	(4)滞后3期	(5)滞后4期	(6)滞后5期	(7)滞后6期
$\ln TFP_{t-1}$	0.417***(8.383)	0.394***(20.889)	0.426***(12.340)	0.445***(12.489)	0.483***(15.103)	0.582***(12.355)	0.439***(7.889)
$\ln BR$	0.294(0.700)	0.029(0.236)	0.245(1.639)	0.059(0.271)	0.112(0.749)	0.219*(1.702)	0.112**(2.507)
$\ln AR$	-0.257**(-2.422)	-0.287**(-2.285)	-0.184*(-1.679)	-0.473**(-2.268)	-0.142**(-2.082)	-0.328*(-1.772)	-0.152**(-2.178)
$(\ln AR)^2$	-0.071(-1.302)	-0.067(-1.328)	-0.176(-1.236)	-0.113(-0.673)	-0.011(-1.092)	-0.112(-0.929)	-0.013(-1.100)
控制变量	控制	控制	控制	控制	控制	控制	控制
常数项	-4.693**(-2.349)	-4.009**(-2.076)	-6.655**(-2.363)	-3.825**(-2.420)	-3.991**(-2.181)	-16.251**(-2.227)	-7.315**(-2.480)
观测值	22200	21090	19980	18870	17760	16650	15540
LM 统计量	18.537	19.257	17.251	16.899	18.524	19.010	19.587
P 值	0.000	0.000	0.000	0.000	0.000	0.000	0.000
CDF 统计量	39.562	38.142	37.214	39.103	36.201	37.889	36.521
KPF 统计量	55.471	54.897	57.112	53.489	56.341	55.226	57.621
10%临界值	7.03	7.03	7.03	7.03	7.03	7.03	7.03

注:为简化表格,未披露控制变量的回归结果。

从表4-7的结果来看,第(6)~(7)列中基础研究对工业全要素生产率的影响系数为正,且均通过了显著性水平检验,这表明基础研究有助于提升工业全要素生产率,但这种促进作用存在一定的滞后,滞后时长约5年;所有回归模型中应用研究二次项的系数均不显著,一次项的系数均显著为负,这表明应用研究对工业全要素生产率的影响表现为抑制作用。上述结果表明内生性问题没有影响前文有关基础研究、应用研究影响工业全

要素生产率的研究结论。表 4-8 为包含基础研究与应用研究交互项的工具变量法估计结果,回归结果与前文研究结论相一致,在此不再赘述。此外,以前沿技术差距划分的行业分组回归结果和以经济发展水平划分的区域分组回归结果也与前文结论一致,在此不再披露与赘述。上述结果表明,在控制内生性问题的前提下,本书的研究结论依然成立。

表 4-8 基础研究、应用研究对全要素生产率的影响(含交互项):内生性检验

模型 (4-9)	(1) 无滞后期	(2) 滞后1期	(3) 滞后2期	(4) 滞后3期	(5) 滞后4期	(6) 滞后5期	(7) 滞后6期
$\ln TFP_{t-1}$	0.443*** (5.357)	0.429*** (4.164)	0.423*** (9.984)	0.399*** (8.678)	0.503*** (8.544)	0.499*** (7.997)	0.456*** (8.956)
$\ln BR$	0.322 (1.030)	0.033 (0.187)	-0.070 (-0.472)	-0.082 (-0.498)	0.244 (1.474)	0.021* (1.773)	0.114* (1.937)
$\ln AR$	-0.328** (-2.291)	-0.250** (-2.238)	-0.294** (-2.292)	-0.439** (-2.423)	-0.037* (-1.740)	-0.472*** (-3.488)	-0.279* (-1.900)
$(\ln AR)^2$	-0.021 (-1.269)	-0.004 (-1.027)	-0.017 (-1.104)	-0.064 (-1.275)	-0.025 (-1.189)	-0.091 (-1.513)	-0.083 (-0.831)
$\ln BR \times \ln AR$	0.078 (0.573)	-0.066 (-1.076)	-0.079 (-0.864)	0.093* (1.729)	0.062* (1.777)	0.047** (2.501)	0.049* (1.806)
控制变量	控制	控制	控制	控制	控制	控制	控制
常数项	-6.014*** (-3.538)	-1.723*** (-4.490)	-4.642*** (-3.236)	-5.619*** (-4.381)	-5.943*** (-3.359)	-2.688*** (-4.591)	-6.022** (-2.484)
观测值	22200	21090	19980	18870	17760	16650	15540
LM 统计量	16.523	16.998	18.547	19.978	19.541	17.564	18.479
P 值	0.000	0.000	0.000	0.000	0.000	0.000	0.000
CDF 统计量	35.879	39.547	37.111	38.574	36.352	37.541	39.005
KPF 统计量	51.120	51.855	50.142	50.006	52.136	51.924	51.652
10%临界值	7.03	7.03	7.03	7.03	7.03	7.03	7.03

注:为简化表格,未披露控制变量的回归结果。

(二) 替换核心变量

全要素生产率是本书的核心被解释变量,为了进一步检验实证结果的稳健性,本书采用数据包络分析法(DEA)重新测算中国 2000~2019 年分省份和分行业的工业全要素生产率。在此基础上,采用模型(4-8)和模

型（4-9）检验基础研究、应用研究对工业全要素生产率的影响效果，具体的替换主要变量后的基准回归结果和替换主要变量后的总体回归结果（含交互项）分别见表4-9和表4-10。从表4-9和表4-10的回归结果来看，替换核心变量后基础研究、应用研究以及二者双向溢出效应对工业全要素生产率的影响结果与表4-3和表4-4中的回归结果基本一致。此外，替换核心变量后的以前沿技术差距划分的行业分组回归结果和以经济发展水平划分的区域分组回归结果也与前文结论一致，在此不再披露与赘述。上述结果表明，替换被解释变量后，本书的研究结论依然成立。

表4-9　基础研究、应用研究对工业全要素生产率的影响：替换被解释变量

模型(4-8)	(1)无滞后期	(2)滞后1期	(3)滞后2期	(4)滞后3期	(5)滞后4期	(6)滞后5期	(7)滞后6期
$\ln TFP_{t-1}$	0.337*** (9.810)	0.287*** (11.175)	0.406*** (11.942)	0.385*** (15.363)	0.474*** (19.159)	0.465*** (13.007)	0.483*** (8.849)
$\ln BR$	0.485 (1.073)	0.024 (0.146)	−0.493 (−1.440)	0.062 (1.398)	0.007 (0.061)	0.352*** (3.471)	0.427** (2.101)
$\ln AR$	−0.225** (−2.073)	−0.254** (−2.335)	−0.361** (−2.179)	−0.079** (−2.437)	−0.452** (−2.326)	−0.415*** (−2.767)	−0.114** (−2.068)
$(\ln AR)^2$	−0.007 (−1.055)	−0.153 (−1.026)	−0.088 (−0.841)	−0.096 (−1.482)	−0.272 (−1.477)	−0.106 (−1.349)	−0.024 (−1.080)
控制变量	控制	控制	控制	控制	控制	控制	控制
常数项	−1.116* (−1.817)	−4.530* (−1.709)	−0.665** (−2.434)	2.105* (1.649)	1.731** (2.414)	−0.721* (−1.714)	−4.544** (−2.016)
AR(2)	−0.40	−0.75	−0.55	−0.84	−0.91	−1.02	−1.21
Hansen	15.15	21.21	25.24	21.01	19.89	18.97	19.52
观测值	22200	21090	19980	18870	17760	16650	15540

注：为简化表格，未披露控制变量的回归结果。

表4-10　基础研究、应用研究对工业全要素生产率的影响（含交互项）：替换被解释变量

模型(4-9)	(1)无滞后期	(2)滞后1期	(3)滞后2期	(4)滞后3期	(5)滞后4期	(6)滞后5期	(7)滞后6期
$\ln TFP_{t-1}$	0.362*** (4.302)	0.284*** (4.941)	0.373*** (7.666)	0.430*** (8.426)	0.499*** (11.166)	0.461*** (9.371)	0.472*** (3.922)

续表

模型 (4-9)	(1) 无滞后期	(2) 滞后1期	(3) 滞后2期	(4) 滞后3期	(5) 滞后4期	(6) 滞后5期	(7) 滞后6期
$\ln BR$	0.148 (0.279)	0.398 (0.691)	−0.012 (−0.103)	0.296 (0.540)	0.348 (0.870)	0.082* (1.809)	0.286*** (3.024)
$\ln AR$	−0.272** (−2.290)	−0.106** (−2.166)	−0.251** (−2.158)	−0.372*** (−3.518)	−0.198* (−1.728)	−0.224* (−1.709)	−0.275** (−2.249)
$(\ln AR)^2$	−0.521 (−1.457)	−0.200 (−0.771)	−0.021 (−1.029)	−0.131 (−1.237)	−0.014 (−1.028)	−0.398 (−0.692)	−0.387 (−0.996)
$\ln BR \times \ln AR$	0.063 (0.449)	0.080 (0.677)	0.113 (0.948)	0.031* (1.712)	0.009** (2.083)	0.025* (1.668)	0.211* (1.861)
控制变量	控制	控制	控制	控制	控制	控制	控制
常数项	−1.018** (−2.173)	−2.905** (−2.001)	2.497** (2.420)	5.360** (2.266)	7.261* (1.854)	−1.477** (−2.294)	−5.332* (−1.880)
AR(2)	−0.93	−0.48	−0.78	−0.55	−0.47	−0.48	−0.52
Hansen	23.14	22.20	25.41	19.52	20.10	18.32	21.50
观测值	22200	21090	19980	18870	17760	16650	15540

注：为简化表格，未披露控制变量的回归结果。

五 本章小结

本章以中国2000~2019年的工业数据为样本，构建"行业-地区-时间"三维面板数据，实证检验异质性研发视角下基础研究、应用研究以及二者双向溢出效应对工业全要素生产率的影响效果。在此基础上，进一步检验了上述影响结果在不同经济发展水平区域和不同前沿技术差距行业中的差异。研究结果显示：①基础研究有助于促进全要素生产率提升，但这种促进作用存在一定的滞后，滞后期约为5年；应用研究对工业全要素生产率的影响整体表现为抑制作用；基础研究与应用研究之间的双向溢出效应能够促进工业全要素生产率提升。②在不同前沿技术差距行业，基础研究、应用研究以及二者双向溢出效应对工业全要素生产率的影响存在显著差异。其中，基础研究和二者双向溢出效应对工业全要素生产率的推动作用呈现"高技术差距行业<低技术差距行业"的态势；应用研究对高技术差距行业的全要素生产率具有促进作用，而对低技术差距行业的全要素生

产率具有抑制作用。③在经济发展水平不同的区域，基础研究、应用研究及二者双向溢出效应对工业全要素生产率的影响存在显著差异。基础研究和二者双向溢出效应对工业全要素生产率的推动作用呈现"东部>中部>西部"的态势；应用研究对东部地区工业全要素生产率具有促进作用，而对中西部地区工业全要素生产率具有抑制作用。

第五章
有为政府视域下异质性科技创新推动全要素生产率的机制

本章重点关注政府对基础研究和应用研究的支持是否有利于提升工业全要素生产率。首先，基于理论分析提出政府支持在异质性科技创新与工业全要素生产率中的预期作用效果，以及这一作用机制在不同前沿技术差距行业、不同经济发展水平区域中的预期差异；其次，采用多元回归模型、系统GMM、动态面板平滑转移模型（PSTR）和工具变量法等计量手段，估计政府支持与基础研究交互项以及政府支持与应用研究交互项对工业全要素生产率的影响效果；最后，进一步研究了不同经济发展水平区域和不同前沿技术差距行业中政府支持与基础研究交互项以及政府支持与应用研究交互项对工业全要素生产率的差异化影响。

一　有为政府的作用机制分析

如第二章第三节所述，基础研究的准公共物品属性决定了单纯依赖市场的资源配置功能无法满足经济社会发展对基础研究的需要，必须发挥政府在基础研究领域的主导作用。政府支持能够通过经费投入、人才培养、平台建设等渠道支持基础研究，进而加强基础研究对工业全要素生产率的推动作用。虽然政府可以通过上述途径促进基础研究发展，但仍存在以下两个不可忽视的问题：一是基础研究投入具有持续高投入和长周期性的特点，这就导致政府对基础研究的支持效果并非立竿见影，可能存在一定的延迟效应；二是基础研究资本存量只有积累到一定程度时才可能发生量变到质变的转化，这就决定了政府支持必须达到某个临界点，才能真正实现对基础研究的助推作用，从而促使其更好地提升工业全要素生产率水平。

政府支持对应用研究影响工业全要素生产率的作用机制较为复杂，并非单一的线性关系。应用创新活动的开发主体主要是企业，政府创新补助在激励企业创新投资上究竟是"如其所愿"还是"事与愿违"，取决于"挤入效应"和"挤出效应"的综合作用结果。当政府支持力度在合理范围时，政府创新补贴可能通过创新意愿增强效应、市场失灵纠正效应及信号传递机制推动企业技术进步和工业全要素生产率提升。然而，随着政府支持力度加大，寻租、优惠政策攫取、创新补贴倾斜等行为可能会引致企业进行策略性创新，降低企业技术创新质量和技术开发效率，从而抑制企业全要素生产率提升。可见，政府对应用研究合理范围内的支持能够通过技术进步方式减弱应用研究对工业全要素生产率的抑制作用（第四章已验证了现阶段应用研究对工业全要素生产率具有抑制作用），而过度的政府支持不仅是对有限财政资源的浪费，还会进一步加深应用研究对工业全要素生产率的抑制作用。基于上述分析，本书提出如下假设。

H5-1：政府支持有助于加强基础研究对工业全要素生产率的推动作用，但这一作用的实现需要以政府支持力度达到一定水平为前提；政府在合理范围内的支持能够缓解应用研究对工业全要素生产率的抑制作用，但政府支持力度过大则会进一步加剧应用研究对工业全要素生产率的抑制作用。

科技基础决定了工业行业技术进步的方式和模仿现有技术、研发新技术的能力，突出表现为行业前沿技术差距。不同前沿技术差距下，政府支持对基础研究和应用研究影响工业全要素生产率的作用效果可能不同。行业前沿技术差距较大时，意味着该行业的科技基础较为薄弱，科技水平提升空间较大，无须高昂的研发投入也能够通过引进技术、本地化改造等模仿创新方式实现科技水平渐进式提升。此时政府在该领域的基础研究投入短期内很难显露成效，在该领域适当的应用研究投入能够加快科技创新进程，提升行业全要素生产率水平。反之，行业前沿技术差距较小时，意味着该行业科技基础较为夯实，通过渐进式技术进步方式提升科技水平的空间很小，必须依托自主创新通过蛙跳式技术进步才能缩短技术距离。而要提高自主创新能力，必须加大基础研究投入，依托科技人才、研发平台和科技创新支持系统，实现知识积累和核心技术的突破。要实现这一目标，必须依靠政府在基础研究活动中保持长期、稳定的投入，此时政府在应用研究活动中的财政投入不仅难以继续提升科技水平，反而可能错配资源对全要素生产率产生抑制作用。基于上述分析，本书提出如下假设。

H5-2：不同前沿技术差距下，政府支持对基础研究和应用研究影响工业全要素生产率的作用效果存在差异。行业前沿技术差距较大时，政府对该领域的基础研究支持效果低于前沿技术差距较小行业，适当的应用研究支持能够加快该行业科技创新进程，提升行业全要素生产率；行业前沿技术差距较小时，政府对基础研究的支持有助于加快基础研究对工业全要素生产率的推动作用，对应用研究的过度支持不仅难以继续提升科技水平，反而可能错配资源对工业全要素生产率产生抑制作用。

众多研究表明，不同区域的技术积累水平和政府支持力度不同。改革开放以来，东部、中部、西部经济发展水平从同一层级开始逐步分化，区域间技术积累、地方政府治理、地方财政能力等显现出明显的差距，这就导致政府支持对异质性科技创新影响工业全要素生产率的作用效果存在区域差异。从政府对基础研究的支持效果来看，相比于中西部地区，东部地区一方面技术积累和知识积累水平较高，与前沿技术差距较小的行业也相对比较密集，因此对基础研究引致的自主创新需求更高；另一方面经济发展水平较高，地方政府拥有更多的可用于支持基础研究的资金，缓解了基础研究投入不足的问题，因此政府对基础研究的支持效果在东部地区可能优于中西部地区。从政府对应用研究的支持效果来看，东部地区的市场创新环境和行政廉洁度相较于中西部地区更好（潘雅茹和罗良文，2020），政府创新补贴的寻租行为、优惠政策的攫取行为以及创新补贴的倾斜行为等得到有效遏制，更有利于发挥市场资源配置功能，提高政府资金的使用效率。相反，中西部地区存在更多的"策略性创新"和套利性行为，不利于工业全要素生产率的提升。基于上述分析，本书提出如下假设。

H5-3：不同经济发展水平区域下，政府支持对基础研究和应用研究影响工业全要素生产率的作用效果存在差异。相比于中西部地区，政府对异质性科技创新影响工业全要素生产率的支持效果在东部地区更为明显。

二 研究设计

（一）模型设定

本章重点关注政府对科技创新活动中基础研究和应用研究的支持是否有利于提升工业全要素生产率，从而破解当下科技创新投入与全要素生产率不匹配的科技创新困境。设定具体的模型时，通过在模型（4-7）的基础上分别引入政府支持（Gov）与基础研究、政府支持与应用研究的交互项，构建模型（5-1）和模型（5-2），检验政府支持与基础研究、政府支持与应用研究交互项对全要素生产率的作用。具体模型形式如下：

$$\ln TFP_{kt} = \alpha_0 + \alpha_1 \ln BR_{kt} + \alpha_2 \ln AR_{kt} + \alpha_3 \ln BR_{kt} \times \ln Gov_{kt} + \alpha_4 \ln TFP_{k,t-1} + control + c_k + \eta_t + \varepsilon_{kt} \quad (5-1)$$

$$\ln TFP_{kt} = \alpha_0 + \alpha_1 \ln BR_{kt} + \alpha_2 \ln AR_{kt} + \alpha_3 \ln AR_{kt} \times \ln Gov_{kt} + \alpha_4 \ln TFP_{k,t-1} + control + c_k + \eta_t + \varepsilon_{kt} \quad (5-2)$$

其中，$\ln BR_{kt} \times \ln Gov_{kt}$ 为基础研究与政府支持的交互项，$\ln AR_{kt} \times \ln Gov_{kt}$ 为应用研究与政府支持的交互项，政府对科技创新中基础研究和应用研究的支持是否有利于提升工业全要素生产率取决于交互项的系数。以模型（5-1）为例，若交互项的系数 $\alpha_3>0$，说明政府支持会强化基础研究对工业全要素生产率的促进效果；反之，若交互项的系数 $\alpha_3<0$，则说明政府支持会减弱基础研究对工业全要素生产率的促进效果。其余变量含义与前文相同。

科技创新活动中政府的作用效果可能是一个渐变的过程，政府支持力度的大小可能导致其在不同科技创新活动中的影响效果也不尽相同。基于此，本书参照 Hansen（1999）和 Fork 等（2005）的研究，采用动态面板平滑转移模型（PSTR），进一步检验不同政府支持力度在基础研究和应用研究影响全要素生产率中的作用机制。具体地，在模型（4-7）的基础上以政府支持力度为阈值变量，构造模型（5-3）和模型（5-4）：

$$\ln TFP_{kt} = \beta_0 + (\gamma_1 \ln BR_{kt}) F_{kt} + \beta_1 \ln BR_{kt} + \beta_2 \ln AR_{kt} + \beta_3 \ln TFP_{k,t-1} + control + c_k + \eta_t + \varepsilon_{kt} \quad (5-3)$$

$$\ln TFP_{kt} = \beta_0 + (\gamma_1 \ln AR_{kt}) F_{kt} + \beta_1 \ln BR_{kt} + \beta_2 \ln AR_{kt} + \beta_3 \ln TFP_{k,t-1} + control + c_k + \eta_t + \varepsilon_{kt} \quad (5-4)$$

其中，$F(Gov)$ 为 $[0,1]$ 内的有界连续的非线性机制转移函数，此处假定机制转移函数为逻辑函数或指数函数，与之对应的非线性面板模型分别记作 LPSTR 和 EPSTR，具体设定如下：

$$F_{kt} = \{1+\exp[-r(Gov_{kt}-T)]\}^{-1}, r>0 \tag{5-5}$$

$$F_{kt} = 1-\exp[-r(Gov_{kt}-T)^2], r>0 \tag{5-6}$$

其中，r 为机制转移速度，T 为政府支持力度阈值，根据 Gov 与 T 的数值关系，能够表征异质性科技创新对工业全要素生产率影响效果的差异，具体反映在 γ_1、β_1、β_2 的大小和方向上。

（二）变量与数据

本章以中国 2000~2019 年的工业数据为样本，构建包含行业、地区、时间在内的三维面板数据，重点关注政府对科技创新活动中基础研究和应用研究的支持是否有利于提升工业全要素生产率。具体的变量定义和数据处理如下。

1. 被解释变量

工业全要素生产率。本书采用 SFA 方法测算各地区和各行业的工业全要素生产率，具体计算过程和结果如第三章第二节所述。

2. 核心解释变量

基础研究和应用研究。基础研究和应用研究的变量定义和测度方法已在第四章进行详细说明，详见第四章第二节的第二部分。

3. 调节变量：政府支持

本书采用政府经费与科技创新投入的比值来衡量政府支持力度。其中，省份层面政府支持指标采用各地区研究与试验发展政府经费支出与 R&D 经费支出的比值衡量，行业层面政府支持指标采用各行业政府经费支出与 R&D 经费总额的比值来衡量。相关数据来自《中国科技统计年鉴》和国家统计局网站。在具体的数据处理过程中，需要说明的问题如下。①地区数据中，2009~2019 年《中国科技统计年鉴》在"各地区按资金来源分研究与试验发展（R&D）经费内部支出"系列中详细披露了 31 个省份政府资金支出数据，但在 2000~2008 年《中国科技统计年鉴》中仅披露了全国层面的政府资金支出数据。从统计口径来看，2000~2008 年与此相关的数据为"各地区科技活动经费筹集"系列中披露的政府资金数据,该指标从 2009 年起废止。为了保持数据的连贯性和统一性,本书将 2000~2008 年的地区政府资金筹集数据乘以各地区 R&D 经费支出与各地区 R&D 经费筹集总额的比值,得到地区政府支持指标。②统计数据中并未直接披露工业细分行业的政府资金数据,所以此处采用各行业大中型工业企业、研究与开发机构及高等院校中研究与试验发展政府经费的总和来表征行业层面的政府支持力度。

4. 控制变量

参照前文研究,本章选取人力资本(HR)、外商直接投资(FDI)、贸易自由度($Trad$)、规模总量($Size$)及人均产值(PV)作为控制变量。控制变量选取的依据以及具体的测度方法见第四章第二节。

(三) 特征事实描述

在进行回归分析之前,本书先通过数据的特征事实,直观地展示政府对科技创新活动中基础研究和应用研究的支持力度,具体见图 5-1 和图 5-2。

图 5-1 展示了 2000~2019 年科技创新经费总额中政府资金投入数量及比例,其中政府资金投入数量从 2000 年的 277.7 亿元提高至 2019 年的 4537.3 亿元,增长约 15.3 倍;而政府资金占研发总支出的比例呈缓慢下降趋势,由 2000 年的 30.8%降至 2019 年的 20.5%,2000~2019 年总体下降约 10 个百分点。这表明近年来我国研发投入总额不断攀升,但政府资金所占比例相对降低。

图 5-2 展示了 2000~2019 年用于基础研究的政府资金投入数量及比例,需要说明的是,现有统计样本中并没有基础研究与应用研究中政府资金的相关数据,又考虑到基础研究主要由高校和科研机构承担,而高校和科研机构的资金支持多数来源于政府,所以此处采用高校和科研机构科技创新中基础研究支出总额表征基础研究的政府资金投入数量,以期进一步明确政府资金在基础研究和应用研究中的具体分配。从图 5-2 可以看出,无论是政府资金投入数量还是比例,政府对基础研究的支持整体上都呈上升趋势。其中,用于基础研究的政府资金由 2000 年的 43.1 亿元上升至 2019 年的 1232.5 亿元,增长 27.6 倍;政府资金中基础研究占比由 2000 年

图 5-1　2000~2019 年政府资金投入数量及比例

的 15.5%上升至 2019 年的 27.2%。这表明近年来政府高度重视基础研究领域，不断增加对基础研究活动的支持，但整体上政府在异质性科技创新活动中仍以应用研究为主，对基础研究的支持比例偏低，2000~2019 年的均值约为 20.3%。

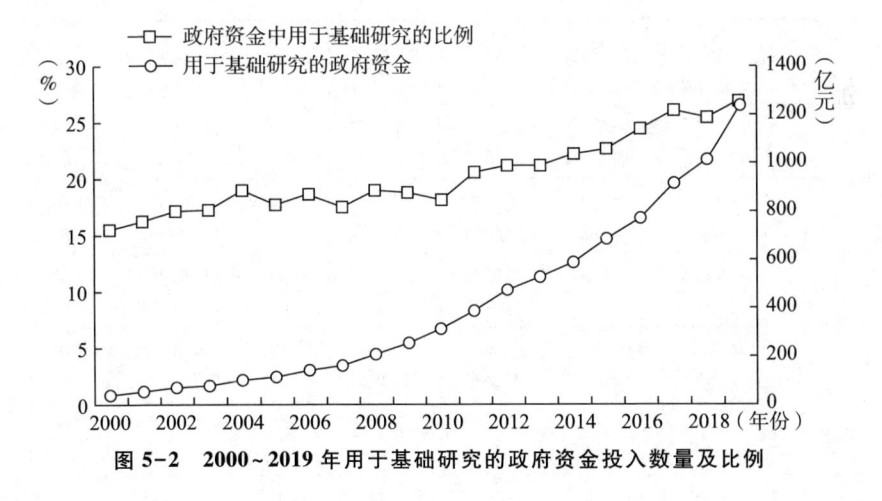

图 5-2　2000~2019 年用于基础研究的政府资金投入数量及比例

三　实证结果分析

（一）回归结果

在验证政府支持对基础研究影响工业全要素生产率以及应用研究影响工业全要素生产率的调节作用之前，首先对数据进行中心化处理，数据中心化是保证正确解释交互作用的重要步骤。表 5-1 和表 5-2 分别为政府支持与基础研究交互项、政府支持与应用研究交互项对工业全要素生产率影响的回归结果。

表 5-1 为政府支持与基础研究交互项对工业全要素生产率影响的回归结果，可以看出，政府支持与基础研究交互项的系数在基础研究无滞后期和滞后 1 期的模型中不显著，在滞后 2 期至滞后 6 期的模型中均显著为正。同表 4-3 的结果相比，政府支持的介入缩短了基础研究转化为现实生产力的滞后时长，由原来的滞后 5 年缩短至 2 年。这种情况一方面再次表明基础研究对工业全要素生产率的影响存在时滞现象，另一方面表明政府支持能够进一步加快基础研究对工业全要素生产率的推动作用。从长期来看，政府支持对基础研究具有推动作用，这不仅说明中国政府在推动基础研究与经济融合工作中起到了积极作用，也为政府持续加大基础研究经费支持力度提供了理论基础和经验支持。

表 5-1 政府支持与基础研究交互项对工业全要素生产率的影响

模型 (5-1)	(1) 无滞后期	(2) 滞后 1 期	(3) 滞后 2 期	(4) 滞后 3 期	(5) 滞后 4 期	(6) 滞后 5 期	(7) 滞后 6 期
$\ln TFP_{t-1}$	0.418*** (12.802)	0.407*** (16.943)	0.464*** (13.888)	0.450*** (12.187)	0.525*** (8.728)	0.565*** (8.492)	0.488*** (9.420)
$\ln BR$	0.356 (1.078)	−0.286 (−1.563)	−0.149 (−1.094)	−0.100 (−0.325)	0.229 (0.686)	0.115* (1.692)	0.048** (2.339)
$\ln AR$	−0.440* (−1.915)	−0.422* (−1.783)	−0.082* (−1.772)	−0.037** (−2.116)	−0.466** (−1.971)	−0.280* (−1.877)	−0.120** (−2.275)
$\ln BR \times \ln Gov$	0.023 (0.116)	0.155 (1.102)	0.100* (1.695)	0.029** (2.283)	0.022** (2.130)	0.098*** (2.842)	0.051** (2.301)
$\ln HR$	5.415 (1.324)	4.141 (1.170)	3.308*** (3.090)	6.732*** (2.794)	4.678*** (3.686)	2.111 (1.030)	5.303* (1.786)
$\ln FDI$	−0.103** (−2.109)	−0.114** (−2.281)	−0.112** (−2.113)	−0.069 (−1.459)	−0.122** (−2.319)	−0.059 (−1.383)	−0.093** (−2.351)
$\ln Trad$	−0.082 (−0.365)	0.211** (2.315)	−0.056 (−0.369)	−0.301 (−1.018)	0.307 (0.940)	−0.393 (−0.984)	0.292* (1.914)
$\ln Size$	−0.292* (−1.697)	−0.436** (−1.975)	0.061 (0.144)	−0.455 (−1.087)	−0.157** (−2.367)	0.295 (0.465)	−0.173 (−0.256)
$\ln PV$	−0.300 (−0.735)	−0.092 (−0.283)	−0.113 (−1.085)	0.661** (2.356)	0.466** (2.029)	−0.141 (−0.497)	−0.251 (−0.685)

续表

模型 (5-1)	(1) 无滞后期	(2) 滞后1期	(3) 滞后2期	(4) 滞后3期	(5) 滞后4期	(6) 滞后5期	(7) 滞后6期
常数项	-6.716* (-1.920)	-6.898 (-1.612)	-6.388** (-2.106)	-5.582** (-2.076)	-3.562 (-1.426)	-2.832 (-1.328)	-7.769*** (-2.786)
AR (2)	-0.89	-0.58	-0.79	-0.99	-0.71	-0.66	-0.82
Hansen	20.10	21.04	19.85	19.47	21.08	17.25	16.01
观测值	22200	21090	19980	18870	17760	16650	15540

表 5-2 为政府支持与应用研究交互项对工业全要素生产率影响的回归结果，可以看出，无论是在无滞后期模型，还是考虑滞后期的模型中，政府支持与应用研究交互项的系数均不显著。导致这种现象的原因可能如下：一是政府支持对应用研究与工业全要素生产率的关系本身就没有影响，故而应用研究对工业全要素生产率的作用效果不会随着政府支持强度的变化而改变；二是应用研究中政府支持的作用机制可能是非线性的，但模型（5-2）中的变量设定无法识别和反映非线性作用效果。为了进一步甄别政府支持是否加强或减弱了应用研究对工业全要素生产率的作用效果，下文将采用动态面板平滑转移模型（PSTR）对此加以分析。

表 5-2 政府支持与应用研究交互项对工业全要素生产率的影响

模型 (5-2)	(1) 无滞后期	(2) 滞后1期	(3) 滞后2期	(4) 滞后3期	(5) 滞后4期	(6) 滞后5期	(7) 滞后6期
$\ln TFP_{t-1}$	0.411*** (17.127)	0.431*** (10.994)	0.437*** (13.851)	0.436*** (20.883)	0.498*** (7.984)	0.558*** (12.862)	0.517*** (8.960)
$\ln BR$	0.296 (1.609)	0.042 (0.253)	-0.111 (-0.628)	0.039 (0.256)	0.196 (1.041)	0.276** (2.463)	0.054** (2.260)
$\ln AR$	-0.374** (-2.007)	-0.703 (-1.425)	-0.168** (-2.277)	-0.080** (-2.124)	-0.164* (-1.680)	-0.118** (-2.385)	-0.040** (-2.123)
$\ln AR \times \ln Gov$	-0.136 (-1.236)	-0.194 (-1.421)	-0.128 (-0.933)	-0.039 (-0.209)	-0.009 (-0.108)	0.121 (0.774)	0.059 (0.497)
$\ln HR$	3.977* (1.741)	4.821 (1.587)	4.742*** (2.965)	5.671*** (5.097)	4.502* (1.663)	2.248 (0.819)	5.644*** (2.710)
$\ln FDI$	-0.089** (-2.423)	-0.066 (-1.503)	-0.085 (-1.614)	-0.062 (-1.402)	-0.115** (-2.328)	-0.060* (-1.829)	-0.090 (-0.565)

续表

模型 (5-2)	(1) 无滞后期	(2) 滞后1期	(3) 滞后2期	(4) 滞后3期	(5) 滞后4期	(6) 滞后5期	(7) 滞后6期
ln$Trad$	0.054 (0.482)	−0.010 (−0.078)	−0.018 (−0.154)	−0.151 (−1.150)	−0.184 (−0.984)	0.288* (1.668)	0.380* (1.884)
ln$Size$	−0.365 (−0.661)	−0.427* (−1.786)	−0.725** (−2.226)	−0.656** (−2.158)	−0.373 (−0.594)	0.053 (0.111)	−0.040 (−0.064)
lnPV	0.146* (1.692)	−0.190 (−0.626)	−0.289 (−1.566)	0.477*** (3.934)	−0.408* (−1.795)	−0.164 (−0.647)	0.286** (2.337)
常数项	−5.141* (−1.806)	−6.697* (−1.924)	−4.486* (−1.948)	−4.219* (−1.878)	−3.095* (−1.780)	−2.026 (−0.568)	−8.530*** (−2.930)
AR(2)	−0.52	−0.69	−1.00	−1.07	−0.97	−0.83	−0.77
Hansen	15.14	15.97	17.89	16.47	17.21	19.04	15.33
观测值	22200	21090	19980	18870	17760	16650	15540

在采用动态面板平滑转移模型探讨基础研究与应用研究中政府支持的非线性作用之前，构造LM统计量验证模型中是否存在显著的非线性作用机制。以模型（5-3）为例，具体检验过程如下。首先基于$F(Gov)$围绕$r=0$的一阶和二阶泰勒展开式分别进行辅助回归，分别由受原假设约束和不受原假设约束的残差平方和构建LM统计量：

$$\text{LM} = (S_0 - S_1)/\sigma^2 \tag{5-7}$$

其中，S_0和S_1分别为受原假设约束和不受原假设约束的残差平方和，σ^2为不受原假设约束时修正的残差方差。采用Bootstrap方法（循环次数1000次）获得对应的P值。检验结果显示，模型（5-3）和模型（5-4）中均存在显著的非线性作用机制，模型（5-3）的机制转移函数为逻辑函数，模型（5-4）的机制转移函数为指数函数。这表明动态面板平滑转移模型适用于探讨基础研究与应用研究中政府支持的非线性作用。

在非线性作用机制存在性检验的基础上，本书借鉴杨继生和王少平（2008）的研究，将阈值变量的观测值进行排序并将排名在10%~90%的数据作为阈值T的可能性取值，设定机制转移速度r的取值为[0, 100]，然后将r和T的所有可能取值代入机制转移函数，采用系统GMM法对模型（5-3）和模型（5-4）进行回归，具体结果如表5-3所示。由于动态面板平滑转移模型需要较大样本数据，故此处仅披露了无滞后期的回归结果，以更好地表征多期内异质性科技创新对工业全要素生产率的影响。结果显示，模型（5-3）和模型（5-4）中基础研究的系数不显著，这再次验证了基础研究的时滞性；应用研究的系数均为负，且分别通过了5%和10%的显著性水平检验，说明应用研究对全要素生产率存在消极影响。基础研究中政府支持的非线性作用机制的阈值为0.256，应用研究中政府支持的非线性作用机制的阈值为0.312，且机制转移函数与基础研究交互项的系数显著为正，与应用研究交互项的系数显著为负。

表 5-3 基础研究与应用研究中政府支持的非线性作用机制

基础研究中政府支持的非线性作用机制 $T=0.256$ 逻辑函数				应用研究中政府支持的非线性作用机制 $T=0.312$ 指数函数			
模型（5-3）	系数	t 值	P 值	模型（5-4）	系数	t 值	P 值
$\ln BR \times F(Gov)$	0.023	3.010	0.003	$\ln AR \times F(Gov)$	−0.015	−4.250	0.000
$\ln BR$	0.272	1.280	0.200	$\ln BR$	0.268	1.190	0.236
$\ln AR$	−0.364	−2.013	0.046	$\ln AR$	−0.145	−1.920	0.056
$\ln HR$	0.825	2.571	0.011	$\ln HR$	0.744	9.233	0.000
$\ln FDI$	−0.042	−1.830	0.068	$\ln FDI$	−0.033	−1.011	0.314
$\ln Trad$	0.324	0.834	0.405	$\ln Trad$	0.112	2.510	0.012
$\ln Size$	−0.158	−1.650	0.099	$\ln Size$	−0.195	−2.012	0.046
$\ln PV$	0.170	2.821	0.005	$\ln PV$	0.147	1.702	0.090
$\ln TFP_{t-1}$	0.311	5.982	0.000	$\ln TFP_{t-1}$	0.472	9.521	0.000

为了进一步直观地展示基础研究与应用研究中政府支持的非线性作用机制，本书刻画了机制转移函数与政府支持力度的散点图，如图5-3所示。图5-3（a）展示了模型（5-3）的机制转移函数与政府支持力度的散点图，即基础研究中政府支持的非线性作用。模型（5-3）的机制转移函数为逻辑函数，可以看出当政府支持力度显著超过阈值0.256以后，逻辑函数取值为1，$\ln BR \times F(Gov)$的系数为0.023，且通过了1%的显著性水平检验，与模型（5-1）的研究结论相一致，这表明只有当政府支持水平超过阈值时，才能进一步加强基础研究对工业全要素生产率的推动作用。

换言之，政府对基础研究长期、稳定、大量投入，是基础研究促进工业全要素生产率提升的重要前提。这是由于，一方面政府能够通过超前科研规划，加强重大科学问题的基础前沿科学研究，在保障国家战略和经济安全的同时，也实现某些行业技术的突破；另一方面中国"集中力量办大事"的社会体制优势决定了政府能够聚集优势资源、协调多部门合力推进基础研究成果的转化与应用，更好地发挥基础研究对工业全要素生产率的促进作用。

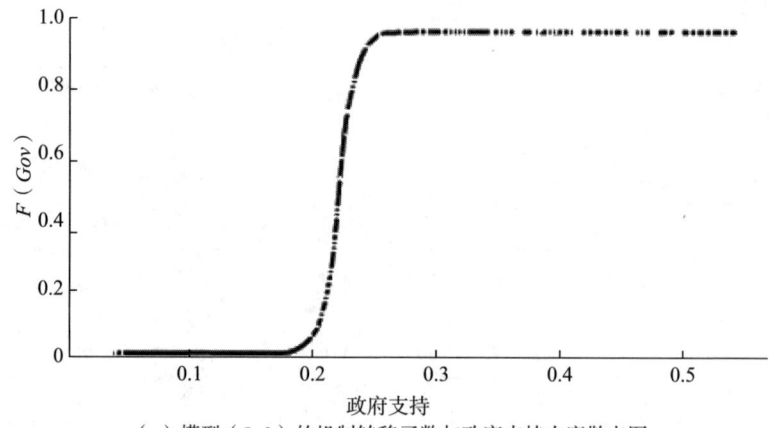

（a）模型（5-3）的机制转移函数与政府支持力度散点图

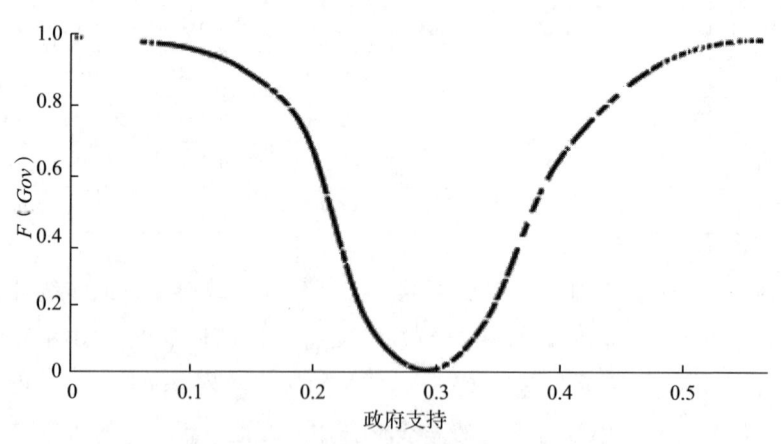

（b）模型（5-4）的机制转移函数与政府支持力度散点图

图 5-3　模型（5-3）与模型（5-4）的机制转移函数与政府支持力度散点图

图 5-3（b）显示了模型（5-4）的机制转移函数与政府支持力度的散点图，即应用研究中政府支持的非线性作用。模型（5-4）的机制转移函

数为指数函数，这就决定了交互项无法识别其内在机理，使得模型（5-2）中应用研究与政府支持交互项的系数不显著。从图5-3（b）可以看出当政府支持力度接近阈值0.312时，指数函数取值近乎为0，偏离阈值程度越大，取值越接近于1。$\ln AR \times F(Gov)$ 的系数为-0.015，且通过了1%的显著性水平检验，这表明当政府支持力度在阈值附近时，应用研究对工业全要素生产率的抑制作用会减弱，随着政府支持力度偏离阈值程度的扩大，政府支持对全要素生产率的抑制作用进一步加强。导致上述结果的原因可能是：第一，以短期目标导向为主的套利型发展模式促使地方政府官员将资金投向创新产出又多又快的非实质性创新项目，从而不利于工业全要素生产率的提升；第二，政府对应用研究的过度支持可能会对企业自有资金产生挤出效应，而企业资金效率相对于政府资金而言更高，这进一步加剧了应用研究对工业全要素生产率的抑制效果。

（二）分组分析

1. 以前沿技术差距划分的行业分组回归结果

为了进一步分析不同前沿技术差距下政府支持在异质性科技创新影响工业全要素生产率中的作用效果，即政府支持与基础研究交互项以及政府支持与应用研究交互项对工业全要素生产率的影响，参照第四章前沿技术差距的划分标准，本书将样本分为高技术差距行业和低技术差距行业，分样本的回归结果如表5-4和表5-5所示，限于篇幅，此处仅披露了无滞后期、滞后3期、滞后5期的结果。

表5-4显示了不同前沿技术差距下政府支持与基础研究交互项对工业全要素生产率的影响结果。从政府支持与基础研究交互项系数的方向和显著性水平来看，高技术差距行业样本中，第（2）列和第（3）列中政府支持与基础研究交互项的系数均显著为正，且分别通过了10%和5%的显著性水平检验；低技术差距行业样本中，第（5）列和第（6）列中政府支持与基础研究交互项的系数均显著为正，且分别通过了5%和10%的显著性水平检验。这表明无论针对哪类工业行业而言，政府支持的力度越大，基础研究对行业全要素生产率的推动效果就越好。从系数大小来看，无论是在滞后3期还是滞后5期的回归模型中，高技术差距行业中政府支持与基础研究交互项的系数大小均显著小于低技术差距行业，这表明政府支持与

基础研究交互项对工业全要素生产率的影响效果呈现"低技术差距行业＞高技术差距行业"的现象。可能的原因在于，随着前沿技术差距的缩小，行业对自主创新产品的诉求也在提升，但自主研发活动不仅存在较大的风险和不确定性，还需要以基础研究创造的相关新知识为支撑，这就导致企业没有意愿或能力进行自主创新，而政府对基础研究的支持恰好有助于积累基础研究资本存量、分散自主创新风险，从而加强基础研究对低技术差距行业全要素生产率的推动作用。

表 5-4 政府支持与基础研究交互项对工业全要素生产率的影响：前沿技术差距

模型（5-1）	高技术差距行业			低技术差距行业		
	（1）	（2）	（3）	（4）	（5）	（6）
	无滞后期	滞后3期	滞后5期	无滞后期	滞后3期	滞后5期
$\ln TFP_{t-1}$	0.402*** (4.920)	0.396*** (4.788)	0.435*** (4.717)	0.280*** (5.731)	0.301*** (6.656)	0.412*** (7.565)
$\ln BR$	0.335 (1.029)	-0.012 (-0.128)	0.027* (1.716)	0.134 (0.940)	0.033 (0.508)	0.116** (2.031)
$\ln AR$	0.339* (1.698)	0.110* (1.749)	0.075** (2.496)	-0.113* (-1.838)	-0.007** (-2.097)	-0.004** (-2.057)
$\ln BR \times \ln Gov$	0.047 (1.029)	0.004* (1.825)	0.008** (2.231)	0.020 (0.843)	0.009** (2.529)	0.028* (1.730)
$\ln HR$	0.091 (0.650)	0.102* (1.823)	-0.148 (-1.090)	0.016 (0.165)	-0.051 (-0.782)	0.190*** (2.654)
$\ln FDI$	0.002** (2.009)	0.226 (1.217)	-0.039 (-0.182)	0.049** (2.412)	-0.003 (-0.046)	0.077 (0.970)
$\ln Trad$	0.171* (1.831)	0.045 (0.435)	0.112* (1.937)	0.107* (1.673)	0.054* (1.884)	0.094 (1.387)
$\ln Size$	-0.081* (-1.681)	0.036 (0.288)	0.044 (0.332)	0.098** (2.050)	0.080* (1.777)	0.105** (2.365)
$\ln PV$	0.162 (1.291)	0.198** (2.050)	0.037 (0.156)	0.192** (2.226)	-0.040 (-0.442)	0.197* (1.670)
常数项	-0.062** (-2.071)	1.068** (2.131)	0.017** (2.013)	-0.684*** (-2.944)	0.412*** (2.762)	-0.771** (-2.090)
AR（2）	-1.01	-1.21	-1.04	-1.07	-1.24	-1.10
Hansen	23.34	25.19	21.05	23.80	24.34	26.94
观测值	9600	8160	7200	9000	7650	6750

表 5-5 显示了不同前沿技术差距下政府支持与应用研究交互项对工业全要素生产率的影响结果。从政府支持与应用研究交互项系数的方向和显著性水平来看，无论是高技术差距行业样本中，还是低技术差距行业样本中，政府支持与应用研究交互项的系数均未通过显著性水平检验。如前文所述，出现这种现象的原因可能在于应用研究中政府支持的作用机制是非线性的，但模型（5-2）中的交互项设定无法识别和反映非线性作用效果。为了甄别不同前沿技术差距下政府支持在应用研究影响工业全要素生产率中的作用差异，将进一步采用动态面板平滑转移模型（PSTR）对此加以分析。在对前沿技术差距下政府支持与应用研究交互项对工业全要素生产率的非线性作用机制进行分析之前，首先需要检验分样本模型中是否存在显著的非线性作用机制。LM 统计量的检验结果显示，所有分样本模型中均存在显著的非线性作用机制，且模型（5-3）适用于逻辑函数，模型（5-4）适用于指数函数。

表 5-5　政府支持与应用研究交互项对工业全要素生产率的影响：前沿技术差距

模型（5-2）	高技术差距行业			低技术差距行业		
	(1)	(2)	(3)	(4)	(5)	(6)
	无滞后期	滞后3期	滞后5期	无滞后期	滞后3期	滞后5期
$\ln TFP_{t-1}$	0.396*** (4.792)	0.401*** (4.887)	0.419*** (4.504)	0.283*** (5.769)	0.300*** (6.610)	0.408*** (7.451)
$\ln BR$	0.233 (1.176)	0.122 (1.222)	0.040** (2.440)	0.141 (0.960)	0.030 (0.459)	0.114* (1.828)
$\ln AR$	0.223** (1.984)	0.353* (1.903)	0.109* (1.693)	−0.107* (−1.789)	−0.009** (−2.120)	−0.003** (−2.030)
$\ln AR \times \ln Gov$	0.089 (1.024)	0.225 (1.373)	0.177 (1.199)	−0.020 (−0.812)	−0.001 (−1.032)	−0.019 (−1.521)
$\ln HR$	0.088* (1.702)	0.143** (2.135)	0.108* (1.806)	0.037** (2.372)	0.042* (1.660)	0.157** (2.273)
$\ln FDI$	0.063* (1.842)	−0.131 (−0.702)	0.010 (0.046)	0.062* (1.738)	−0.003 (−0.039)	0.085 (1.034)
$\ln Trad$	0.188* (1.976)	0.047 (0.459)	0.111* (1.915)	0.113* (1.732)	0.055* (1.879)	0.097 (1.407)
$\ln Size$	0.003 (0.026)	−0.220* (−1.693)	−0.186** (−2.244)	0.093** (1.995)	0.079 (1.064)	0.102** (2.308)

续表

模型（5-2）	高技术差距行业			低技术差距行业		
	（1） 无滞后期	（2） 滞后3期	（3） 滞后5期	（4） 无滞后期	（5） 滞后3期	（6） 滞后5期
lnPV	0.152 (1.199)	-0.358* (-1.847)	-0.157 (-0.610)	0.193** (2.234)	-0.042 (-0.449)	0.185 (1.551)
常数项	-0.301** (-2.332)	1.578* (1.662)	0.843* (1.713)	-0.647* (-1.889)	0.427* (1.773)	-0.696** (-1.964)
AR（2）	-0.98	-0.87	-0.93	-0.83	-0.78	-0.71
Hansen	21.33	23.19	19.05	18.80	23.34	24.94
观测值	9600	8160	7200	9000	7650	6750

在上述检验基础上，采用系统 GMM 法对分样本数据进行回归，阈值变量和机制转移速度的设定方法同前文一致，具体结果见表 5-6。从基础研究中政府支持的非线性作用机制来看，高技术差距行业样本中非线性作用机制的阈值为 0.201，低技术差距行业样本中非线性作用机制的阈值为 0.326，且机制转移函数与基础研究交互项的系数均为正，并分别通过了 1% 和 5% 的显著性水平检验。机制转移函数与政府支持力度的散点图与图 5-3（a）中全样本的图形类似，仅存在阈值大小的区别，在此不再披露。这意味着当政府支持力度显著超过 0.201 时，能够促进基础研究对高技术差距行业全要素生产率的推动作用；当政府支持力度显著超过 0.326 时，能够促进基础研究对低技术差距行业全要素生产率的推动作用。换言之，无论是对于高技术差距行业，还是对于低技术差距行业，政府支持均能有效提升基础研究对全要素生产率的促进作用，但在不同技术差距行业中，对政府支持力度的要求不同，相比于高技术差距行业，低技术差距行业对政府支持力度的要求更高，这一结论与前文的实证研究结果相符。

从应用研究中政府支持的非线性作用机制来看，高技术差距行业样本中非线性作用机制的阈值为 0.383，低技术差距行业样本中非线性作用机制的阈值为 0.279，且机制转移函数与应用研究交互项的系数均为负，并均通过了 1% 的显著性水平检验。机制转移函数与政府支持力度的散点图与图 5-3（b）中全样本的图形类似，仅存在阈值大小的区别，此处不再披露。这意味着当政府支持力度低于 0.383 时，应用研究对高技术差距行业全要素生产率的推动作用会越来越强；当政府支持力度显著超过0.383时，反而会抑制应用研究对高技术差距行业全要素生产率的推动作用。当政府支持力度低于0.279时，能够减弱应用研究对低技术差距行业全要素生产率的抑制作用；当政府支持力度显著超过0.279时，会进一步加剧应用研究对低技术差距行业全要素生产率的抑制效果。换言之，政府支持在合理力度范围内有助于加强应用研究对高技术差距行业全要素生产率的促进作用或减弱应用研究对低技术差距行业全要素生产率的抑制作用，而政府支持力度超过合理范围则会减弱应用研究对高技术差距行业全要素生产率的促进作用或强化应用研究对低技术差距行业全要素生产率的抑制作用。

表5-6 政府支持的非线性作用机制：前沿技术差距

模型（5-3）	高技术差距行业 $T=0.201$ (1)	低技术差距行业 $T=0.326$ (2)	模型（5-4）	高技术差距行业 $T=0.383$ (3)	低技术差距行业 $T=0.279$ (4)
$\ln TFP_{t-1}$	0.378*** (7.521)	0.435*** (5.677)	$\ln TFP_{t-1}$	0.441*** (4.895)	0.327*** (7.415)
$\ln BR$	0.451 (0.874)	0.214 (1.450)	$\ln BR$	0.152 (1.112)	0.074 (1.340)
$\ln AR$	0.013** (2.010)	-0.297* (-1.794)	$\ln AR$	0.024* (1.910)	-0.213** (-2.008)
$\ln BR \times F(Gov)$	0.014*** (3.024)	0.028** (2.373)	$\ln AR \times F(Gov)$	-0.009*** (-3.214)	-0.019*** (-2.889)
$\ln HR$	0.074*** (4.002)	0.110** (2.023)	$\ln HR$	0.077** (2.784)	0.094* (1.870)
$\ln FDI$	0.084* (1.920)	0.098 (0.622)	$\ln FDI$	0.051* (1.820)	-0.049 (-1.103)
$\ln Trad$	0.136*** (3.041)	0.065 (1.231)	$\ln Trad$	0.099* (1.812)	0.065 (1.209)
$\ln Size$	0.489 (0.523)	0.410 (0.673)	$\ln Size$	0.088** (2.004)	0.124 (1.400)
$\ln PV$	0.112* (1.699)	-0.108* (-1.760)	$\ln PV$	0.128** (2.350)	-0.017* (-1.930)

续表

	基础研究中政府支持的非线性作用机制			应用研究中政府支持的非线性作用机制	
模型（5-3）	高技术差距行业 $T=0.201$	低技术差距行业 $T=0.326$	模型（5-4）	高技术差距行业 $T=0.383$	低技术差距行业 $T=0.279$
	（1）	（2）		（3）	（4）
常数项	-0.589*** （-4.520）	2.018** （2.360）	常数项	-0.842* （-1.749）	0.490* （1.860）
AR（2）	-1.02	-0.94	AR（2）	-0.91	-0.80
Hansen	21.44	22.30	Hansen	19.52	21.47
观测值	22200	22200	观测值	22200	22200

2. 以经济发展水平划分的区域分组回归结果

为了进一步分析不同区域下政府支持在不同科技创新活动影响工业全要素生产率中的调节作用，即政府支持与基础研究交互项、政府支持与应用研究交互项对工业全要素生产率的影响，参照第四章以经济发展水平划分区域的方法，将样本分为东部地区、中部地区和西部地区三个分样本。表5-7显示了不同区域下政府支持与基础研究交互项对工业全要素生产率的影响结果，限于篇幅，此处仅披露了基础研究无滞后期、滞后3期和滞后5期的回归结果。从政府支持与基础研究交互项系数的方向和显著性水平来看，在东部地区的样本中，第（2）列和第（3）列中政府支持与基础研究交互项的系数均显著为正，且均通过了10%的显著性水平检验；在中部地区的样本中，第（5）列和第（6）列中政府支持与基础研究交互项的系数均显著为正，且分别通过了5%和10%的显著性水平检验；在西部地区的样本中，第（8）列和第（9）列中政府支持与基础研究交互项的系数均显著为正，且分别通过了5%和10%的显著性水平检验。这表明无论是东部地区、中部地区还是西部地区，政府支持均能够有效加强基础研究对工业全要素生产率的推动效果。从系数大小来看，在基础研究滞后3期的有限滞后回归模型中，东部地区、中部地区和西部地区的政府支持与基础研究交互项的系数分别为0.050、0.012、0.010；在基础研究滞后5期的有限滞后回归模型中，东部地区、中部地区和西部地区的政府支持与基础研究交互项的系数分别为0.053、0.022、0.012。由此可见，无论是在基础研究滞后3期，还是滞后5期的回归模型中，东部地区的政府支持与基础研究交互项的系数大小均显著高于中部地区，同时中部地区的政府支持与基础研究交互项的系数大小均显著高于西部地区，即政府支持在基础研究影响工业全要素生产率中的调节作用呈现"东部>中部>西部"的态势。

表5-7 政府支持与基础研究交互项对工业全要素生产率的影响：区域差异

模型 (5-1)	东部地区			中部地区			西部地区		
	(1) 无滞后期	(2) 滞后3期	(3) 滞后5期	(4) 无滞后期	(5) 滞后3期	(6) 滞后5期	(7) 无滞后期	(8) 滞后3期	(9) 滞后5期
$\ln TFP_{t-1}$	0.312*** (6.078)	0.349*** (6.463)	0.391*** (6.444)	0.279*** (4.252)	0.339*** (6.096)	0.365*** (6.155)	0.332*** (5.538)	0.368*** (5.856)	0.397*** (5.952)
$\ln BR$	0.050 (0.425)	-0.086 (-0.980)	0.104** (2.108)	0.291 (0.208)	-0.063 (-0.729)	0.059* (1.787)	-0.025 (-0.194)	0.048 (0.391)	0.011* (1.880)
$\ln AR$	0.018** (2.312)	0.022** (2.393)	0.011** (2.173)	-0.023** (-2.296)	0.030** (2.488)	-0.017** (-2.248)	-0.042** (-2.442)	-0.090* (-1.933)	-0.043** (-2.400)
$\ln BR \times \ln Gov$	0.030 (0.627)	0.050* (1.828)	0.053* (1.925)	0.090 (1.373)	0.012** (2.264)	0.022* (1.775)	-0.020 (-0.394)	0.010** (2.197)	0.012* (1.730)
$\ln HR$	0.039 (0.035)	0.140** (2.143)	0.499** (2.452)	0.247** (2.153)	0.650** (2.449)	-0.202 (-0.123)	0.829* (1.717)	2.079 (1.590)	1.252* (1.755)
$\ln FDI$	-0.166* (-1.945)	-0.093 (-1.159)	-0.066 (-0.748)	-0.132 (-1.415)	0.054 (1.655)	-0.100 (-0.967)	-0.007 (-0.154)	0.003 (1.862)	-0.012 (-0.255)
$\ln Trad$	0.053*** (3.554)	0.110** (2.201)	0.033** (2.313)	0.245* (1.759)	0.154** (2.276)	-0.009 (-0.068)	-0.079 (-0.777)	-0.162 (-1.466)	-0.162 (-1.334)
$\ln Size$	0.107 (0.446)	-0.050 (-0.211)	-0.041 (-0.152)	-0.256 (-1.467)	-0.113 (-0.762)	-0.084 (-0.535)	-0.263 (-1.309)	-0.274 (-1.311)	-0.256 (-1.134)
$\ln PV$	0.072 (0.594)	0.077* (1.666)	0.088 (0.627)	0.278* (1.845)	-0.064 (-0.449)	0.081 (0.468)	0.090* (1.765)	-0.149 (-1.085)	0.013** (2.068)
常数项	-1.691** (-2.293)	0.864* (1.694)	0.049** (2.035)	-1.345** (-2.454)	-0.221** (-2.100)	0.161** (2.065)	-1.500* (-1.932)	-1.515* (-1.876)	-1.519* (-1.779)
AR (2)	-1.03	-1.15	-1.09	-0.99	-0.97	-1.14	-1.20	-0.85	-0.95
Hansen	22.28	20.04	21.80	21.71	25.53	22.35	19.71	18.53	20.35
观测值	8140	6919	6105	5920	5032	4440	8140	6919	6105

上述回归结果一方面再次验证了政府支持在基础研究影响工业全要素生产率中的调节作用，另一方面揭示了这种调节作用在不同经济发展水平地区中的差异化结果。进一步分析导致这种差异的原因，发现不同区域的

技术积累水平和创新支持环境的不同可能是引发政府支持在基础研究影响全要素生产率中的调节作用出现区域差异的重要原因。一方面，东部地区的技术积累水平和知识积累水平较高，其工业行业中与前沿技术差距较小的行业也相对比较密集，因此相比于中西部地区，东部地区对基础研究引致的自主创新产品的需求程度更高；另一方面，东部地区的经济发展水平和创新环境相比于中西部地区更为优良，东部地区的地方政府不仅拥有足够的可用于支持基础研究的资金，还能够通过人才吸引政策、产学研平台建设、地方财政补贴等方式为基础研究提供良好的创新环境，缓解基础研究创新活动中资本和人力投入不足的问题，从而促进基础研究对工业全要素生产率的支持效果。可见，政府支持在基础研究影响工业全要素生产率中的调节作用在东部地区更为明显这一情况具有其现实基础。

表 5-8 显示了不同区域下政府支持与应用研究交互项对工业全要素生产率的影响结果。从政府支持与应用研究交互项系数的方向和显著性水平来看，无论是在东部地区、中部地区还是在西部地区的分样本回归结果中，政府支持与应用研究交互项的系数均没有通过显著性水平检验。正如前文所述，导致这种结果的原因可能在于，应用研究活动中政府支持的作用机制并非单一的线性关系，而存在非线性关系，但模型（5-2）中的交互项设定无法识别和反映非线性的作用效果，故此处直接采用模型（5-2）进行回归得到的实证结果可能存在偏误。动态面板平滑转移模型（PSTR）恰好可以识别和反映非线性作用机制，从而解决这一问题。因此，为了甄别不同区域下政府支持在应用研究影响全要素生产率中的作用差异，本书进一步采用动态面板平滑转移模型（PSTR）对此加以分析。

表 5-8 政府支持与应用研究交互项对工业全要素生产率的影响：区域差异

模型 (5-2)	东部地区			中部地区			西部地区		
	(1) 无滞后期	(2) 滞后 3期	(3) 滞后 5期	(4) 无滞后期	(5) 滞后 3期	(6) 滞后 5期	(7) 无滞后期	(8) 滞后 3期	(9) 滞后 5期
$\ln TFP_{t-1}$	0.345*** (6.005)	0.345*** (6.358)	0.391*** (6.414)	0.283*** (4.318)	0.333*** (6.090)	0.360*** (6.096)	0.330*** (5.451)	0.376*** (5.941)	0.396*** (5.938)
$\ln BR$	-0.031 (-0.392)	-0.032 (-0.445)	0.052* (1.699)	0.138 (1.366)	-0.090 (-1.120)	0.031* (1.761)	-0.002 (-0.018)	0.118 (1.062)	0.002* (1.824)

续表

模型 (5-2)	东部地区 (1) 无滞后期	东部地区 (2) 滞后3期	东部地区 (3) 滞后5期	中部地区 (4) 无滞后期	中部地区 (5) 滞后3期	中部地区 (6) 滞后5期	西部地区 (7) 无滞后期	西部地区 (8) 滞后3期	西部地区 (9) 滞后5期
lnAR	0.171* (1.775)	0.079** (2.329)	0.057*** (4.327)	-0.286* (-1.880)	-0.352* (-1.670)	-0.169* (-1.665)	-0.012** (-2.055)	-0.288* (-2.234)	-0.222* (-1.842)
lnAR× lnGov	0.094 (0.977)	-0.047 (-1.286)	0.045 (1.480)	0.151 (0.699)	-0.017 (-0.904)	-0.027 (-0.813)	-0.025 (-1.207)	0.012 (0.908)	-0.093 (-0.675)
lnHR	0.466 (1.591)	0.592*** (3.771)	0.287** (2.331)	0.325** (2.203)	1.876** (2.288)	0.028** (2.016)	0.951* (1.864)	2.330* (1.895)	2.002* (1.807)
lnFDI	-0.198** (-2.197)	-0.086 (-0.957)	-0.056 (-0.542)	-0.121 (-1.304)	-0.036 (-0.448)	-0.094* (-1.898)	-0.008 (-0.182)	0.003 (0.075)	-0.009 (-0.178)
ln$Trad$	0.079 (0.805)	0.106 (1.083)	0.019 (0.174)	0.202 (1.551)	-0.091 (-0.768)	0.002 (0.012)	-0.083 (-0.806)	-0.198* (-1.802)	-0.222* (-1.824)
ln$Size$	-0.097** (-2.475)	-0.181* (-1.879)	-0.193* (-1.834)	-0.260* (-1.783)	-0.161 (-1.085)	-0.093 (-0.586)	-0.290 (-1.266)	-0.178 (-0.760)	-0.226* (-1.926)
lnPV	0.041** (2.388)	0.129** (2.206)	0.033** (2.253)	0.284* (1.888)	0.190** (2.335)	0.058** (2.317)	0.084* (1.712)	-0.199 (-1.402)	-0.077 (-0.403)
常数项	-2.443* (-1.862)	0.272** (2.201)	-0.541** (-2.337)	-1.121** (-2.468)	-1.794* (-1.821)	-0.086** (-2.033)	-1.578** (-2.187)	-1.832** (-2.083)	-2.131** (-2.137)
AR(2)	-0.66	-0.74	-0.84	-0.69	-0.91	-0.82	-0.70	-0.88	-0.93
Hansen	26.35	26.89	26.10	25.41	25.07	26.01	25.23	24.33	24.64
观测值	8140	6919	6105	5920	5032	4440	8140	6919	6105

在采用动态面板平滑转移模型（PSTR）分析区域差异下政府支持在异质性科技创新影响工业全要素生产率中的非线性作用机制之前，首先需要检验分样本模型中是否存在显著的非线性作用机制。LM 统计量的检验结果显示，所有分样本模型中均存在显著的非线性作用机制。在上述检验结果的基础上，进一步采用系统 GMM 法对分区域样本数据进行回归，阈值变量和机制转移速度的设定方法同前文一致，具体结果见表 5-9。从基础研究中政府支持的非线性作用机制来看，东部地区非线性作用机制的阈值为 0.310，中部地区非线性作用机制的阈值为 0.272，西部地区非线性作用机制的阈值为 0.206，且机制转移函数与基础研究交互项的系数均为正，分别通过了 5%、

5%、10%的显著性水平检验。机制转移函数与政府支持力度的散点图与图5-3（a）中全样本的图形类似，仅存在阈值大小的区别，此处不再披露。这意味着政府支持力度显著超过 0.206 时，能够促进基础研究对西部地区工业全要素生产率的推动作用；当政府支持力度显著超过 0.272 时，能够促进基础研究对中部地区工业全要素生产率的推动作用；当政府支持力度显著超过 0.310 时，能够促进基础研究对东部地区工业全要素生产率的推动作用。换言之，无论是对于东部地区、中部地区，还是西部地区来讲，政府支持均能有效提升基础研究对工业全要素生产率的促进作用，而在不同经济发展水平区域中，对政府支持力度的要求不同，相比于中西部地区，东部地区对政府支持力度的要求更高。这一研究结论再次验证了政府支持在基础研究中的非线性作用。

从应用研究中政府支持的非线性作用机制来看，东部地区非线性作用机制的阈值为 0.268，中部地区非线性作用机制的阈值为 0.308，西部地区非线性作用机制的阈值为 0.335，且机制转移函数与应用研究交互项的系数均为负，分别通过了5%、1%、1%的显著性水平检验。机制转移函数与政府支持力度的散点图与图 5-3（b）中全样本的图形类似，仅存在阈值大小的区别，此处不再披露。这意味着当政府支持力度低于 0.268 时，能够促进应用研究对东部地区工业全要素生产率的推动作用；当政府支持力度显著超过 0.268 时，反而会减弱应用研究对东部地区工业全要素生产率的推动作用。当政府支持力度低于 0.308 时，能够弱化应用研究对中部地区工业全要素生产率的抑制作用；当政府支持力度显著超过 0.308 时，会进一步强化应用研究对中部地区工业全要素生产率的抑制效果。当政府支持力度低于 0.335 时，能够弱化应用研究对西部地区工业全要素生产率的抑制作用；当政府支持力度显著超过 0.335 时，会进一步强化应用研究对西部地区工业全要素生产率的抑制效果。换言之，无论是对于东部地区、中部地区，还是西部地区来讲，政府合理支持有助于加强应用研究对工业全要素生产率的促进作用（或弱化应用研究对工业全要素生产率的抑制作用），但政府支持力度过大会弱化应用研究对工业全要素生产率的促进作用（或强化应用研究对工业全要素生产率的抑制作用），在不同区域样本中，政府支持力度的阈值大小不同，呈现"东部<中部<西部"的特征，这一研究结论再次验证了政府支持在应用研究中的非线性作用。

表 5-9 政府支持的非线性作用机制：区域差异

模型 (5-3)	基础研究中政府支持的非线性作用机制			模型 (5-4)	应用研究中政府支持的非线性作用机制		
	东部 $T=0.310$	中部 $T=0.272$	西部 $T=0.206$		东部 $T=0.268$	中部 $T=0.308$	西部 $T=0.335$
	(1)	(2)	(3)		(4)	(5)	(6)
$\ln TFP_{t-1}$	0.378*** (5.001)	0.289*** (5.623)	0.341*** (7.520)	$\ln TFP_{t-1}$	0.402*** (6.442)	0.330*** (5.324)	0.355*** (5.887)
$\ln BR$	0.029 (1.451)	0.140 (1.530)	0.003 (0.874)	$\ln BR$	0.210 (0.977)	0.071 (1.523)	0.007 (1.421)
$\ln AR$	0.103** (2.187)	-0.099** (-1.992)	-0.108* (-1.883)	$\ln AR$	0.082** (1.995)	-0.087** (-2.109)	-0.092** (-2.229)
$\ln BR \times F(Gov)$	0.061** (2.231)	0.023** (2.024)	0.011* (1.773)	$\ln AR \times F(Gov)$	-0.008** (-1.988)	-0.017*** (-3.204)	-0.024*** (-3.012)
$\ln HR$	0.048* (1.850)	0.188* (1.900)	0.331** (2.234)	$\ln HR$	0.066** (2.002)	0.152* (1.862)	0.334* (1.740)
$\ln FDI$	0.073* (1.742)	0.052* (1.880)	0.221 (1.003)	$\ln FDI$	-0.032* (-1.690)	0.117* (1.762)	-0.005 (-0.567)
$\ln Trad$	0.210* (1.920)	0.114* (1.876)	0.047 (0.459)	$\ln Trad$	0.072* (1.732)	0.142* (1.880)	0.083* (1.935)
$\ln Size$	0.011 (1.211)	0.007 (1.026)	-0.097* (-1.804)	$\ln Size$	0.003** (2.313)	0.007 (1.570)	0.089 (1.320)
$\ln PV$	0.107 (1.483)	0.088 (1.552)	-0.358* (-1.847)	$\ln PV$	0.089 (1.204)	0.152 (1.199)	-0.042 (-0.449)
常数项	-0.889** (-2.317)	-2.554** (-2.228)	1.774* (1.906)	常数项	-1.247* (-1.776)	-2.410** (-2.117)	1.487*** (2.996)
AR (2)	-0.89	-0.93	-0.88	AR (2)	-0.79	-0.94	-0.82
Hansen	20.88	21.56	22.71	Hansen	17.95	20.77	21.43
观测值	22200	22200	22200	观测值	22200	22200	22200

四 稳健性检验

(一) 内生性检验

为了控制内生性问题，本书采用工具变量法（IV）对研究结论进行验证。同前文一致，此处仍分别选取各省份各行业基础研究、应用研究的期初资本存量与上一年度全国财政科学技术支出占财政总支出比例的交互项作为基础研究和应用研究的工具变量。第四章已对工具变量满足相关性和无关性两个条件进行了说明，此处不再赘述。在使用工具变量法进行回归之前，首先对工具变量的有效性进行检验，主要包含不可识别检验和弱工具变量检验。其中，不可识别检验结果显示，"Kleibergen-Paap rk LM 统计量"的 P 值为 0.000，强烈拒绝不可识别的原假设，说明工具变量与内生变量具有相关性；弱工具变量检验结果显示，"Kleibergen-Paap rk Wald F 统计量"和"Cragg-Donald Wald F 统计量"均大于 Stock-Yogo weak ID test 10%水平下的临界值。这说明本书所选取的工具变量是有效的。在工具变量有效性检验的基础上，进一步采用两阶段最小二乘法检验政府在异质性科技创新活动影响全要素生产率中的作用。表 5-10 披露了政府支持与基础研究的交互项对全要素生产率的影响，从结果来看，二者双向溢出效应在基础研究无滞后期和基础研究滞后 1 期的模型中不显著，在基础研究滞后 2 期至滞后 6 期的模型中二者交互项的系数均显著为正，这一回归结果与前文表 5-1 的研究结果相一致，仅存在系数大小和显著性上的微小差异。

表 5-10　政府支持与基础研究交互项对工业全要素生产率的影响：内生性检验

模型 (5-1)	（1）无滞后期	（2）滞后 1 期	（3）滞后 2 期	（4）滞后 3 期	（5）滞后 4 期	（6）滞后 5 期	（7）滞后 6 期
$\ln TFP_{t-1}$	0.409*** (14.153)	0.405*** (7.752)	0.388*** (7.749)	0.439*** (8.198)	0.461*** (8.871)	0.460*** (7.667)	0.453*** (11.944)
$\ln BR$	0.496 (1.078)	0.020 (0.118)	-0.217 (-1.084)	0.028 (0.120)	0.448** (2.127)	0.270** (2.426)	0.198** (1.966)
$\ln AR$	-1.385*** (-3.567)	-0.575*** (-2.872)	-0.346** (-2.476)	-0.170** (-2.264)	-0.442* (-1.815)	-1.318** (-2.129)	-0.634** (-1.982)
$\ln BR \times \ln Gov$	0.366 (1.512)	0.172 (0.825)	0.152* (1.724)	0.045*** (3.203)	0.117*** (3.442)	0.199** (2.065)	0.212* (1.910)
控制变量	控制	控制	控制	控制	控制	控制	控制
常数项	-10.483** (-2.184)	-5.032 (-1.390)	-9.257** (-2.320)	-3.436 (-1.236)	-3.716 (-1.251)	-4.772 (-1.346)	-9.321** (-2.169)
观测值	22200	21090	19980	18870	17760	16650	15540

续表

模型 (5-1)	(1) 无滞后期	(2) 滞后1期	(3) 滞后2期	(4) 滞后3期	(5) 滞后4期	(6) 滞后5期	(7) 滞后6期
LM 统计量	33.291	27.585	30.124	28.147	29.741	32.140	31.240
P 值	0.000	0.000	0.000	0.000	0.000	0.000	0.000
CDF 统计量	17.890	18.452	19.310	18.756	19.554	17.987	18.504
KPF 统计量	30.124	32.452	31.578	30.974	32.016	30.198	32.433
10%临界值	7.03	7.03	7.03	7.03	7.03	7.03	7.03

注：为简化表格，未披露控制变量的回归结果。

表 5-11 披露了政府支持与应用研究交互项对工业全要素生产率的影响，结果显示，无论是在哪个回归模型中，政府支持与应用研究交互项的系数均不显著。究其原因，可能在于政府支持对应用研究的作用机制是非线性的，政府在合理范围内的支持有助于弱化应用研究对工业全要素生产率的抑制作用，但政府支持力度过大则会强化应用研究对工业全要素生产率的抑制作用。然而，交互项设定无法识别这一作用效果，为了解决此问题，本书进一步基于动态面板平滑转移模型对政府支持在基础研究和应用研究中的作用机制进行了验证，结果表明政府支持在基础研究和应用研究中的作用是非线性的，与前文的研究结论一致。此外，替换核心变量后的以前沿技术差距划分的行业分组回归结果和以经济发展水平划分的区域分组回归结果也与前文研究结论一致，在此不再披露与赘述。上述结果表明，在控制内生性问题的前提下，本书的研究结论依然成立，这也再次验证了结果的稳健性。

表 5-11 政府支持与应用研究交互项对工业全要素生产率的影响：内生性检验

模型 (5-2)	(1) 无滞后期	(2) 滞后1期	(3) 滞后2期	(4) 滞后3期	(5) 滞后4期	(6) 滞后5期	(7) 滞后6期
$\ln TFP_{t-1}$	0.404*** (9.032)	0.403*** (11.063)	0.476*** (7.192)	0.469*** (6.768)	0.610*** (6.281)	0.550*** (8.040)	0.515*** (7.113)
$\ln BR$	0.407 (1.462)	−0.131 (−0.788)	−0.208 (−0.903)	−0.226 (−1.548)	0.414 (1.360)	0.290* (1.825)	0.064*** (3.300)
$\ln AR$	−0.245** (−2.476)	−0.070*** (−4.173)	−0.159*** (−4.288)	−0.089*** (−3.196)	−0.521*** (−3.613)	−0.500* (−1.762)	−0.321*** (−3.551)

续表

模型 (5-2)	(1) 无滞后期	(2) 滞后1期	(3) 滞后2期	(4) 滞后3期	(5) 滞后4期	(6) 滞后5期	(7) 滞后6期
$\ln AR \times \ln Gov$	-0.035 (-0.275)	-0.111 (-0.737)	-0.155 (-0.773)	-0.052 (-0.408)	0.217 (1.208)	-0.027 (-0.201)	-0.038 (-0.214)
控制变量	控制	控制	控制	控制	控制	控制	控制
常数项	-6.694* (-1.867)	-4.386 (-1.432)	-6.485* (-1.926)	-5.304* (-1.931)	-6.112* (-1.762)	-5.723* (-1.697)	-10.000** (-2.566)
观测值	22200	21090	19980	18870	17760	16650	15540
LM统计量	32.147	27.957	30.668	28.974	30.142	31.955	31.043
P值	0.000	0.000	0.000	0.000	0.000	0.000	0.000
CDF统计量	18.657	18.566	19.998	17.006	20.221	18.036	17.964
KPF统计量	35.458	32.785	31.122	30.361	32.841	33.435	32.977
10%临界值	7.03	7.03	7.03	7.03	7.03	7.03	7.03

注：为简化表格，未披露控制变量的回归结果。

(二) 替换核心变量

全要素生产率是本书的主要被解释变量，为了规避因被解释变量度量误差造成的计量结果失真问题，本书采用 DEA 方法测算的工业全要素生产率重新对政府支持在异质性科技创新活动影响工业全要素生产率中的调节机制进行稳健性检验。具体的替换被解释变量后的政府支持与基础研究的交互项以及政府支持与应用研究的交互项对工业全要素生产率的影响结果分别见表 5-12 和表 5-13。

从表 5-12 的回归结果来看，政府支持与基础研究交互项对工业全要素生产率影响的系数在基础研究无滞后期和基础研究滞后 1 期的模型中不显著，在基础研究滞后 2 期至滞后 6 期的模型中政府支持与基础研究交互项的系数均显著为正，这一结果与表 5-1 中的回归结果基本一致，仅存在系数和显著性上的微小差异，这表明本书的研究结论是稳健的。此外，替换核心变量后的以前沿技术差距划分的行业分组回归结果和以经济发展水平划分的区域分组回归结果也与前文结论一致，限于篇幅，在此不再一一披露与赘述。上述实证研究结果表明，在替换主要被解释变量之后，本书的研究结论依然成立。

表 5-12　政府支持与基础研究交互项对工业全要素生产率的影响：替换被解释变量

模型 (5-1)	(1) 无滞后期	(2) 滞后 1 期	(3) 滞后 2 期	(4) 滞后 3 期	(5) 滞后 4 期	(6) 滞后 5 期	(7) 滞后 6 期
$\ln TFP_{t-1}$	0.380*** (4.665)	0.356*** (5.113)	0.363*** (9.319)	0.398*** (9.142)	0.451*** (9.626)	0.455*** (6.449)	0.732*** (6.113)
$\ln BR$	0.399 (1.072)	0.359 (0.682)	0.306 (1.278)	0.068 (1.010)	-0.088 (-0.433)	0.079*** (3.388)	1.245*** (3.022)
$\ln AR$	-0.124** (-2.225)	-0.447* (-1.655)	-0.091** (-2.347)	-0.135** (-2.362)	-0.410* (-1.707)	-0.223* (-1.805)	-1.177** (-2.204)
$\ln BR \times \ln Gov$	0.051 (0.230)	0.051 (1.069)	0.012*** (3.382)	0.044*** (3.254)	0.044*** (3.529)	0.038*** (3.574)	0.078*** (2.741)
控制变量	控制	控制	控制	控制	控制	控制	控制
常数项	-1.961* (-1.736)	-1.660** (-1.994)	0.110*** (3.039)	0.914*** (4.277)	2.446*** (3.803)	-2.962*** (-3.682)	-7.919** (-2.400)
AR (2)	-1.30	-1.42	-0.63	-0.72	-0.84	-0.79	-1.11
Hansen	19.32	18.45	21.01	24.51	24.26	23.99	23.72
观测值	22200	21090	19980	18870	17760	16650	15540

注：为简化表格，未披露控制变量的回归结果。

表 5-13 披露了政府支持与应用研究交互项对工业全要素生产率影响的回归结果。从表 5-13 的结果来看，无论是基础研究无滞后期模型，还是考虑基础研究滞后期的模型，政府支持与应用研究交互项的系数均未通过显著性水平检验，这一研究结论与表 5-2 中的回归结果一致，表明政府支持与应用研究交互项要么对工业全要素生产率无影响，要么是存在无法识别的非线性作用机制。为了进一步验证这一结论是否由政府支持对应用研究的非线性作用机制引起的，本书进一步基于动态面板平滑转移模型对政府支持在基础研究和应用研究中的作用机制进行了验证，结果表明政府支持在基础研究和应用研究中的作用是非线性的，与表 5-3 的研究结论一致。此外，替换被解释变量后的以前沿技术差距划分的行业分组回归结果和以经济发展水平划分的区域分组回归结果也与前文研究结论一致，在此不再披露与赘述。上述实证研究结果表明，在替换主要被解释变量之后，本书的研究结论依然成立。

表 5-13　政府支持与应用研究交互项对工业全要素生产率的影响：替换被解释变量

模型 (5-2)	(1) 无滞后期	(2) 滞后 1 期	(3) 滞后 2 期	(4) 滞后 3 期	(5) 滞后 4 期	(6) 滞后 5 期	(7) 滞后 6 期
$\ln TFP_{t-1}$	0.347*** (9.780)	0.306*** (7.443)	0.379*** (8.957)	0.389*** (5.759)	0.442*** (6.947)	0.429*** (6.288)	0.457*** (7.719)
$\ln BR$	0.536 (1.456)	0.341 (1.178)	0.322 (1.002)	0.104 (1.266)	0.106 (0.422)	0.147* (1.745)	0.527*** (3.370)
$\ln AR$	-0.229*** (-4.767)	-0.205*** (-4.498)	-0.273** (-2.223)	-0.236** (-2.326)	-0.371** (-2.523)	-0.244* (-1.730)	-0.204* (-1.848)
$\ln AR \times \ln Gov$	-0.189 (-0.506)	-0.045 (-0.271)	-0.069 (-0.115)	-0.533 (-0.509)	-0.951 (-1.324)	-0.452 (-0.444)	-0.358 (-0.998)
控制变量	控制	控制	控制	控制	控制	控制	控制
常数项	-1.428* (-1.785)	-2.704* (-1.791)	-0.971* (-1.672)	0.090 (0.028)	6.122** (2.206)	-4.879* (-1.868)	-6.047* (-1.835)
AR (2)	-0.67	-0.81	-0.79	-0.88	-0.91	-0.82	-0.73
Hansen	27.15	26.07	27.80	26.53	27.26	28.99	26.72
观测值	22200	21090	19980	18870	17760	16650	15540

注：为简化表格，未披露控制变量的回归结果。

五　本章小结

本章以中国 2000~2019 年的工业数据为样本，构建"行业-地区-时间"三维面板数据，采用多元回归模型、系统广义矩估计、动态面板平滑转移模型、工具变量估计等计量手段，实证检验政府支持在异质性科技创新与工业全要素生产率关系中的调节机制。在此基础上，进一步探究了上述机制在不同经济发展水平区域和不同前沿技术差距行业中的差异。研究结果显示：①政府支持有利于促进基础研究转化为现实生产力，更好地发挥基础研究对工业全要素生产率的促进作用，但这一作用效果需要以政府支持力度达到一定水平为前提；政府合理支持有助于减弱应用研究对工业全要素生产率的抑制作用，但政府支持力度过大会加强应用研究对工业全要素生产率的抑制作用。②不同前沿技术差距下，政府支持对基础研究和应用研究影响工业全要素生产率的作用效果存在差异。基础研究方面，无论是对于高技术差距行业,还是对于低技术差距行业,政府支持力度在一定条件下均能有效提升基础研究对工业全要素生产率的促进作用,而不同技术差距行业对政府支持力度的要求不同,相比于高技术差距行业,低技术差距行业对政府支持力度的要求更高。应用研究方面,政府支持在合理力度范围内有助于加强应用研究对高技术差距行业全要素生产率的促进作用(或减弱应用研究对低技术差距行业全要素生产率的抑制作用),而政府支持力度超过合理范围则会减弱应用研究对高技术差距行业全要素生产率的促进作用(或加强应用研究对低技术差距行业全要素生产率的抑制作用)。③不同经济发展水平下,政府支持对基础研究和应用研究影响工业全要素生产率的作用效果存在差异。基础研究方面,无论是对于东部地区、中部地区,还是对于西部地区,政府支持力度在一定条件下均能有效提升基础研究对工业全要素生产率的促进作用,而不同地区对政府支持力度的要求不同,相比于中西部地区,东部地区对政府支持力度的要求更高。应用研究方面,政府合理支持有助于加强应用研究对东部地区工业全要素生产率的促进作用(或减弱应用研究对中西部地区工业全要素生产率的抑制作用),但政府支持力度过大会弱化应用研究对东部地区工业全要素生产率的促进作用(或强化应用研究对中西部地区工业全要素生产率的抑制作用),在不同区域样本中,政府支持力度的阈值大小不同,呈现"东部<中部<西部"的特征。

| 第六章 |

有效市场视域下异质性科技创新推动全要素生产率的机制

本章重点关注市场化程度在异质性科技创新与工业全要素生产率关系中的作用机制。首先,基于理论分析提出市场化程度在不同科技创新活动与工业全要素生产率关系中的预期作用效果,以及这一作用机制在不同前沿技术差距行业、不同经济发展水平区域中的预期差异;其次,采用多元回归模型、系统GMM和工具变量估计等计量手段,估计市场化程度与基础研究交互项以及市场化程度与应用研究交互项对工业全要素生产率的影响效果;最后,进一步研究了不同经济发展水平区域和不同前沿技术差距行业中市场化程度与基础研究交互项以及市场化程度与应用研究交互项对工业全要素生产率的差异化影响。

一 有效市场的作用机制分析

如第二章第三节所述,基础研究所具有的风险性、外部性和非排他性特点,使得市场机制在基础创新领域内出现"市场失灵"现象,导致市场化程度对基础研究提升工业全要素生产率的支持作用有限。尽管市场能够通过信号传递机制将企业对基础研究的现实需求反馈给高校和科研机构,在一定程度上加快"目标导向型基础研究"进程,但由于中国官产学研联盟尚处于起步阶段,短期内难以在基础性、关键性的领域中取得重大突破。因此,本书认为现阶段中国市场化进程对基础研究提升工业全要素生产率的支持作用十分有限。相反,在应用研究领域,市场化改革能够缓解要素市场扭曲、政府直接干预、所有制歧视、地方政府补贴偏向、产权制度不完善等一系列问题，降低创新投入端（要素市场）、中间端（公平竞争）和产出端（产权保护）的交易成本，从而优化创新资源配置效率，缓解应用研究对工业全要素生产率的抑制作用。基于此，本书提出以下假设。

H6-1：市场化程度的提高在基础研究与工业全要素生产率关系中无显著影响，但市场化程度的提高能够减弱应用研究对工业全要素生产率的抑制作用。

从中国科技创新市场化改革的经验来看，市场化程度的提高对不同行业科技创新的提升效果具有不确定性（戴魁早和刘友金，2013），这就决定了市场化程度在异质性科技创新活动与工业全要素生产率之间的作用效果可能存在行业差异。当行业前沿技术差距较大时，渐进式技术进步路径可以有效缩短技术追赶国与技术前沿国的技术距离，市场机制能够在这一路径中发挥有效配置资源的作用，实现技术进步和全要素生产率提升。反之，当行业前沿技术差距较小时，处于全球科技领先地位的技术前沿国为巩固自身的技术领先地位，会持续通过技术垄断获得高额创新资金，不断加大研发投入力度，拉开与技术追赶国的技术距离。对于技术追赶国而言，由于缺乏基础知识和技术积累，开展前沿技术研发的成本远大于收益，强调短期利润与市场占有率的市场竞争机制会进一步固化技术追赶国在全球科技研发分工体系中的低端锁定。因此，对于前沿技术差距较小的行业，市场化程度的提高难以有效促进技术进步和行业生产率的提升。需要说明的是，由于基础研究具有公共物品属性，所以无论是对于哪类行业来讲，都会在一定程度上出现"市场失灵"现象，从而导致市场机制难以在基础研究领域发挥作用，故上述行业差异机制主要适用于解释市场化程度对应用研究与工业全要素生产率关系的影响。基于上述理论机制分析，本书提出如下假设。

H6-2：不同前沿技术差距下，市场化程度在基础研究与工业全要素生产率关系中的作用效果无明显差别，在应用研究与工业全要素生产率关系中的作用效果存在显著差异。市场化程度的提升有助于更好地发挥应用研究对高技术差距行业全要素生产率的促进作用，而对低技术差距行业无显著影响。

随着市场化程度的提升，市场机制能够通过市场竞争和产权保护等途径发挥有效配置资源的作用，从而促进工业全要素生产率提升。不同经济发展水平区域的市场化进程和发展水平不同（白俊红和卞元超，2016），导致市场机制对不同科技创新活动影响工业全要素生产率的作用效果也存在差异。自改革开放以来，中国东部、中部、西部地区逐渐开始出现分化，主要表现为东部地区在经济总量、人才吸引、科学技术积累、产业基础、创新环境、政府治理等方面均取得了优良的成绩，而中西部地区与东部地区相比仍存在明显的差距。从中国分地区市场化指数演变趋势来看，自中国加入世贸组织以来市场化指数大小基本呈现"东部>中部>西部"的态势，这必然导致市场化程度的提升对异质性科技创新活动影响工业全要素生产率的作用效果存在区域差异，且这种差异主要体现在应用研究活动上，对基础研究活动的影响微乎其微。基于上述理论机制分析，本书提出如下假设。

H6-3：不同经济发展水平区域下，市场化程度的提高在基础研究影响工业全要素生产率中的作用无显著差异，而在应用研究影响工业全要素生产率中的作用存在显著区域差异。

二　研究设计

（一）模型设定

本章重点关注市场化程度在基础研究影响工业全要素生产率以及应用研究影响工业全要素生产率中的作用机制和效果，从而为破解当下科技创新投入与全要素生产率不匹配的科技创新困境提供思路。设定具体的模型时，通过在模型（4-7）的基础上分别引入市场化程度（$Mark$）与基础研究、市场化程度与应用研究的交互项，构建模型（6-1）和模型（6-2），分别检验市场化程度与基础研究交互项以及市场化程度与应用研究交互项对工业全要素生产率的作用效果。具体模型形式如下：

$$\ln TFP_{kt} = \alpha_0 + \alpha_1 \ln BR_{kt} + \alpha_2 \ln AR_{kt} + \alpha_3 \ln BR_{kt} \times \ln Mark_{kt} + \alpha_4 \ln TFP_{k,t-1} + control + c_k + \eta_t + \varepsilon_{kt} \quad (6-1)$$

$$\ln TFP_{kt} = \alpha_0 + \alpha_1 \ln BR_{kt} + \alpha_2 \ln AR_{kt} + \alpha_3 \ln AR_{kt} \times \ln Mark_{kt} + \alpha_4 \ln TFP_{k,t-1} + control + c_k + \eta_t + \varepsilon_{kt} \quad (6-2)$$

其中，$\ln BR_{kt} \times \ln Mark_{kt}$ 为基础研究与市场化程度的交互项，$\ln AR_{kt} \times \ln Mark_{kt}$ 为应用研究与市场化程度的交互项，市场化程度对基础研究和应用研究的影响是否有利于提升工业全要素生产率取决于交互项的系数。模型（6-1）中，若交互项的系数 $\alpha_3>0$，说明市场化程度的提高会强化基础研究对工业全要素生产率的促进效果；反之，若交互项的系数 $\alpha_3<0$，则说明市场化程度的提高会减弱基础研究对工业全要素生产率的促进效果。同理，模型（6-2）中，若交互项的系数 $\alpha_3>0$，说明市场化程度的提高会强化应用研究对工业全要素生产率的促进效果（或减弱应用研究对工业全要素生产率的抑制效果）；反之，若交互项的系数 $\alpha_3<0$，则说明市场化程度的提高会减弱应用研究对工业全要素生产率的促进效果（或加强应用研究对工业全要素生产率的抑制效果）。其余变量含义与前文相同，在此不再赘述。

（二）变量与数据

本章以中国 2000~2019 年的工业数据为样本，构建包含行业、地区、时间在内的三维面板数据，重点关注市场化对科技创新活动中基础研究和应用研究的支持是否有利于提升工业全要素生产率。具体的变量定义和数据处理如下。

（1）被解释变量：工业全要素生产率。本书采用 SFA 方法测算各地区和各行业的工业全要素生产率，具体计算过程和结果如第三章第二节所述。

（2）核心解释变量：基础研究和应用研究。基础研究和应用研究的衡量方法和数据处理过程已在第四章进行详细说明，详见第四章第二节。

（3）调节变量：市场化程度。市场化程度反映了市场对供求力量变化反应的敏感程度，市场化指数是对市场化发展水平和程度的客观度量。对处于经济体制转型中的中国来讲，市场化指数主要由五个方面组成，分别为政府与市场的关系、非国有经济的发展、产品市场的发育程度、要素市场的发育程度以及市场中介组织的发育和法治环境（樊纲等，2011）。省际层面市场化指数数据来源于中国市场化指数课题组出版的《中国市场化指数》、《中国分省份市场化指数报告（2018）》以及《中国分省份市场化指数报告（2021）》，需要指出的是，2001~2008 年、2008~2016 年、2016~2019 年的数据计算基期不同，评分和排序不可直接进行比较，因此本书首先将前两套数据计算得到的 2008 年市场化指数以及后两套数据计算得到的 2016 年市场化指数进行比例换算，在此基础上对跨时间段数据进行平减处理，最终得到长时间跨度的可比数据。行业层面，本书在中国市场化指数课题组编制的市场化指数基础上，参照戴魁早和刘友金（2013）的行业指标选取办法，从政府与市场的关系、非国有经济的发展、产品市场的发育程度、要素市场的发育程度、市场中介组织的发育和法治环境五个维度构建工业行业市场化指数，以更准确和全面地反映我国工业细分行业的市场化进程。

（4）控制变量。参照前文研究，本章选取人力资本（HR）、外商直接投资（FDI）、贸易自由度（$Trad$）、规模总量（$Size$）及人均产值（PV）作为控制变量。控制变量选取的依据以及具体的衡量办法见第四章第二节。

（三）特征事实描述

在进行回归分析之前，本书先通过数据的事实描述，直观地展示中国市场化程度的变化趋势和特征。图 6-1 描述了 2000~2019 年中国市场化指数的时间趋势和演变过程，市场化指数呈稳中有进、总体向好的发展态势。具体来看，我国的市场化指数在 2000~2009 年总体呈上升趋势，2010~2011 年出现了一定程度的放缓和停滞，2012~2014 年市场化指数上升相对较快，但 2014 年之后市场化指数进展再度减缓，2016~2018 年我国市场化指数呈上升趋势，但 2019 年出现了小幅回落。进一步基于分地区的市场化指数趋势分析表明，东部地区和中部地区市场化进程相对较快，西部地区进展相对较慢，这表明地区间市场化进程并没有出现收敛，反而还呈现出扩大的趋势。特别是西部地区还需要进一步推进市场化的进程，发挥市场在资源配置中的重要作用。基于分行业的市场化指数趋势分析表明，不同工业细分行业的市场化指数存在显著差异，其中，以石油和天然气开采业，石油加工、

图 6-1　2000~2019 年中国市场化指数变化趋势

炼焦和核燃料加工业等为代表的自然垄断性行业的市场化指数较低。这与中国经济转型时期特定的制度环境有关，由于不同性质的行业引进市场机制的时间不同、导入机制不同，故而市场化发展程度也存在差异。

三 实证结果分析

（一）回归结果

在验证市场化程度在基础研究影响工业全要素生产率以及应用研究影响工业全要素生产率中的作用效果之前，首先对回归数据进行中心化处理，数据中心化是保证正确解释交互作用的重要步骤。

表6-1为市场化程度与基础研究交互项对工业全要素生产率影响的回归结果。从第（1）~（7）列的回归结果可以看出，无论是在基础研究无滞后期的模型回归中，还是在基础研究存在滞后期的回归模型中，市场化程度与基础研究交互项的系数均没有通过显著性水平检验，这表明市场化程度的提升并没有导致基础研究投入显著增加。究其原因，可能在于以下两点。一方面，基础研究具有公共物品属性，基础研究所具有的非排他性导致市场机制在公共资源配置中出现"失灵"现象，同时其溢出效应和被模仿风险相对应用研究更大，这就导致企业开展基础研究的成本远大于收益，而强调短期利润与市场占有率的市场竞争机制会进一步固化创新投入结构中的应用锁定，导致市场化程度的提升难以真正有效提升基础研究投入水平。另一方面，尽管市场能够通过信号传递机制将企业对基础研究的现实需求反馈给高校和科研机构，在一定程度上加快"目标导向型基础研究"进程，但由于中国官产学研联盟尚处于起步阶段，短期内难以在基础性、关键性的领域中取得重大突破。

表6-1 市场化程度与基础研究交互项对工业全要素生产率的影响

模型 (6-1)	(1) 无滞后期	(2) 滞后1期	(3) 滞后2期	(4) 滞后3期	(5) 滞后4期	(6) 滞后5期	(7) 滞后6期
$\ln TFP_{t-1}$	0.369*** (8.748)	0.417*** (11.225)	0.459*** (10.200)	0.435*** (15.616)	0.508*** (9.339)	0.567*** (7.598)	0.449*** (12.597)

续表

模型 (6-1)	(1) 无滞后期	(2) 滞后1期	(3) 滞后2期	(4) 滞后3期	(5) 滞后4期	(6) 滞后5期	(7) 滞后6期
$lnBR$	−0.142 (−0.155)	0.371 (1.209)	0.206 (1.215)	0.242 (1.316)	0.003 (0.009)	0.097* (1.768)	0.014** (2.101)
$lnAR$	−0.547* (−1.885)	−0.428* (−1.925)	−0.321* (−1.932)	−0.164*** (−3.545)	−0.268*** (−3.600)	−0.151*** (−2.873)	−0.025** (−2.109)
$lnBR×$ $lnMark$	0.407 (0.623)	0.492 (1.581)	0.321 (1.137)	0.284 (0.809)	0.189 (1.559)	0.209 (1.132)	0.009 (0.816)
$lnHR$	4.241*** (3.406)	5.169* (1.661)	4.352** (2.261)	4.674** (2.285)	5.272** (1.972)	4.448** (2.073)	6.281** (2.385)
$lnFDI$	0.207*** (5.062)	0.159*** (2.648)	0.151*** (2.836)	0.113*** (2.695)	0.117*** (2.919)	0.092** (2.514)	0.107*** (4.446)
$lnTrad$	0.056 (0.197)	−0.040 (−0.271)	−0.117 (−0.712)	−0.253 (−1.565)	−0.287 (−1.436)	−0.462* (−1.759)	−0.203 (−0.927)
$lnSize$	0.056 (0.120)	−0.137 (−0.311)	0.221 (0.395)	−0.260 (−0.541)	0.175 (0.378)	0.465 (0.849)	−0.275 (−1.101)
$lnPV$	−0.219 (−0.612)	−0.358 (−1.089)	−0.289 (−1.399)	−0.429* (−1.905)	−0.520** (−2.221)	−0.399* (−1.816)	−0.328 (−1.227)
常数项	7.700* (−1.889)	−7.777* (−1.849)	−7.840** (−2.397)	−4.504** (−2.474)	−6.463*** (−3.579)	−6.555*** (−3.623)	−9.047** (−2.479)
AR(2)	−0.55	−0.67	−0.85	−1.04	−0.91	−0.72	−0.90
Hansen	18.52	15.43	17.66	19.22	20.04	18.54	17.09
观测值	22200	21090	19980	18870	17760	16650	15540

表6-2显示了市场化程度与应用研究交互项对工业全要素生产率的影响结果。从回归结果来看，无论是在基础研究无滞后期，还是在基础研究存在滞后期的回归模型中，应用研究对工业全要素生产率的影响均显著为负，市场化程度与应用研究交互项的系数均显著为正，这表明市场化程度的提升有助于缓解现阶段应用研究对工业全要素生产率的抑制作用。究其原因，可能在于市场机制具有实现资源有效配置的功能，但这一功能的实现存在一个重要前提假设，即在资源配置的初始阶段要素是丰富的，且存在合理的定价机制和流动机制。事实上，中国在转型经济时期，很多的制度特征可能导致市场的不完善，如要素市场发育不完善、不同所有制企业社会地位的不对等、政府对行业的政策性倾斜保护等，均导致市场无法有效发挥资源配置功能，提升资源配置效率。随着市场化改革的推进，市场

化程度的提升能够通过缓解要素市场扭曲、契约履行和产权保护三项基础性制度来降低创新投入端（要素市场）、中间端（公平竞争）和产出端（产权保护）的交易成本，从而提升创新资源配置效率，促进全要素生产率的整体提升，进而缓解应用研究对工业全要素生产率的抑制作用。

表 6-2 市场化程度与应用研究交互项对工业全要素生产率的影响

模型 (6-2)	（1）无滞后期	（2）滞后1期	（3）滞后2期	（4）滞后3期	（5）滞后4期	（6）滞后5期	（7）滞后6期
$\ln TFP_{t-1}$	0.385*** (18.830)	0.378*** (22.013)	0.385*** (15.968)	0.401*** (13.389)	0.462*** (17.666)	0.504*** (11.912)	0.478*** (9.378)
$\ln BR$	0.120 (0.440)	−0.139 (−0.857)	−0.224 (−1.507)	0.117 (0.384)	0.058 (0.392)	0.078* (1.698)	0.025** (2.073)
$\ln AR$	−0.400** (−2.545)	−0.272*** (−3.088)	−0.107** (−1.971)	−0.227* (−1.916)	−0.127** (−2.407)	−0.023** (−2.033)	−0.083** (−2.207)
$\ln AR \times \ln Mark$	0.087*** (3.284)	0.086** (6.483)	0.133** (5.186)	0.169** (2.160)	0.203* (1.837)	0.060** (2.191)	0.115** (2.361)
$\ln HR$	3.792** (2.327)	4.514* (1.858)	5.386** (2.073)	4.974** (5.323)	5.796** (3.689)	4.635* (1.881)	6.511** (2.334)
$\ln FDI$	−0.198*** (−4.861)	−0.213*** (−4.470)	−0.191*** (−4.610)	−0.139*** (−3.827)	−0.173*** (−5.490)	−0.107*** (−3.911)	−0.106 (−0.521)
$\ln Trad$	−0.118 (−0.607)	−0.119 (−0.951)	−0.093 (−0.690)	−0.080 (−0.472)	−0.185 (−1.113)	−0.359* (−1.797)	−0.228 (−1.371)
$\ln Size$	−0.053 (−0.126)	−0.302 (−1.316)	−0.435 (−1.342)	−0.543** (−2.507)	−0.490 (−1.723)	−0.255 (−0.575)	−0.396 (−0.609)
$\ln PV$	−0.242 (−1.127)	−0.301 (−1.270)	−0.352* (−1.717)	−0.439*** (−3.625)	−0.555*** (−3.458)	−0.333 (−1.449)	−0.337* (−1.757)
常数项	−6.344** (−2.088)	−6.984** (−2.221)	−8.049** (−2.254)	−4.609*** (−3.471)	−4.742** (−2.454)	−4.284 (−1.276)	−8.593*** (−2.890)
AR（2）	−0.99	−0.58	−0.67	−0.70	−0.93	−0.69	−0.83
Hansen	21.22	23.10	18.75	19.20	20.98	17.99	19.55
观测值	22200	21090	19980	18870	17760	16650	15540

（二）分组分析

1. 以前沿技术差距划分的行业分组回归结果

为了进一步分析不同前沿技术差距下市场化程度在异质性科技创新活动影响工业全要素生产率中的作用效果，参照第四章前沿技术差距的划分标准，此处将样本分为高技术差距行业和低技术差距行业，分样本的回归结果如表6-3和表6-4所示，限于篇幅，此处仅披露了基础研究和应用研究无滞后期、滞后3期、滞后5期的结果。

表6-3显示了不同前沿技术差距行业下市场化程度与基础研究交互项对工业全要素生产率的影响结果。从市场化程度与基础研究交互项系数的方向和显著性水平来看，无论是在高技术差距行业，还是在低技术差距行业，市场化程度与基础研究交互项的系数均没有通过显著性水平检验，即市场化程度对基础研究影响工业全要素生产率的作用效果在不同前沿技术差距行业中并无明显差别。这主要是由基础研究的性质决定的：首先，基础研究投入大、周期长、转化率低的特性导致短期内过多的基础研究投入不仅无法实现提升全要素生产率的目的，反而可能造成效率损失；其次，基础研究的非排他性导致市场无法运用市场机制配置资源，引发市场失灵现象。基础研究的上述特性导致市场化程度的提升对其影响效果微乎其微，但这并不意味着市场化程度的提升对基础研究没有作用，而是说明依靠单纯的市场机制难以实现基础创新的突破，这时政府的介入就十分必要。但是政府介入并不等于政府包揽基础研究的全部投入，更不等于政府完全取代市场。政府可以通过直接投资的方式增加基础研究投入，也可以通过某种委托企业的间接生产方式来实现介入。

表6-3 市场化程度与基础研究交互项对工业全要素生产率的影响：前沿技术差距

模型（6-1）	高技术差距行业			低技术差距行业		
	(1)	(2)	(3)	(4)	(5)	(6)
	无滞后期	滞后3期	滞后5期	无滞后期	滞后3期	滞后5期
$\ln TFP_{t-1}$	0.385*** (4.683)	0.389*** (4.592)	0.415*** (4.399)	0.281*** (5.739)	0.300*** (6.638)	0.409*** (7.468)
$\ln BR$	0.111 (1.149)	-0.039 (-0.383)	0.097* (1.920)	0.116 (0.807)	0.029 (0.456)	0.117* (1.884)
$\ln AR$	0.020** (2.210)	0.046** (2.412)	0.085*** (2.948)	-0.225** (-2.063)	-0.121** (-2.057)	-0.250*** (-2.817)
$\ln BR \times \ln Mark$	0.384 (1.639)	-0.036 (-0.132)	0.277 (0.864)	-0.086 (-0.238)	0.010 (0.029)	-0.282 (-0.685)
$\ln HR$	0.267* (1.683)	0.058** (2.403)	0.006*** (3.038)	0.025 (2.236)	0.041* (1.709)	0.168** (2.309)

续表

模型（6-1）	高技术差距行业			低技术差距行业		
	(1)	(2)	(3)	(4)	(5)	(6)
	无滞后期	滞后3期	滞后5期	无滞后期	滞后3期	滞后5期
lnFDI	-0.116 (-0.594)	-0.204** (-2.003)	0.104 (0.459)	0.053* (1.828)	0.004** (2.056)	0.091** (2.087)
ln$Trad$	0.143 (1.484)	0.059 (0.551)	0.105 (0.839)	0.110 (1.640)	0.054 (0.851)	0.102 (1.461)
ln$Size$	0.029** (2.231)	0.064 (0.501)	0.111* (1.781)	-0.077* (-1.743)	-0.081** (-1.976)	-0.081* (-1.934)
lnPV	0.037** (2.219)	-0.219 (-1.110)	-0.032 (-0.131)	0.214* (1.732)	-0.044 (-0.388)	0.222 (1.620)
常数项	-0.409** (-2.155)	1.260** (2.037)	-0.755** (-2.451)	-0.421** (-2.324)	0.395*** (3.292)	0.380*** (4.236)
AR（2）	-1.09	-1.18	-1.13	-1.26	-0.97	-1.21
Hansen	20.88	26.31	22.40	21.55	23.63	22.17
观测值	9600	8160	7200	9000	7650	6750

表6-4显示了不同前沿技术差距下市场化程度与应用研究交互项对工业全要素生产率的影响结果。从高技术差距行业检验的结果来看，第（1）~（3）列模型回归结果中市场化程度与应用研究交互项的系数均为正，且均通过了10%的显著性水平检验，这表明市场化程度的提高有助于更好地发挥应用研究对高技术差距行业全要素生产率的提升作用。从低技术差距行业检验的结果来看，第（4）~（6）列模型回归结果中市场化程度与应用研究交互项的系数均没有通过显著性水平检验，这表明市场化程度的提高对应用研究与低技术差距行业全要素生产率的关系无显著影响。上述结果说明市场化程度的提升对应用研究影响工业全要素生产率的作用效果存在显著行业差异，导致这种结果的可能原因如下：当行业前沿技术差距较大时，渐进式技术进步路径可以有效缩短技术追赶国与技术前沿国的技术距离，市场机制能够在这一路径中发挥有效配置资源的作用，从而实现技术进步和全要素生产率提升。而随着行业前沿技术距离缩小，处于全球科技领先地位的技术前沿国会不断加大研发投入来巩固自身的技术领先地位，技术追赶国由于缺乏技术积累，开展前沿技术研发的成本远大于收益，强调短期利润与市场占有率的市场竞争机制会进一步固化技术追赶国

在全球科技研发分工体系中的低端锁定，进而不利于技术追赶国企业技术进步和全要素生产率的提升。

表 6-4　市场化程度与应用研究交互项对工业全要素生产率的影响：前沿技术差距

模型（6-2）	高技术差距行业			低技术差距行业		
	(1) 无滞后期	(2) 滞后3期	(3) 滞后5期	(4) 无滞后期	(5) 滞后3期	(6) 滞后5期
$\ln TFP_{t-1}$	0.471*** (5.381)	0.385*** (4.662)	0.422*** (4.543)	0.281*** (5.739)	0.281*** (6.306)	0.402*** (7.250)
$\ln BR$	0.013 (0.052)	−0.057 (−0.608)	0.073* (1.844)	0.202 (0.540)	−0.084 (−1.185)	0.106* (1.681)
$\ln AR$	0.235* (1.939)	0.116* (1.774)	0.248* (1.726)	−0.111*** (−2.823)	−0.388*** (−3.121)	−0.081** (−2.496)
$\ln AR \times \ln Mark$	0.184* (1.699)	0.231* (1.863)	0.174* (1.751)	−0.086 (−1.238)	−0.136 (−0.597)	−0.071 (−1.085)
$\ln HR$	0.267* (1.673)	0.235** (2.211)	0.255** (2.148)	0.025** (2.236)	0.232** (2.371)	0.105*** (3.792)
$\ln FDI$	0.116** (2.394)	0.239* (1.886)	0.054* (1.847)	0.053 (0.628)	0.033 (0.451)	0.081 (0.990)
$\ln Trad$	0.143 (1.484)	0.059 (0.568)	0.125 (1.030)	0.110 (1.640)	0.056 (0.927)	0.093 (1.362)
$\ln Size$	0.029 (0.231)	0.118 (0.939)	0.120 (0.889)	0.077 (0.743)	0.288*** (3.093)	0.134 (1.286)
$\ln PV$	−0.037 (−0.219)	0.400* (1.910)	0.206* (1.771)	0.214* (1.732)	0.351*** (2.831)	0.128* (1.762)
常数项	−0.409*** (−3.455)	1.331*** (3.407)	0.458*** (4.347)	−0.421*** (−3.324)	0.751*** (5.399)	−0.528*** (−3.716)
AR (2)	−0.77	−0.81	−0.90	−0.79	−0.72	−0.95
Hansen	19.63	18.76	20.30	19.75	18.96	21.02
观测值	9600	8160	7200	9000	7650	6750

2. 以经济发展水平划分的区域分组回归结果

为了进一步分析不同经济发展水平区域下市场化程度提高在不同科技

创新活动影响工业全要素生产率中的作用效果，参照第四章以经济发展水平划分区域的标准，将样本分为东部地区、中部地区和西部地区，分样本的回归结果如表6-5和表6-6所示，限于篇幅，此处仅披露了基础研究和应用研究无滞后期、滞后3期、滞后5期的结果。

表6-5显示了不同区域下市场化程度与基础研究交互项对工业全要素生产率的影响结果。从市场化程度与基础研究交互项系数的方向和显著性水平来看，无论是在东部地区、中部地区，还是在西部地区，市场化程度与基础研究交互项的系数均没有通过显著性水平检验，即市场化程度的提升对基础研究与工业全要素生产率关系的作用效果在不同区域并无明显差别。如前文所述，这主要是由基础研究的性质所决定，基础研究所具有的非排他性特征导致市场机制在基础研究活动中产生失灵现象，市场失灵现象并不会随着市场化程度的提升而消失，从而导致市场化程度的提升对基础研究活动并无显著影响。

表6-5 市场化程度与基础研究交互项对工业全要素生产率的影响：区域差异

模型 (6-1)	东部地区			中部地区			西部地区		
	(1) 无滞后期	(2) 滞后3期	(3) 滞后5期	(4) 无滞后期	(5) 滞后3期	(6) 滞后5期	(7) 无滞后期	(8) 滞后3期	(9) 滞后5期
$lnTFP_{t-1}$	0.338*** (5.762)	0.344*** (6.424)	0.371*** (6.013)	0.263*** (4.058)	0.300*** (5.191)	0.365*** (5.906)	0.326*** (5.421)	0.367*** (5.852)	0.391*** (5.894)
$lnBR$	0.345 (0.877)	0.196 (1.551)	0.180* (1.852)	0.954 (1.330)	0.183 (1.441)	0.051* (1.848)	−0.221 (−0.888)	0.046 (0.350)	0.011** (2.082)
$lnAR$	0.012** (2.207)	0.049*** (2.846)	0.034** (2.314)	−0.047* (−1.668)	−0.001** (−2.013)	−0.016** (−2.232)	−0.081* (−1.852)	−0.101** (−1.989)	−0.090* (−1.784)
$lnBR×$ $lnMark$	0.348 (0.914)	0.259 (1.169)	0.227 (1.150)	0.075 (0.796)	0.224 (1.103)	−0.016 (−0.133)	0.240 (0.999)	0.024 (0.181)	0.070 (0.500)
$lnHR$	0.883** (2.001)	0.098* (2.387)	0.846* (1.919)	0.389* (2.258)	0.701 (0.525)	0.500** (2.331)	1.189** (2.071)	0.193* (1.788)	1.875** (2.246)
$lnFDI$	−0.138* (−1.773)	−0.043 (−0.579)	−0.015 (−0.188)	−0.184* (−1.938)	−0.078 (−0.959)	−0.102 (−0.970)	−0.023 (−0.508)	−0.005 (−0.102)	−0.019 (−0.382)
$lnTrad$	−0.023 (−0.207)	0.031 (0.344)	−0.035 (−0.348)	0.023 (0.167)	−0.123 (−1.066)	−0.026 (−0.207)	−0.096 (−0.951)	−0.166 (−1.568)	−0.186 (−1.625)

续表

模型 (6-1)	东部地区			中部地区			西部地区		
	(1)	(2)	(3)	(4)	(5)	(6)	(7)	(8)	(9)
	无滞后期	滞后3期	滞后5期	无滞后期	滞后3期	滞后5期	无滞后期	滞后3期	滞后5期
ln$Size$	−0.040 (−0.198)	−0.228 (−1.228)	−0.241 (−1.183)	−0.042** (−2.230)	−0.087 (−0.592)	−0.081 (−0.515)	−0.177* (−1.805)	−0.265 (−1.178)	−0.249 (−1.045)
lnPV	−0.024 (−0.195)	0.204* (1.847)	−0.064 (−0.450)	0.190 (1.283)	−0.066 (−0.511)	0.112* (1.708)	0.038** (2.316)	−0.161 (−1.174)	−0.050 (−0.276)
常数项	−2.372* (−1.785)	0.017** (2.014)	−0.643** (−2.453)	−2.593** (−2.072)	−0.637** (−2.309)	0.616** (2.266)	−2.494** (−2.400)	−1.704* (−1.921)	−2.262** (−2.158)
AR(2)	−1.11	−1.08	−1.20	−0.98	−0.85	−0.89	−0.95	−0.79	−0.81
Hansen	22.08	20.14	18.90	17.71	15.93	21.35	21.71	20.53	18.66
观测值	8140	6919	6105	5920	5032	4440	8140	6919	6105

表6-6显示了不同经济发展水平下市场化程度与应用研究交互项对工业全要素生产率的影响结果。从东部地区回归的结果来看，第(1)~(3)列回归结果中市场化程度与应用研究交互项的系数均为正，且分别通过了10%、5%、1%的显著性水平检验，这表明市场化程度的提升有助于更好地发挥应用研究对东部地区工业全要素生产率的提升作用。从中部地区回归的结果来看，第(4)~(6)列回归结果中市场化程度与应用研究交互项的系数均为正，且分别通过了1%、10%、5%的显著性水平检验，这表明市场化程度的提升能够弱化应用研究对中部地区工业全要素生产率的抑制作用。从西部地区回归的结果来看，第(7)~(9)列回归结果中市场化程度与应用研究交互项的系数均为正，且均通过了5%的显著性水平检验，这表明市场化程度会减弱应用研究对西部地区工业全要素生产率的抑制作用。上述结果表明，市场化程度的提升能够强化应用研究对东部地区工业全要素生产率的促进效果，同时减弱应用研究对中西部地区工业全要素生产率的抑制效果。导致这种结果的可能原因在于，随着市场化程度的提升，市场机制能够通过市场竞争和产权保护等途径在应用研究中发挥有效配置资源的作用，实现技术进步，从而进一步提升应用研究对工业全要素生产率的促进效果（或减弱应用研究对工业全要素生产率的抑制效果）。

表 6-6 市场化程度与应用研究交互项对工业全要素生产率的影响：区域差异

模型 (6-2)	东部地区			中部地区			西部地区		
	(1) 无滞后期	(2) 滞后3期	(3) 滞后5期	(4) 无滞后期	(5) 滞后3期	(6) 滞后5期	(7) 无滞后期	(8) 滞后3期	(9) 滞后5期
$\ln TFP_{t-1}$	0.339*** (6.324)	0.332*** (5.974)	0.381*** (5.981)	0.263*** (4.058)	0.331*** (5.754)	0.357*** (5.913)	0.326*** (5.421)	0.365*** (5.760)	0.391*** (5.780)
$\ln BR$	0.003 (0.037)	0.017 (0.256)	0.133** (2.467)	0.121 (1.217)	-0.053 (-0.668)	0.042* (1.729)	0.019 (0.206)	0.055 (0.554)	0.026* (1.699)
$\ln AR$	0.360* (1.939)	0.392** (2.067)	0.224* (1.851)	-0.126*** (-2.774)	-0.090** (-2.214)	-0.071** (-2.452)	-0.321** (-2.131)	-0.171* (-1.762)	-0.093** (-2.290)
$\ln AR \times \ln Mark$	0.348* (1.914)	0.394** (2.085)	0.242*** (2.681)	0.075** (2.796)	0.033* (1.811)	0.061** (2.410)	0.006* (1.999)	0.009** (2.267)	0.005** (2.091)
$\ln HR$	0.883*** (3.001)	1.012*** (3.190)	0.543*** (3.558)	0.389*** (3.258)	0.858*** (4.631)	0.473** (2.313)	0.189** (2.071)	2.225* (1.799)	1.811* (1.883)
$\ln FDI$	-0.138* (-1.773)	-0.049 (-0.655)	-0.021 (-0.256)	-0.164* (-1.888)	-0.067 (-0.792)	-0.114 (-1.074)	-0.023 (-0.508)	-0.008 (-0.173)	-0.015 (-0.290)
$\ln Trad$	-0.013 (-0.807)	0.014 (0.125)	-0.047 (-0.386)	0.023 (0.167)	-0.163 (-1.356)	-0.035 (-0.276)	-0.096 (-0.951)	-0.170 (-1.615)	-0.194* (-1.703)
$\ln Size$	-0.040** (-2.198)	-0.304 (-1.526)	-0.292 (-1.329)	-0.042** (-2.230)	-0.081 (-0.511)	-0.053 (-0.310)	-0.177* (-1.805)	-0.259 (-1.158)	-0.289 (-1.253)
$\ln PV$	0.024** (2.195)	0.197* (1.697)	-0.014 (-0.093)	0.190** (2.283)	-0.095 (-0.707)	0.105* (1.660)	0.038** (2.316)	0.163** (2.192)	-0.034 (-0.188)
常数项	-2.372* (-1.785)	0.153*** (3.118)	-0.383*** (-3.265)	-2.593** (-2.072)	-0.954** (-2.422)	0.219** (2.088)	-2.494** (-2.400)	-1.854*** (-2.961)	-2.051** (-1.998)
AR (2)	-1.05	-0.92	-0.85	-0.99	-0.91	-0.83	-1.11	-1.17	-0.88
Hansen	19.88	20.39	21.47	18.95	17.44	22.43	21.76	19.66	18.73
观测值	8140	6919	6105	5920	5032	4440	8140	6919	6105

四 稳健性检验

(一) 内生性检验

为了控制内生性问题，本书采用工具变量法（IV）对研究结论进行验证。同前文一致，分别选取各地区各行业基础研究、应用研究的期初资本存量与上一年度全国财政科学技术支出占财政总支出的比例的交互项作为基础研究和应用研究的工具变量。第四章已对工具变量满足相关性和无关性两个条件进行了说明。在使用工具变量法之前，首先对工具变量的有效性进行检验，结果显示，"Kleibergen-Paap rk LM 统计量"的 P 值为 0.000，"Kleibergen-Paap rk Wald F 统计量"和"Cragg-Donald Wald F 统计量"均大于 Stock-Yogo weak ID test 10%水平下的临界值，说明所选取的工具变量是有效的。在工具变量有效性检验的基础上，采用两阶段最小二乘法检验市场化程度在异质性科技创新活动影响工业全要素生产率中的调节作用。内生性检验结果见表 6-7 和表 6-8。

表 6-7 披露了市场化程度与基础研究交互项对工业全要素生产率的影响，结果显示，第（1）~（7）列模型中市场化程度与基础研究交互项的系数均未通过显著性水平检验，这表明市场化程度的提升对基础研究与工业全要素生产率的关系没有明显的调节作用，这一结果与前文表 6-1 的研究结论相一致。表 6-8 披露了市场化程度与应用研究交互项对工业全要素生产率的影响，结果显示，第（1）~（7）列模型中市场化程度与应用研究交互项的系数均为正，且都通过了显著性水平检验，这表明市场化程度的提升有助于缓解现阶段应用研究对工业全要素生产率的抑制作用，这一实证回归结果与表 6-2 的研究结论相符。此外，以前沿技术差距划分的行业分组回归结果和以经济发展水平划分的区域分组回归结果与前文结论基本一致，仅存在系数大小和显著水平的微小差异，在此不再披露与赘述。上述结果表明，在控制内生性问题的前提下，本章的研究结论依然成立。

表 6-7 市场化程度与基础研究交互项对工业全要素生产率的影响：内生性检验

模型 (6-1)	(1) 无滞后期	(2) 滞后1期	(3) 滞后2期	(4) 滞后3期	(5) 滞后4期	(6) 滞后5期	(7) 滞后6期
$\ln TFP_{t-1}$	0.315*** (6.336)	0.284*** (7.382)	0.434*** (15.466)	0.368*** (12.919)	0.441*** (12.442)	0.454*** (18.284)	0.403*** (8.198)
$\ln BR$	0.951 (1.175)	0.251 (1.283)	-0.558 (-1.050)	-0.092 (-1.151)	0.117 (0.741)	0.163*** (2.886)	0.291*** (3.549)
$\ln AR$	-0.008** (-2.012)	-0.550** (-2.178)	-0.779** (-2.374)	-0.805*** (-2.612)	-0.980** (-2.272)	-0.453* (-1.834)	-0.612* (-1.824)

续表

模型 (6-1)	(1) 无滞后期	(2) 滞后1期	(3) 滞后2期	(4) 滞后3期	(5) 滞后4期	(6) 滞后5期	(7) 滞后6期
lnBR× ln$Mark$	-1.290 (-0.839)	0.574 (1.494)	1.334 (1.199)	1.130 (1.552)	1.120 (0.899)	0.789 (1.421)	0.374 (0.751)
控制变量	控制	控制	控制	控制	控制	控制	控制
常数项	1.741** (2.399)	-4.483* (-1.842)	-0.697** (-2.331)	3.453** (2.437)	4.175** (2.082)	-0.012** (-2.006)	-5.787** (-2.477)
观测值	22200	21090	19980	18870	17760	16650	15540
LM 统计量	31.559	28.653	25.441	23.783	26.552	30.579	29.667
P 值	0.000	0.000	0.000	0.000	0.000	0.000	0.000
CDF 统计量	14.852	17.654	16.379	15.701	17.630	16.824	17.596
KPF 统计量	39.697	37.324	32.442	34.701	35.016	46.715	43.650
10%临界值	7.03	7.03	7.03	7.03	7.03	7.03	7.03

注：限于篇幅，未披露控制变量的回归结果（下表同）。

表6-8 市场化程度与应用研究交互项对工业全要素生产率的影响：内生性检验

模型 (6-2)	(1) 无滞后期	(2) 滞后1期	(3) 滞后2期	(4) 滞后3期	(5) 滞后4期	(6) 滞后5期	(7) 滞后6期
lnTFP_{t-1}	0.330*** (20.561)	0.306*** (4.816)	0.384*** (16.246)	0.380*** (11.967)	0.428*** (9.704)	0.439*** (10.201)	0.410*** (20.325)
lnBR	0.159 (0.345)	-0.457 (-0.454)	0.337 (0.363)	0.253 (0.444)	0.752 (1.055)	0.079* (1.898)	0.140* (1.800)
lnAR	-0.532*** (-3.649)	-0.213*** (-3.421)	-0.431*** (-9.044)	-0.001** (-2.015)	-0.091*** (-3.870)	-0.207*** (-6.576)	-0.350*** (-10.379)
lnAR× ln$Mark$	0.359* (1.788)	0.055** (2.074)	0.151** (2.164)	0.028*** (3.459)	0.076*** (3.062)	0.153** (2.002)	0.054* (1.792)
控制变量	控制	控制	控制	控制	控制	控制	控制
常数项	0.313*** (4.852)	-2.959*** (-3.412)	0.880*** (4.556)	6.633*** (3.227)	9.303*** (4.505)	10.420*** (4.831)	0.508*** (3.559)
观测值	22200	21090	19980	18870	17760	16650	15540
LM 统计量	33.088	27.452	30.209	28.556	27.412	31.234	30.620
P 值	0.000	0.000	0.000	0.000	0.000	0.000	0.000
CDF 统计量	16.998	18.204	19.520	17.996	20.131	18.023	18.967
KPF 统计量	38.526	33.229	35.664	34.020	33.118	36.560	36.231
10%临界值	7.03	7.03	7.03	7.03	7.03	7.03	7.03

(二) 替换核心变量

全要素生产率是本书的主要被解释变量,为了进一步检验实证结果的稳健性,防止因核心变量度量误差造成的结果偏误问题,本书采用 DEA 方法测算的工业全要素生产率重新对市场化程度的作用机制进行验证。具体的替换核心变量后的市场化程度与基础研究交互项、市场化程度与应用研究交互项对工业全要素生产率的影响结果分别见表 6-9 和表 6-10。

从表 6-9 中第 (1)~(7) 列的回归结果来看,无论是否考虑基础研究的滞后效应,市场化程度与基础研究交互项的系数均没有通过显著性水平检验,即市场化程度的提升并没有强化基础研究对工业全要素生产率的促进作用,这一实证结果与表 6-1 中的回归结果基本一致,仅存在系数和显著性上的微小差异,说明本书的研究结论是稳健的。此外,替换核心变量后的以前沿技术差距划分的行业分组回归结果和以经济发展水平划分的区域分组回归结果也与前文结论一致。限于篇幅,在此不再一一披露与赘述。

从表 6-10 中第 (1)~(7) 列的回归结果来看,无论是否考虑基础研究的滞后效应,市场化程度与应用研究交互项的系数均通过了显著性水平检验,即市场化程度的提升能够有效缓解现阶段应用研究对工业全要素生产率的抑制作用,这一实证研究结果与表 6-2 中的回归结果基本一致,仅存在系数和显著性上的微小差异,说明本书的研究结论是稳健的。此外,替换核心变量后的以前沿技术差距划分的行业分组回归结果和以经济发展水平划分的区域分组回归结果也与前文结论一致。限于篇幅,在此不再一一披露与赘述。上述研究结果表明,在替换主要被解释变量之后,本书的研究结论依然成立。

表 6-9 市场化程度与基础研究交互项对工业全要素生产率的影响:替换被解释变量

模型 (6-1)	(1) 无滞后期	(2) 滞后 1 期	(3) 滞后 2 期	(4) 滞后 3 期	(5) 滞后 4 期	(6) 滞后 5 期	(7) 滞后 6 期
$lnTFP_{t-1}$	0.350*** (9.996)	0.285** (2.242)	0.360** (2.085)	0.449*** (6.245)	0.520*** (5.607)	0.466*** (3.098)	0.528*** (4.315)
$lnBR$	-0.669 (-1.323)	-0.175 (-0.604)	-0.188 (-0.693)	-0.521 (-1.094)	-0.414 (-1.153)	0.295* (1.916)	0.303** (2.026)

续表

模型 (6-1)	(1) 无滞后期	(2) 滞后1期	(3) 滞后2期	(4) 滞后3期	(5) 滞后4期	(6) 滞后5期	(7) 滞后6期
$\ln AR$	-0.464** (-2.451)	-0.134** (-2.380)	-0.294** (-2.411)	-0.048** (-2.059)	-0.079** (-2.138)	-0.758* (-1.927)	-0.429* (-1.716)
$\ln BR \times \ln Mark$	0.019 (1.460)	0.011 (1.140)	0.492 (0.939)	0.290 (0.727)	0.162 (0.688)	0.020 (0.045)	0.160 (0.343)
控制变量	控制	控制	控制	控制	控制	控制	控制
常数项	-8.619** (-2.373)	-8.704** (-2.209)	-10.666* (-1.673)	-8.634** (-2.254)	-10.399** (-2.299)	-6.737* (-1.752)	-19.178** (-1.992)
AR (2)	-1.10	-1.04	-0.97	-0.88	-0.89	-0.81	-0.94
Hansen	24.18	21.53	23.96	17.34	20.35	23.30	23.08
观测值	22200	21090	19980	18870	17760	16650	15540

表6-10 市场化程度与应用研究交互项对工业全要素生产率的影响：替换被解释变量

模型 (6-2)	(1) 无滞后期	(2) 滞后1期	(3) 滞后2期	(4) 滞后3期	(5) 滞后4期	(6) 滞后5期	(7) 滞后6期
$\ln TFP_{t-1}$	0.350*** (3.340)	0.373*** (3.881)	0.344*** (2.778)	0.408*** (3.532)	0.544*** (4.306)	0.590*** (4.164)	0.441*** (3.939)
$\ln BR$	0.435 (0.908)	0.076 (0.173)	-0.320 (-0.727)	-0.242 (-0.369)	0.040 (0.121)	0.222* (1.685)	0.071* (1.720)
$\ln AR$	-0.323** (-2.164)	-0.107* (-1.887)	-0.246* (-1.941)	-0.127** (-2.415)	-0.200** (-2.330)	-0.273** (-2.353)	-0.180* (-1.912)
$\ln AR \times \ln Mark$	1.573* (1.885)	2.139* (1.710)	2.897* (1.930)	0.669** (2.288)	2.278* (1.709)	1.377** (2.348)	0.148*** (3.512)
控制变量	控制	控制	控制	控制	控制	控制	控制
常数项	-9.840* (-1.709)	-8.661** (-2.326)	-13.423* (-1.898)	-5.985* (-1.862)	-2.769** (-1.967)	-3.293** (-2.177)	-13.165** (-2.185)
AR (2)	-1.23	-1.19	-1.20	-1.09	-1.26	-1.21	-1.17
Hansen	19.39	21.89	23.78	22.53	19.65	21.35	20.94
观测值	22200	21090	19980	18870	17760	16650	15540

五　本章小结

本章以中国 2000~2019 年的工业数据为样本，构建"行业-地区-时间"三维面板数据，采用多元回归模型、系统广义矩估计、工具变量估计等计量手段，实证检验市场化程度在异质性科技创新与工业全要素生产率关系中的调节作用。在此基础上，进一步探究了上述机制在不同经济发展水平区域和不同前沿技术差距行业中的差异。研究结果显示：①市场化程度的提高对基础研究与工业全要素生产率的关系无显著影响，但有助于缓解应用研究对工业全要素生产率的抑制作用。②不同前沿技术差距下，市场化程度的提高在基础研究与工业全要素生产率关系中的作用无明显差别，在应用研究与工业全要素生产率关系中的作用存在显著差异。市场化程度的提高有助于更好地发挥应用研究对高技术差距行业全要素生产率的助推作用，但对低技术差距行业没有显著影响。③不同经济发展水平区域下，市场化程度的提高在基础研究与工业全要素生产率关系中的作用无明显差别，在应用研究与工业全要素生产率关系中的作用存在显著差异。市场化程度的提高有助于更好地发挥应用研究对东部地区工业全要素生产率的提升作用，同时减弱应用研究对中西部地区工业全要素生产率的抑制作用。

结论、建议与展望

一 研究结论

本书从科技创新活动的异质性视角出发，尝试为中国"高创新投入与低生产率之谜"的形成原因提供一种新的解释和证据。通过借鉴科技创新理论和内生经济增长理论，构建了一个异质性科技创新影响全要素生产率的理论分析框架，探讨了基础研究、应用研究和二者双向溢出效应对全要素生产率影响的内在机理以及政府支持和市场化程度在其中的作用机制。在理论分析的基础上，本书构建中国 2000～2019 年"行业-地区-时间"三维面板数据，采用多元回归模型、系统广义矩估计（GMM）、动态面板平滑转移模型（PSTR）、工具变量（IV）估计等计量手段实证检验了异质性科技创新对工业全要素生产率的影响以及政府支持和市场化程度在异质性科技创新影响工业全要素生产率中的作用。本书的研究结论如下。

第一，在科技创新理论和内生经济增长理论的基础上，构建了异质性科技创新影响全要素生产率的理论分析框架，阐明了基础研究与应用研究影响全要素生产率的内在机理及政府支持和市场化程度在其中的作用机制。理论分析表明：①基础研究的合理增加有助于促进全要素生产率提升；应用研究对全要素生产率的影响取决于基础研究的理论前沿程度，在基础研究未达到最优理论前沿面时，应用研究对全要素生产率的贡献呈边际递减趋势；基础研究和应用研究的双向溢出效应有助于提升全要素生产率。②政府对基础研究的支持达到一定力度时，能够更好地发挥基础研究对全要素生产率的助推作用。政府对应用研究的支持效果与前沿技术距离有关，若应用研究在理论前沿面展开，政府对应用研究的补贴是无效的；反之，若应用研究距离理论前沿面较远，政府对应用研究的补贴有助于提升全要素生产率。③市场化程度的提高对基础研究无显著影响，对应用研究的支持效果与前沿技术距离有关，若应用研究在理论前沿面展开，市场化程度的提高对应用研究无明显作用；若应用研究没有在理论前沿面展开，市场化程度的提高则有助于更好地发挥应用研究对全要素生产率的助推作用。

第二，通过分析2000~2019年中国科技创新和工业全要素生产率的演化轨迹，从中归纳出中国科技创新与工业全要素生产率的特征事实。首先，从科技创新的时间趋势、研发活动类型、创新执行部门3个层面分析了五大科技强国与中国科技创新的现状和特点，发现中国科技创新活动具有以下典型特征。①从2000~2019年科技创新的总体时间趋势来看，中国科技创新呈现出规模大、增速快、强度低的特征。②从创新活动类型来看，中国基础研究投入强度低，基础研究投入占国内R&D总投入比重以及人均论文数远低于美、英、法、日等主要科技强国的平均水平。③从创新经费执行部门来看，中国的高等学校经费支出占比远低于五大科技强国高等学校R&D经费占比11%~24%的区间范围。其次，运用SFA模型测算了2000~2019年分省份工业全要素生产率和分行业工业全要素生产率，发现中国工业全要素生产率具有以下典型特征。①中国工业全要素生产率总体呈先上升后下降的趋势，可以分为3个阶段：2000~2007年呈连续上升趋势，2008年出现小幅下滑后又逐渐趋于平稳，自2013年起工业全要素生产率呈明显下降趋势。②分省份工业全要素生产率的测算结果表明，中国省份工业全要素生产率整体呈现出"南强北弱"和"西低东高"的格局，各省份工业全要素生产率整体差异呈"先扩大，后缩小，再扩大"的趋势。③分行业工业全要素生产率的测算结果表明，不同工业行业间的发展现状和全要素生产率存在显著差异。其中，全要素生产率均值较高的行业均为非垄断行业，而全要素生产率均值较低的行业均为垄断行业。

第三，实证检验了基础研究、应用研究及二者双向溢出效应对工业全要素生产率的总体影响。研究发现：①基础研究有助于促进全要素生产率提升，但这种促进作用存在一定的滞后；现阶段应用研究对工业全要素生产率的影响整体表现为抑制作用；基础研究与应用研究之间的双向溢出效应能够促进全要素生产率提升。②在不同前沿技术差距水平上,基础研究与应用研究对工业全要素生产率的影响存在显著差异。基础研究以及基础研究与应用研究双向溢出效应对工业全要素生产率的推动作用呈现"高技术差距行业<低技术差距行业"的态势;应用研究投入对高技术差距行业的全要素生产率具有促进作用,而对低技术差距行业的全要素生产率表现为抑制作用。③在经济发展水平不同的区域,基础研究与应用研究对工业全要素生产率的影响可能存在显著差异。基础研究及基础研究与应用研究双向溢出效应对工业全要素生产率的推动作用呈现"东部>中部>西部"的态势;应用研究持续投入对东部地区工业全要素生产率具有促进作用,而对中西部地区工业全要素生产率表现为抑制作用。

第四,实证检验了政府支持在异质性科技创新活动影响工业全要素生产率中的作用效果。研究发现:①政府支持有利于促进基础研究转化为现实生产力,更好地发挥基础研究对全要素生产率的促进作用,但这一作用效果需要政府支持力度达到一定水平为前提;政府支持在合理范围内有助于弱化应用研究对全要素生产率的抑制作用,但政府支持力度过大会强化应用研究对全要素生产率的抑制作用。②不同前沿技术差距下,政府支持对基础研究和应用研究影响工业全要素生产率的作用效果存在差异。基础研究方面,相比于高技术差距行业,低技术差距行业对政府支持力度的要求更高。应用研究方面,相比于高技术差距行业,低技术差距行业对政府支持力度的要求更低。③不同经济发展水平下,政府支持对基础研究和应用研究影响工业全要素生产率的作用效果存在差异。基础研究方面,相比于中西部地区,东部地区对政府支持力度的要求更高。应用研究方面,不同区域对政府支持力度的阈值需求呈现"东部<中部<西部"的特征。

第五,实证检验了市场化程度在异质性科技创新活动影响工业全要素生产率中的作用效果。研究发现:①市场化程度的提高对基础研究提升全要素生产率的支持作用十分有限,但能够弱化应用研究对全要素生产率的抑制作用。②不同前沿技术差距下,市场化程度的提高对基础研究影响全要素生产率的作用效果无明显差别,对应用研究影响全要素生产率的作用效果存在显著差异。市场化程度的提高有助于更好地发挥应用研究对高技术差距行业全要素生产率的提升作用,但对应用研究与低技术差距行业全要素生产率的关系无显著影响。③不同经济发展区域下,市场化程度的提高对基础研究影响全要素生产率的作用效果无明显差别，对应用研究影响全要素生产率的作用效果存在显著差异。市场化程度的提高有助于更好地发挥应用研究对东部地区工业全要素生产率的提升作用，同时减弱应用研究对中西部地区工业全要素生产率的抑制作用。

二　政策建议

基于从理论分析和实证检验得到的研究结论，本书对于如何破解当前中国"高创新投入与低生产率之谜"、促进工业全要素生产率提升和经济发展方式转型，具有如下的政策启示。

第一，加强基础研究，提升原始创新能力。基础研究决定一个国家科技创新能力的底蕴和后劲，如何加大基础研究投入、提高基础研究质量和效率、增强原始创新能力是亟待解决的重大问题。下文将从资金投入、人才培养、平台建设等方面提出建议。

一是加大对基础研究的投入力度。首先，加大国家财政投入力度。自党的十八大以来，我国出台了《关于深化中央财政科技计划（专项、基金等）管理改革的方案》等一系列重要改革方案，助力基础研究领域取得重大突破。面向未来，我们要进一步加大国家财政投入对基础研究长期稳定的支持，对基础研究的重点领域给予更多倾斜。比如，对地方、市场和社会力量难以有效配置资源开展研究的基础科学领域加大国家财政投入力度；进一步加大支持力度和调整结构，实现自由探索类基础研究、目标导向类基础研究均衡发展。其次，引导企业和金融机构加大支持力度，鼓励金融机构从自身实际出发，研究如何以适当形式加大对基础研究的支持。最后，拓宽社会投入渠道，引导社会各界更加关注基础研究，鼓励其以适当方式多渠道投入基础研究。

二是壮大基础研究人才队伍。首先，培养和引进具有国际水平的战略科技人才和科技领军人才。自党的十八大以来，我国人才队伍规模进一步扩大，结构不断优化，素质持续提高，但与此同时，战略科技人才和领军人才与发达国家相比还存在一定差距，要改变这种现状，就必须加快推进实施高层次人才引进和培养计划，聚天下英才而用之。其次，加强中青年和后备科技人才培养，稳定高水平人才队伍。鼓励高等院校与科研院所、企业加强协同创新和人才联合培养，完善国内的博士后制度。再次，创造良好的合作环境，促进国际人才合作与交流。最后，从根本上扭转基础研究人才的评价制度，注重长期评价和阶段性研究成果的考评，不要过度关注短期评价。

三是加强产学研平台建设，提升科技成果转化率。首先，采取稳定性投入和竞争性投入相结合的方式对基础条件好、方向明确、优势特色突出、与经济社会发展结合紧密的科研院所给予支持，对行业支撑引领作用强、科研项目任务完成质量高、考核评价好的科研院所进行滚动支持。其次，支持科研机构与高等院校、骨干企业合作，通过新建、共建和科研机构内建或整体转型等方式建立新型研发机构。加快促进"政产学研金服用"要素的融合创新，消除科技创新中的"孤岛"现象，打造产业发展战略研究、产业共性关键技术研究和成果产业化的高能级平台。

第二，完善科技创新体制机制，发挥好政府和市场在科技创新中的作用。自改革开放40多年来，中国在相对薄弱的科技基础上，充分发挥体制机制优势，逐步成为科技大国。但同建设世界科技强国的要求相比，我国科技创新体制机制还存在诸多需要完善的地方。结合本书的研究结论，下面主要基于政府和市场两个层面提出完善科技创新体制机制的建议。

一是科学界定政府和市场在不同类型科技创新活动中的职能定位。要明确政府在不同科技创新活动中的功能定位，优化政府研发支持结构。在不同的科技创新活动中，政府的作用是不一样的，相比于应用研究，基础研究领域对政府支持的需求更大。因此，各级政府要加大对基础研究长期稳定支持力度，充分发挥社会主义市场经济"集中力量办大事"的制度优势。而在应用研究领域中，政府支持的作用效果取决于一国所处的技术发展阶段，政府应该根据行业所处的技术前沿距离制定适宜的支持制度。

二是充分发挥市场机制配置创新资源的作用，调动市场主体积极性。在不同的科技创新活动中，市场的作用是不一样的。基础研究投入高、周期长、应用链条长，导致很多企业更愿意在那些满足市场需求的"短平快"应用型研究上投入。因此，应当最大限度发挥市场机制在应用研究领域配置创新资源的作用，加强反垄断和反不正当竞争，完善科技创新市场化体制机制，聚焦市场准入制度、市场监管体系、竞争政策，建设统一开放、竞争有序的市场体系，充分调动市场主体的创新热情。

三是结合不同科技创新活动的特征，制定差异化的政府和市场协同机制。对于适宜市场化配置的科技创新领域，如行业专有技术领域，要充分发挥市场机制作用，切实遵循价值规律，建立市场竞争优胜劣汰机制。对于不完全适宜市场化配置的科技创新领域，如共性关键技术和通用技术等，要适当给予政府资金支持，实施定向的普惠性政策，引导市场创新资源配置，实现政府与市场作用的有效结合。

第三，完善科技成果评价机制，改进科技评价体系。有效发挥科技成果评价的"指挥棒"作用，不仅有助于激发科研人员的创新热情，还能够推动科技成果转化为现实生产力。为更好地发挥科技成果评价的这一作用，本书提出以下三点建议。

一是健全科技成果分类评价体系。根据科技成果的类型和特点，制定符合其创新规律的评价体系。具体而言，对于基础研究活动产出的成果，重点关注和评价其在新知识、新原理和新发现层面的边际贡献，破除"唯论文"的制度束缚，推行代表作制度和同行评价制度，注重阶段性成果评价。对于应用研究活动产出的成果，重点关注其在解决产业关键共性技术问题方面的作用以及是否符合实质性创新范畴，充分发挥市场化评价和第三方评价在应用研究成果评价中的作用。

二是建立科技成果后评估制度。科技成果转化为现实生产力往往需要历经漫长的周期，一项科技成果在现实生活中产生的真实应用效果以及实现的社会和经济价值通常需要企业的经营实践才能检验出来。为了解决科技成果验收前和验收后引起的评价差异矛盾，就需要建立科技成果后评估制度，形成从验收评价、转化评价到转化效果评价的后评估体系，同时缓解"一锤子买卖"式的科技成果评价机制容易出现的急功近利现象。

三是改革完善科技成果奖励体系。根据科技成果的类型和特点，制定符合其创新规律的奖励体系。对于从事基础研究的科研人员来讲，要落实经费使用自主权，简化经费报销制度，对重大学科的突破可以实施研发团队的冠名制度，激发基础研究人员创新热情。对于从事应用研究和试验发展的技能型人员来讲，要健全技能人才培养、使用、评价、激励制度，提高劳模和技能人才的政治待遇、经济待遇、社会待遇，使他们在经济上有保障、发展上有空间、社会上有地位。

第四，推动地区均衡发展，提升中西部地区科技创新水平。当前中国科技创新水平整体上已取得长足进步，但地区差距依然很大。如何缩小区域间科技创新能力的差距，已成为当前中国创新驱动区域经济发展战略实施进程中亟待解决的重要问题。为此，可以从以下两方面入手。

一是注重区域协调发展，加强中西部城市吸引、留住人力资本的能力。当前中西部地区的人力资本聚集能力相比于东部地区还存在较大差距，主要体现在人才吸引力和人力资本流失两方面。科技创新离不开人才要素，提升人力资本聚集水平，是落后地区提升科技水平的重要方向。中西部城市要想吸引和留住人才，就必须满足其在基础设施和公共服务等方面的需求。具体而言，一方面要不断完善和提升中西部城市的基础设施建设，进一步将基础设施建设重点向中西部倾斜；另一方面要不断优化中西部地区基本公共服务体系，加大对中西部地区转移支付力度，增强地方政府提供公共服务的能力。同时，坚持正确的人才流动导向，科学合理统筹人才薪酬待遇，不鼓励东部高校从中西部、东北地区高校引进人才。

二是推进跨区域科技创新合作机制，提升中西部地区创新要素吸收能力。目前中西部地区仍然是我国经济发展的薄弱地区，提升中西部地区创新要素吸收能力，是助力中西部地区产业发展、缩小区域差距的重要途径。一方面，应突破行政壁垒，推进跨区域科技创新合作机制，有效引导高水平科技创新能力区域与低水平区域进行科技合作与交流；另一方面，科技创新水平较低的中西部地区，应制定与实施创新追赶策略，选择恰当的技术创新路径，提升创新要素吸收能力以及自身接收东部地区科技创新溢出的效率。

三　研究展望

本书基于异质性科技创新视角，从理论和实证两个方面分析了基础研究与应用研究对工业全要素生产率的影响效果及作用机制，为破解当前中国"高创新投入与低生产率之谜"、促进工业全要素生产率提升提供了许多有价值的结论和经验证据。但囿于笔者研究能力以及数据的获取，本书难免存在不足，有关基础研究与应用研究对全要素生产率影响的研究还需要进行更深入的探讨和分析。未来可以从以下两方面继续进行拓展和补充。

一是基础研究和应用研究的衡量还需要更多详细的分类数据。如本书的研究所述，基础研究根据研究目的可以分为自由探索型和目标导向型两类，这两种基础研究在现实转化率、滞后周期和风险性方面存在明显差别，但目前尚没有披露这两类基础研究的相关数据，需要探寻一种合适的方式衡量这两类基础研究，以更好地补充与完善相关研究。同理，应用研究根据物质形态变化可以分为从基础理论知识形态到物化知识形态，或从一种已知物化知识形态到另一种新物化形态的变化，前者形态的变化是实现突破性创新的关键所在。因此，如何科学区别和衡量这两种应用研究也是本书下一步需要探究的问题之一。

二是如何在基础研究和应用研究领域发挥有为政府和有效市场的协同效应。本书在探讨政府支持与市场化程度在异质性科技创新影响全要素生产率中的作用机制时，仅从单一主体出发，分析政府和市场各自对基础研究和应用研究的影响，未考虑二者交互作用在异质性科技创新活动和全要素生产率中的作用。政府和市场的交互作用在异质性科技创新活动中的作用机制和作用效果分别是什么，如何在基础研究和应用研究领域发挥有为政府和有效市场的协同效应，这也是本书拟进一步研究的问题。

参考文献

阿吉翁，菲利普、彼得·霍依特，2004，《内生增长理论》，陶然等译，北京：北京大学出版社。

白洁，2022，《对外直接投资特征对高科技企业生产率的异质性影响》，《科研管理》第7期。

白俊红、卞元超，2016，《中国政府R&D资助空间自相关特征研究》，《科研管理》第1期。

蔡昉，2015，《引领新常态才有中高速》，载《经济新常态与经济学创新——纪念〈经济研究〉创刊60周年笔谈》，《经济研究》第12期。

蔡昉，2013，《中国经济增长如何转向全要素生产率驱动型》，《中国社会科学》第1期。

蔡庆丰、陈熠辉、林焜，2020，《信贷资源可得性与企业创新：激励还是抑制？——基于银行网点数据和金融地理结构的微观证据》，《经济研究》第10期。

蔡绍洪、俞立平，2017，《创新数量、创新质量与企业效益——来自高技术产业的实证》，《中国软科学》第5期。

曹霞、杨笑君、张路蓬，2020，《技术距离的门槛效应：自主研发与协同创新》，《科学学研究》第3期。

曹霞、于娟，2016，《市场机制和政府调控下产学研联盟稳定性研究》，《运筹与管理》第2期。

陈劲、阳镇、尹西明，2021，《双循环新发展格局下的中国科技创新战略》，《当代经济科学》第1期。

陈强远、梁琦，2014，《技术比较优势、劳动力知识溢出与转型经济体城镇化》,《管理世界》第 11 期。

陈强远、林思彤、张醒,2020,《中国技术创新激励政策:激励了数量还是质量》,《中国工业经济》第 4 期。

陈诗一,2011,《中国工业分行业统计数据估算:1980—2008》,《经济学》(季刊)第 3 期。

陈维涛、韩峰、张国峰,2019,《互联网电子商务、企业研发与全要素生产率》,《南开经济研究》第 5 期。

陈阳、逯进、于平,2019,《技术创新减少环境污染了吗?——来自中国 285 个城市的经验证据》,《西安交通大学学报》(社会科学版)第 1 期。

成力为、孙玮,2012,《市场化程度对自主创新配置效率的影响——基于 Cost-Malmquist 指数的高技术产业行业面板数据分析》,《中国软科学》第 5 期。

程鹏、柳卸林、陈傲等,2011,《基础研究与中国产业技术追赶——以高铁产业为案例》,《管理评论》第 12 期。

戴魁早、刘友金,2020,《市场化改革能推进产业技术进步吗?——中国高技术产业的经验证据》,《金融研究》第 2 期。

戴魁早、刘友金,2013,《市场化进程对创新效率的影响及行业差异——基于中国高技术产业的实证检验》,《财经研究》第 5 期。

戴魁早、刘友金,2016,《要素市场扭曲与创新效率——对中国高技术产业发展的经验分析》,《经济研究》第 7 期。

戴小勇、成力为,2019,《产业政策如何更有效:中国制造业生产率与加成率的证据》,《世界经济》第 3 期。

戴小勇,2021,《中国高创新投入与低生产率之谜:资源错配视角的解释》,《世界经济》第 3 期。

丁汀、钱晓东,2019,《"营改增"政策对制造业企业全要素生产率存在溢出效应吗》,《现代经济探讨》第 1 期。

董屹宇、宋坤、郭泽光,2022,《风险投资退出与企业全要素生产率——基于增值与攫取交互的视角》,《山西财经大学学报》第 4 期。

樊纲、王小鲁、马光荣,2011,《中国市场化进程对经济增长的贡献》,《经济研究》第 9 期。

范剑勇、冯猛,2013,《中国制造业出口企业生产率悖论之谜:基于出口密度差别上的检验》,《管理世界》第 8 期。

冯涛、张美莎,2020,《营商环境、金融发展与企业技术创新》,《科技进步与对策》第 6 期。

傅家骥,1998,《技术创新学》,北京:清华大学出版社。

傅元海、叶祥松、王展祥,2016,《制造业结构变迁与经济增长效率提高》,《经济研究》第 8 期。

高帆,2017,《我国经济转型中的创新之谜》,《探索与争鸣》第 4 期。

郭晨、张卫东、朱世卡,2019,《科技创新对收入不平等的影响——基于企业发展与政府干预视角》,《北京工商大学学报》(社会科学版)第 2 期。

郭家堂、骆品亮,2016,《互联网对中国全要素生产率有促进作用吗?》,《管理世界》第 10 期。

郭威、曾新欣,2021,《绿色信贷提升工业绿色全要素生产率了吗?——基于空间 Durbin 模型的实证研究》,《经济问题》第 8 期。

郭玥,2018,《政府创新补助的信号传递机制与企业创新》,《中国工业经济》第 9 期。

何雄浪,2015,《知识创新与扩散、地区间技术吸收效应与环境污染》,《南开经济研究》第 2 期。

何瑛、于文蕾、戴逸驰等,2019,《高管职业经历与企业创新》,《管理世界》第 11 期。

贺德方,2011,《中国高影响力论文产出状况的国际比较研究》,《中国软科学》第 9 期。

侯层、李北伟,2020,《金融科技是否提高了全要素生产率——来自北京大学数字普惠金融指数的经验证据》,《财经科学》第 12 期。

黄娟、汪明进,2016,《科技创新、产业集聚与环境污染》,《山西财经大学学报》第 4 期。

黄凯南、乔元波,2018,《产业技术与制度的共同演化分析——基于多主体的学习过程》,《经济研究》第 12 期。

黄凯南、孙广召,2019,《高铁开通如何影响企业全要素生产率?——基于中国制造业上市企业的研究》,《中国地质大学学报》(社会科学版)第 1 期。

黄群慧、余泳泽、张松林，2019，《互联网发展与制造业生产率提升：内在机制与中国经验》，《中国工业经济》第 8 期。

黄先海、宋学印，2017，《准前沿经济体的技术进步路径及动力转换——从"追赶导向"到"竞争导向"》，《中国社会科学》第 6 期。

纪雯雯、赖德胜，2015，《人力资本、配置效率及全要素生产率变化》，《经济与管理研究》第 6 期。

焦翠红、陈钰芬，2018，《R&D 补贴、寻租与全要素生产率提升》，《统计研究》第 12 期。

金晓雨、宋嘉颖，2020，《环境规制、技术距离与异质性企业研发选择》，《南方经济》第 6 期。

靳振忠、王亮、张郁，2017，《交易效率对居民消费的双重影响机制分析——基于中介效应模型的研究》，《经济问题探索》第 11 期。

康志勇，2018，《政府补贴促进了企业专利质量提升吗？》，《科学学研究》第 1 期。

寇恩惠、戴敏，2019，《中国式分权与地方政府创新补贴偏向》，《当代经济科学》第 6 期。

雷小苗、李正风，2020，《市场导向型基础研究——反向路径下的技术创新逻辑》，《科技管理研究》第 21 期。

黎文靖、汪顺、陈黄悦，2020，《平衡的发展目标与不平衡的发展——增长目标偏离与企业创新》，《管理世界》第 12 期。

黎文靖、郑曼妮，2016，《实质性创新还是策略性创新？——宏观产业政策对微观企业创新的影响》，《经济研究》第 4 期。

李斌、彭星、欧阳铭珂，2013，《环境规制、绿色全要素生产率与中国工业发展方式转变——基于 36 个工业行业数据的实证研究》，《中国工业经济》第 4 期。

李佳、汤毅，2019，《贸易开放、FDI 与全要素生产率》，《宏观经济研究》第 9 期。

李骏、刘洪伟、万君宝，2017，《产业政策对全要素生产率的影响研究——基于竞争性与公平性视角》，《产业经济研究》第 4 期。

李平、季永宝，2014，《要素价格扭曲是否抑制了我国自主创新？》，《世界经济研究》第 1 期。

李平、史亚茹，2019，《知识产权保护对 OFDI 逆向技术溢出的影响》，《世界经济研究》第 2 期。

李世刚、尹恒，2017，《政府-企业间人才配置与经济增长——基于中国地级市数据的经验研究》，《经济研究》第 4 期。

李翔、邓峰，2019，《科技创新、产业结构升级与经济增长》，《科研管理》第 3 期。

李艳、杨汝岱，2018，《地方国企依赖、资源配置效率改善与供给侧改革》，《经济研究》第 2 期。

李政、王思霓，2021，《基础研究与应用研究的产业创新效应》，《武汉大学学报》（哲学社会科学版）第 5 期。

李子联、朱江丽，2014，《收入分配与自主创新：一个消费需求的视角》，《科学学研究》第 12 期。

林毅夫、张鹏飞，2006，《适宜技术、技术选择和发展中国家的经济增长》，《经济学》（季刊）第 3 期。

蔺鹏、孟娜娜，2021，《绿色全要素生产率增长的时空分异与动态收敛》，《数量经济技术经济研究》第 8 期。

刘诗白，2001，《论科技创新》，《改革》第 1 期。

龙小宁、林菡馨，2018，《专利执行保险的创新激励效应》，《中国工业经济》第 3 期。

鲁桐、党印，2015，《投资者保护、行政环境与技术创新：跨国经验证据》，《世界经济》第 10 期。

陆铭、陈钊，2009，《分割市场的经济增长——为什么经济开放可能加剧地方保护？》，《经济研究》第 3 期。

逯东、朱丽，2018，《市场化程度、战略性新兴产业政策与企业创新》，《产业经济研究》第 2 期。

吕大国、耿强，2015，《出口贸易与中国全要素生产率增长——基于二元外贸结构的视角》，《世界经济研究》第 4 期。

栾强、罗守贵，2017，《R&D 资助、企业创新和技术进步——基于国有企业与民营企业对比的实证研究》，《科学学研究》第 4 期。

罗珵，2019，《基础研究投入对技术进步的影响——来自 1998-2014 年我国省级面板数据的实证分析》，《技术经济与管理研究》第 12 期。

马克思，2000，《1844 年经济学哲学手稿》，北京：人民出版社。

毛昊、尹志锋、张锦，2018，《中国创新能够摆脱"实用新型专利制度使用陷阱"吗》《中国工业经济》第 3 期。

毛其淋、许家云，2015，《政府补贴对企业新产品创新的影响——基于补贴强度"适度区间"的视角》，《中国工业经济》第 6 期。

孟庆斌、李昕宇、张鹏，2019，《员工持股计划能够促进企业创新吗？——基于企业员工视角的经验证据》，《管理世界》第 11 期。

欧定余、陈维涛，2012，《出口拉动型增长方式是可持续的吗?》，《世界经济研究》第 3 期。

欧阳峣、汤凌霄，2017，《大国创新道路的经济学解析》，《经济研究》第 9 期。

潘雅茹、罗良文，2020，《廉洁度、基础设施投资与中国经济包容性增长》，《中南财经政法大学学报》第 1 期。

裴小革，2016，《论创新驱动——马克思主义政治经济学的分析视角》，《经济研究》第 6 期。

彭小辉、王静怡，2019，《高铁建设与绿色全要素生产率——基于要素配置扭曲视角》，《中国人口·资源与环境》第 11 期。

彭俞超、韩珣、李建军，2018，《经济政策不确定性与企业金融化》，《中国工业经济》第 1 期。

钱雪松、康瑾、唐英伦等，2018，《产业政策、资本配置效率与企业全要素生产率——基于中国 2009 年十大产业振兴规划自然实验的经验研究》，《中国工业经济》第 8 期。

饶品贵、岳衡、姜国华，2017，《经济政策不确定性与企业投资行为研究》，《世界经济》第 2 期。

萨伊，让·巴蒂斯特，1803，《政治经济学概论》，赵康英等译，法国：巴黎出版社。

萨伊，1963，《政治经济学概论——财富的生产、分配和消费》，陈福生、陈振骅译，上海：商务印书馆。

沈小波、林伯强，2017，《中国工业部门投入体现的和非体现的技术进步》，《数量经济技术经济研究》第 5 期。

生延超，2013，《要素禀赋、技术能力与后发大国技术赶超》，上海：格致出版社。

施震凯、邵军、浦正宁，2018，《交通基础设施改善与生产率增长：来自铁路大提速的证据》，《世界经济》第 6 期。

斯密，亚当，1776，《国民财富的性质和原因的研究》，郭大力、王亚南译，英国：约翰·莫尔顿出版社。

宋美喆、刘寒波、叶琛，2020，《财政分权对全要素生产率的影响——基于"省直管县"改革的准自然实验》，《经济地理》第 3 期。

孙喜、窦晓健，2019，《我们需要什么样的基础研究——从科学与技术的关系说起》，《文化纵横》第 5 期。

孙早、刘李华、孙亚政，2014，《市场化程度、地方保护主义与 R&D 的溢出效应——来自中国工业的经验证据》，《管理世界》第 8 期。

孙早、许薛璐，2017，《前沿技术差距与科学研究的创新效应——基础研究与应用研究谁扮演了更重要的角色》，《中国工业经济》第 3 期。

唐松、赖晓冰、黄锐，2019，《金融科技创新如何影响全要素生产率：促进还是抑制？——理论分析框架与区域实践》，《中国软科学》第 7 期。

唐松、伍旭川、祝佳，2020，《数字金融与企业技术创新——结构特征、机制识别与金融监管下的效应差异》，《管理世界》第 5 期。

唐未兵、傅元海、王展祥，2014，《技术创新、技术引进与经济增长方式转变》，《经济研究》第 7 期。

陶长琪、彭永樟，2017，《经济集聚下技术创新强度对产业结构升级的空间效应分析》，《产业经济研究》第 3 期。

汪淑娟、谷慎，2020，《基础创新抑或应用创新？谁驱动了经济高质量发展——基于"一带一路"沿线国家的研究》，《财经科学》第 11 期。

王定祥、刘杰、李伶俐，2011，《财政分权、银行信贷与全要素生产率》，《财经研究》第 4 期。

王海军、温兴琦，2018，《资源依赖与模块化交叉调节下的产学研用协同创新研究》，《科研管理》第 4 期。

王娟、任小静，2020，《基础研究与工业全要素生产率提升——任正非之问的实证检验》，《现代财经（天津财经大学学报）》第 6 期。

王立勇、毕然，2014，《财政政策对私人投资的非线性效应及其解释》，《统计研究》第 11 期。

王林辉、胡晟明、董直庆，2020，《人工智能技术会诱致劳动收入不平等吗？——模型推演与分类评估》，《中国工业经济》第 4 期。

王乃明，2005，《论科技创新的内涵——兼论科技创新与技术创新的异同》，《青海师范大学学报》（哲学社会科学版）第 5 期。

王启超、王兵，2020，《优化人才配置，提升全要素生产率》，《中国社会科学报》。

王婷、陈凯华、卢涛等，2020，《重大科技基础设施综合效益评估体系构建研究——兼论在 FAST 评估中的应用》，《管理世界》第 6 期。

王文、孙早，2016，《基础研究还是应用研究：谁更能促进 TFP 增长——基于所有制和要素市场扭曲的调节效应分析》，《当代经济科学》第 6 期。

王永钦、董雯，2020，《机器人的兴起如何影响中国劳动力市场？——来自制造业上市公司的证据》，《经济研究》第 10 期。

王钺、刘秉镰，2017，《创新要素的流动为何如此重要？——基于全要素生产率的视角》，《中国软科学》第 8 期。

魏枫，2014，《模仿陷阱、自主创新与经济赶超》，《中国软科学》第 5 期。

魏下海、董志强、张永璟，2015，《营商制度环境为何如此重要？——来自民营企业家"内治外攘"的经验证据》，《经济科学》第 2 期。

温军、冯根福，2018，《风险投资与企业创新："增值"与"攫取"的权衡视角》，《经济研究》第 2 期。

吴敬琏、厉以宁、林毅夫等，2016，《供给侧改革引领"十三五"》，中信出版集团。

吴延兵，2006，《R&D 与生产率——基于中国制造业的实证研究》，《经济研究》第 11 期。

吴延兵，2019，《财政分权促进技术创新吗？》，《当代经济科学》第 3 期。

吴翌琳，2015，《技术创新与非技术创新对就业的影响研究》，《统计研究》第 11 期。

武梦超、李随成，2019，《知识积累与产品创新性：知识整合机制与动态知识能力的作用》，《科学学与科学技术管理》第 6 期。

夏后学、谭清美、白俊红，2019，《营商环境、企业寻租与市场创新——来自中国企业营商环境调查的经验证据》，《经济研究》第 4 期。

夏杰长、刘诚，2017，《行政审批改革、交易费用与中国经济增长》，《管理世界》第 4 期。

夏清华、乐毅，2020，《中国省域科技资源配置效率测度》，《统计与决策》第 23 期。

肖利平，2018，《"互联网+"提升了我国装备制造业的全要素生产率吗?》，《经济学家》第 12 期。

解维敏，2016，《市场化进程对企业家创新精神的影响研究——基于我国非金融类上市公司的经验证据》，《财经问题研究》第 12 期。

谢伏瞻，2019，《新中国 70 年经济与经济学发展》，《中国社会科学》第 10 期。

谢贤君、王晓芳、任晓刚，2021，《市场化对绿色全要素生产率的影响》，《北京理工大学学报》（社会科学版）第 1 期。

谢宇，2012，《社会学方法与定量研究》，北京：社会科学文献出版社。

辛晓华、吕拉昌，2021，《中国主要城市技术创新影响环境污染的空间分异与机理》，《地理科学》第 1 期。

徐晔、宋晓薇，2016，《金融资源错置会带来全要素生产率减损吗?》，《产业经济研究》第 2 期。

许庆瑞、郭斌、王毅，2000，《中国企业技术创新——基于核心能力的组合创新》，《管理工程学报》第 12 期。

严成樑、龚六堂，2013，《R&D 规模、R&D 结构与经济增长》，《南开经济研究》第 2 期。

晏艳阳、吴志超，2020，《创新政策对全要素生产率的影响及其溢出效应》，《科学学研究》第 10 期。

杨德桥，2015，《论基础研究与应用研究之区分在专利法上的表达》，《北京化工大学学报》（社会科学版）第 3 期。

杨继生、王少平，2008，《非线性动态面板模型的条件 GMM 估计》，《数量经济技术经济研究》第 12 期。

杨立岩、潘慧峰，2003，《人力资本、基础研究与经济增长》，《经济研究》第 4 期。

叶明确、方莹，2013，《出口与我国全要素生产率增长的关系——基于空间杜宾模型》，《国际贸易问题》第 5 期。

叶祥松、刘敬，2018，《异质性研发、政府支持与中国科技创新困境》，《经济研究》第 9 期。

叶祥松、刘敬，2020，《政府支持与市场化程度对制造业科技进步的影响》，《经济研究》第 5 期。

尹志锋，2018，《专利诉讼经历与企业技术创新战略》，《世界经济》第 10 期。

余文涛、吴士炜，2020，《互联网平台经济与正在缓解的市场扭曲》，《财贸经济》第 5 期。

余义勇、杨忠，2020，《如何有效发挥领军企业的创新链功能——基于新巴斯德象限的协同创新视角》，《南开管理评论》第 2 期。

余泳泽、刘大勇，2018，《"中国式财政分权"与全要素生产率："竞次"还是"竞优"》，《财贸经济》第 1 期。

余泳泽，2015，《中国省际全要素生产率动态空间收敛性研究》，《世界经济》第 10 期。

俞海萍、吴佳儒，2021，《高校教师评价，如何回归教育本质》，《光明日报》。

袁礼、欧阳峣，2018，《发展中大国提升全要素生产率的关键》，《中国工业经济》第 6 期。

张车伟、王博雅、高文书，2017，《创新经济对就业的冲击与应对研究》，《中国人口科学》第 5 期。

张成思、刘贯春，2015，《经济增长进程中金融结构的边际效应演化分析》，《经济研究》第 12 期。

张峰、刘曦苑、武立东等，2019，《产品创新还是服务转型：经济政策不确定性与制造业创新选择》，《中国工业经济》第 7 期。

张峰、殷西乐、丁思琪，2021，《市场化改革与企业创新——基于制度性交易成本的解释》，《山西财经大学学报》第 4 期。

张海洋，2010，《中国省际工业全要素 R&D 效率和影响因素：1999-2007》，《经济学》（季刊）第 3 期。

张杰、陈志远、杨连星等，2015，《中国创新补贴政策的绩效评估：理论与证据》，《经济研究》第 10 期。

张杰、高德步、夏胤磊，2016，《专利能否促进中国经济增长——基于中国专利资助政策视角的一个解释》,《中国工业经济》第 1 期。

张杰、郑文平、翟福昕,2014,《竞争如何影响创新:中国情景的新检验》,《中国工业经济》第 11 期。

张杰,2020,《政府创新补贴对中国企业创新的激励效应——基于 U 型关系的一个解释》,《经济学动态》第 6 期。

张美莎、徐浩、冯涛,2019,《营商环境、关系型借贷与中小企业技术创新》,《山西财经大学学报》第 2 期。

张守华,2017,《基于巴斯德象限的我国科研机构技术创新模式研究》,《科技进步与对策》第 20 期。

张天华、刘子亮、陈思琪等,2019,《行政审批中心的资源配置效率研究——基于中国工业企业数据的分析》,《财经研究》第 9 期。

张文魁,2021,《我国企业发展政策的历史逻辑与未来取向》,《管理世界》第 12 期。

张晓晶、李成、李育,2018,《扭曲、赶超与可持续增长——对政府与市场关系的重新审视》,《经济研究》第 1 期。

张璇、刘贝贝、汪婷等,2017,《信贷寻租、融资约束与企业创新》,《经济研究》第 5 期。

章元、程郁、佘国满,2018,《政府补贴能否促进高新技术企业的自主创新?——来自中关村的证据》,《金融研究》第 10 期。

赵文军、于津平,2012,《贸易开放、FDI 与中国工业经济增长方式——基于 30 个工业行业数据的实证研究》,《经济研究》第 8 期。

赵彦云、刘思明,2011,《中国专利对经济增长方式影响的实证研究:1988~2008 年》,《数量经济技术经济研究》第 4 期。

赵子夜、杨庆、陈坚波,2018,《通才还是专才:CEO 的能力结构和公司创新》,《管理世界》第 2 期。

郑江淮、荆晶,2021,《技术差距与中国工业技术进步方向的变迁》,《经济研究》第 7 期。

郑强,2017,《科技创新对新型城镇化的影响——基于面板门槛模型的实证分析》,《城市问题》第 6 期。

郑雁军,2019,《基础研究概念的演变与应用科学之间的关系》,《中国科学基金》第 5 期。

周黎安, 2007,《中国地方官员的晋升锦标赛模式研究》,《经济研究》第7期。

周其仁, 2017,《经济体制成本与中国经济》,《社会科学文摘》第11期。

周忠民, 2016,《湖南省科技创新对产业转型升级的影响》,《经济地理》第5期。

庄子银、贾红静、肖春唤, 2020,《突破性创新研究进展》,《经济学动态》第9期。

Acemoglu, D., Akcigit, U., Alp, H., et al., 2018, "Innovation, reallocation and growth", *American Economic Review*, 108 (11): 3450-3491.

Acemoglu, D., Cao, D., 2015, "Innovation by entrants and incumbents", *Journal of Economic Theory*, 157: 255-294.

Acemoglu, D., Griffith, R., Aghion, P., et al., 2010, "Vertical integration and technology: Theory and evidence", *Journal of the European Economic Association*, 8 (5): 989-1033.

Acemoglu, D., Johnson, S., Robinson, J. A., 2005, "From education to democracy?", *American Economic Review*, 95 (2): 44-49.

Acemoglu, D., Restrepo, P., 2020, "Robots and jobs: Evidence from US labor markets", *Journal of Political Economy*, 128 (6): 2188-2244.

Acemoglu, D., Restrepo, P., 2018, "The race between man and machine: Implications of technology for growth, factor shares, and employment", *American Economic Review*, 108 (6): 1488-1542.

Ackerberg, D. A., Caves, K., Frazer, G., 2015, "Identification properties of recent production function estimators", *Econometrica*, 83 (6): 2411-2451.

Aghion, P., Bloom, N., Blundell, R., et al., 2005, "Competition and innovation: An inverted-U relationship", *The Quarterly Journal of Economics*, 120 (2): 701-728.

Aghion, P., Howitt, P., 1992, "A model of growth through creative destruction", *Econometrica*, 60 (2): 323-351.

Aigner, D., Lovell, C. A. K., Schmidt, P., 1977, "Formulation and estimation of stochastic frontier production function models", *Journal of Econometrics*, 6 (1): 21-37.

Akcigit, U., Hanley, D., Nicolas, S., 2021, "Back to basics: Basic research spillovers, innovation policy and growth", *The Review of Economic Studies*, 88 (1): 1-43.

Akerman, A., Gaarder, I., Mogstad, M., 2015, "The skill complementarity of broadband internet", *The Quarterly Journal of Economics*, 130 (4): 1781-1824.

Antonelli, C., Gehringer, A., 2017, "Technological change, rent and income inequalities: A Schumpeterian approach", *Technological Forecasting and Social Change*, 115: 85-98.

Arora, A., Belenzon, S., Patacconi, A., et al., 2019, "The changing structure of American innovation: Some cautionary remarks for economic growth", *NBER Working Papers*.

Arqué-Castells, P., 2013, "Persistence in R&D performance and its implications for the granting of subsidies", *Review of Industrial Organization*, 43 (3): 193-220.

Arrow, K. J., 1962, *Economic Welfare and the Allocation of Resources for Invention*, Social Science Electronic Publishing.

Arrow, K. J., Hurwicz, L., 1962, "Competitive stability under weak gross substitutability: Nonlinear price adjustment and adaptive expectations", *International Economic Review*, 3 (2): 233-255.

Banker, R. D., Charnes, A., Cooper, W. W., 1984, "Some models for estimating technical and scale inefficiencies in data envelopment analysis", *Management Science*, 30 (9): 1078-1092.

Barro, R. J., 1990, "Government spending in a simple model of endogenous growth", *Journal of Political Economy*, 98 (5): 103-125.

Barro, R. J., Mankiw, N. G., Sala-I-Martin, X., 1995, "Capital mobility in neoclassical models of growth", *American Economic Review*, 85 (1): 103-115.

Barro, R. J., Sala-I-Martin, X., 1992, "Convergence", *Journal of Political Economy*, 100 (2): 223-251.

Baumol, W. J., 1990, "Entrepreneurship: Productive, unproductive, and destructive", *Journal of Political Economy*, 98 (5): 893-921.

Bencivenga, V. R., Smith, B. D., 1991, "Financial intermediation and endogenous growth", *The Review of Economic Studies*, 58 (2): 195-209.

Benmelech, E., Frydman, C., 2015, "Military CEOs", *Journal of Financial Economics*, 117 (1): 43-59.

Bernini, C., Pellegrini, G., 2011, "How are growth and productivity in private firms affected by public subsidy? Evidence from a regional policy", *Regional Science and Urban Economics*, 41 (3): 253-265.

Bhattacharya, U., Hsu, P. H., Tian, X., et al., 2017, "What affects innovation more: Policy or policy uncertainty?", *Journal of Financial & Quantitative Analysis*, 52 (5): 1869-1901.

Bian, Y., Song, K., Bai, J., 2019, "Market segmentation, resource misallocation and environmental pollution", *Journal of Cleaner Production*, 228 (8): 376-387.

Blank, M., Stigler, G., 1957, *The Demand and Supply of Scientific Personnel*, New York: NBER Books.

Bloom, N., Draca, M., Reenen, J. V., 2016, "Trade induced technical change? The impact of Chinese imports on innovation, IT and productivity", *Review of Economic Studies*, 83 (1): 87-117.

Bloom, N., Griffith, R., Van, R. J., 2002, "Do R&D tax credits work? Evidence from a panel of countries 1979-1997", *Journal of Public Economics*, 85 (1): 1-31.

Bradley, D., Kim, I., Tian, X., 2017, "Do unions affect innovation?", *Management Science*, 63 (7): 2015-2414.

Brandt, L., Zhu, X., 2010, "Accounting for China's growth", IZA Discussion Paper.

Brockman, P., Campbell, J. L., Lee, H., et al., 2018, "CEO internal experience and voluntary disclosure quality: Evidence from management forecasts", *Journal of Business Finance & Accounting*, 46 (3): 420-456.

Brooks, H., 1994, "The relationship between science and technology", *Research Policy*, 23 (5): 477-486.

Buera, F. J. , Shin, Y. , 2013, "Financial frictions and the persistence of history: A quantitative exploration", *Journal of Political Economy*, 121 (2): 221-272.

Bush, V. , 1945, "The endless frontier, report to the president on a program for postwar scientific research", *Journal of the Arizona-Nevada Academy of Science*.

Cassiman, B. , Veugelers, R. , Arts, S. , 2018, "Mind the gap: Capturing value from basic research through combining mobile inventors and partnerships", *Research Policy*, 47 (9): 1811-1824.

Chandra, K. , Mansoor, A. , Sinha, K. B. , et al. , 2021, "A comparative analysis of research and development spending and total factor productivity growth in Hong Kong, Shenzhen, Singapore", *Structural Change and Economic Dynamics*, 57 (6): 108-120.

Charnes, A. , Cooper, W. W. , Rhodes, E. , 1978, "Measuring the efficiency of decision-making units", *European Journal of Operational Research*, 2 (6): 429-444.

Chen, V. Z. , Jing, L. , Shapiro, D. M. , et al. , 2014, "Ownership structure and innovation: An emerging market perspective", *Asia Pacific Journal of Management*, 31 (1): 1-24.

Coad, A. , Grassano, N. , Hall, B. H. , et al. , 2019, "Innovation and industrial dynamics", *Structural Change and Economic Dynamics*, 50: 126-131.

Coccia, M. , 2018, "Optimization in R&D intensity and tax on corporate profits for supporting labor productivity of nations", *The Journal of Technology Transfer*, 43 (2): 1-23.

Coe, D. T. , Helpman, E. , 1995, "International R&D spillovers", *European Economic Review*, 39 (5): 859-887.

Cragg, J. G. , Donald, S. G. , 1993, "Testing identifiability and specification in instrumental variable models", *Econometric Theory*, 9 (2): 222-240.

Crescenzi, R. , Rodríguez-Pose, A. , 2013, "R&D, social-economic conditions, and regional innovation in the U.S.", *Growth and Change*, 44

(2): 287-320.

Cuaresma, J. C., Havettova, M., Labaj, M., 2013, "Income convergence prospects in Europe: Assessing the role of human capital dynamics", Department of Economics Working Papers.

Cucculelli, M., Ermini, B., 2013, "Risk attitude, product innovation, and firm growth: Evidence from Italian manufacturing firms", *Economics Letters*, 118 (2): 275-279.

Dan, P., 2017, "Utility model patent regime strength and technological development: Experiences of China and other East Asian latecomers", *China Economic Review*, 42 (1): 50-73.

De Vries, G. J., Erumban, A. A., Timmer, M. P., et al., 2012, "Deconstructing the BRICs: Structural transformation and aggregate productivity growth", *Journal of Comparative Economics*, 40 (2): 211-227.

Driffield, N., Taylor, K., 2000, "FDI and the labor market: A review of the evidence and policy implications", *Oxford Review of Economic Policy*, 16 (3): 90-103.

Duan, D., Zhang, Y., Chen, Y., et al., 2019, "Regional integration in the inter-city technology transfer system of the Yangtze River Delta, China" *Sustainability*, 11 (10): 2941.

Falk, M., 2007, "R&D spending in the high-tech sector and economic growth", *Research in Economics*, 61 (3): 140-147.

Fork, D., Van, D. D., Franses, H. A., 2005, "A multi-level panel star model for US manufacturing sectors", *Journal of Applied Econometrics*, 20 (2): 811-827.

Färe, R., Grosskopf, S., Lovell, C. A. K., 1985, *The Measurement of Efficiency of Production*, Leiden: Kluwer-Nijhoff Publishers.

Färe, R., Grosskopf, S., Norris, M., et al., 1994, "Productivity growth, technical progress, and efficiency change in industrialized countries", *The American Economic Review*, 84 (1): 66-83.

Fuente, A. D. L., Marin, J. M., 1995, "Innovation, bank monitoring, and endogenous financial development", *Journal of Monetary Economics*, 38

(2): 269-301.

Geisler, E., 1997, "Intersect or technology cooperation: Hard myths, soft facts", *Technovation*, 17 (6): 309-320.

Gersbach, H., Sorger, G., Amon, C., 2018, "Hierarchical growth: Basic and applied research", *Journal of Economic Dynamics and Control*, 90: 434-459.

Gil-Alana, L. A., Kare, M., Claudio-Quiroga, G., 2020, "Innovation and knowledge as drivers of the 'great decoupling' in China: Using long memory methods", *Journal of Innovation & Knowledge*, 5 (4): 266-278.

Goldfarb, B., Henrekson, M., 2003, "Bottom-up versus top-down policies towards the commercialization of university intellectual property", *Research Policy*, 32 (4): 639-658.

Gordon, R. J., 2018, "Why has economic growth slowed when innovation appears to be accelerating?", CEPR Discussion Papers.

Greene, W. H., 1990, "A Gamma-distributed stochastic frontier model", *Journal of Econometrics*, 46 (2): 141-163.

Greene, W. H., 2005, "Fixed and random effects in Stochastic Frontier Models", *Journal of Productivity Analysis*, 23: 7-35.

Greenwood, J., Jovanovic, B., 1990, "Financial development, growth, and the distribution of income", *Journal of Political Economy*, 98: 1076-1107.

Griliches, Z., 1979, "Issues in assessing the contribution of R&D to productivity", *The Bell Journal of Economics*, 10 (1): 92-116.

Griliches, Z., 1992, "The search for R&D spillovers", *Scandinavian Journal of Economics*, 94 (1): 29-47.

Grossman, G. M., Helpman, E., 1991, "Quality ladders in the theory of growth", *Review of Economic Studies*, 58 (1): 43-61.

Grossman, J., 1994, "The evolution of inhaler technology", *Journal of Asthma*, 31 (1): 55-64.

Gruning, P., 2017, "International endogenous growth, macro anomalies, and asset prices", *Journal of Economic Dynamics and Control*, 78 (5): 118-148.

Guo, D., Guo, Y., Jiang, K., 2016, "Government-subsidized R&D and firm innovation: Evidence from China", *Research Policy*, 45 (6): 1129-1144.

Ha, J., Kim, Y. J., Lee, J. W., 2009, "Optimal structure of technology adoption and creation: Basic versus development research in relation to the distance from the technological frontier", *Asian Economic Journal*, 23 (3): 373-395.

Hall, B. H., Lotti, F., Mairesse, J., 2013, "Evidence on the impact of R&D and ICT investments on innovation and productivity in Italian firms", *Economics of Innovation & New Technology*, 22 (3-4): 300-328.

Hansen, B. E., 1999, "Threshold effects in non-dynamic panels: Estimation, testing, and inference", *Journal of Econometrics*, 93 (2): 345-368.

Hirshleifer, D., Low, A., Teoh, S. H., 2012, "Are overconfident CEOs better innovators?", *The Journal of Finance*, 67 (4): 1457-1498.

Hjort, J., Poulsen, J., 2019, "The arrival of fast internet and employment in Africa", *American Economic Review*, 109 (3): 1032-1079.

Hsu, P. H., Xuan, T., Yan, X., 2014, "Financial development and innovation: Cross-country evidence", *Journal of Financial Economics*, 112 (1): 116-135.

Hu, G., Jefferson, G., 2009, "A great wall of patents: What is behind China's recent patent explosion", *Journal of Development Economics*, 90 (1): 57-68.

IPlytics, 2019, "Who is leading the 5G patent race? A patent landscape analysis on declared 5G patents and 5G standards contributions", *IPlytics Platform*.

Jaffe, A., 1989, "Real effects of academic research", *American Economic Review*, 79 (5): 957-970.

Jensen, R., Thursby, M., 2001, "Proofs and prototypes for sale: The licensing of university inventions", *American Economic Review*, 91 (1): 240-259.

Jia, J. X., Guo, Q. W., Zhang, J., 2014, "Fiscal decentralization and local expenditure policy in China", *China Economic Review*, 28 (1): 107-122.

Jin, X. J., Ou, C. M., Li, Y., 2006, "TFP, technology importing and R&D input", *Studies in Science of Science*, 24 (5): 702-705.

Johnson, M., Mitra-Kahn, B., Bialowas, A., et al., 2015, "The Economic Impact of Innovation Patents", IP Australia Economic Research Paper.

Jones, C., 1995, "R&D-based models of economic growth", *Journal of Political Economy*, 103 (4): 759-784.

Kim, J. W., 2011, "The economic growth effect of R&D activity in Korea", *Korea and the World Economy*, 12 (1): 25-44.

Kim, Y. K., Lee, K., Park, W. G., et al., 2012, "Appropriate intellectual property protection and economic growth in countries at different levels of development", *Research Policy*, 41 (2): 358-375.

King, R. G., Levine, R., 1993a, "Finance and growth: Schumpeter might be right", *The Quarterly Journal of Economics*, 108 (3): 717-737.

King, R. G., Levine, R., 1993b, "Finance, entrepreneurship and growth: Theory and evidence", *Journal of Monetary Economics*, 32 (3): 513-542.

Kleibergen, F., Paap, R., 2006, "Generalized reduced rank tests using the singular value decomposition", *Econometrics*, 133 (1): 97-126.

Koenig, P., 2009, "Agglomeration and the export decision of French firms", *Journal of Urban Economics*, 66 (3): 186-195.

Lane, N., 2008, "US science and technology: An uncoordinated system that seems to work", *Technology in Society*, 30 (4): 248-263.

Lauritzen, G. D., 2017, "The role of innovation intermediaries in firm-innovation community collaboration: Navigating the membership paradox", *Journal of Product Innovation Management*, 34 (3): 289-314.

Laursen, K., Salter, A., 2006, "Open for innovation: The role of openness in explaining innovation performance among UK manufacturing firms", *Strategic Management Journal*, 27 (2): 131-150.

Lentz, R., Mortensen, D. T., 2008, "An empirical model of growth through product innovation", *Econometrica*, 76 (6): 1317-1373.

Levinsohn, J. A., Petrin, A., 2003, "Estimating production functions using inputs to control for unobservables", *Review of Economic Studies*, 70 (2):

317-341.

Lin, J. Y., 1992, "Rural reforms and agricultural growth in China", *American Economic Review*, 82 (1): 34-51.

Lopez-Rodriguez, J., Martinez, D., 2015, "Looking beyond the R&D effects on innovation: The contribution of non-R&D activities to total factor productivity growth in the EU", European Regional Science Association.

Lucas, R. E., 2015, "Human capital and growth", *American Economic Review*, 105 (5): 85-88.

Lucas, R. E., 1988, "On the mechanics of economic development", *Journal of Monetary Economics*, 22 (1): 3-42.

Luintel, K. B., Khan, M., 2011, "Basic, applied and experimental knowledge and productivity: Further evidence", *Economics Letters*, 111 (1): 71-74.

Mamuneas, T. P., Nadiri, M. I., 1996, "Public R&D policies and cost behavior of the US manufacturing industries", *Journal of Public Economics*, 63 (1): 57-81.

Mansfield, E., 1998, "Academic research and industrial innovation: An update of empirical findings", *Research Policy*, 26 (7): 773-776.

Mansfield, E., 1995, *Innovation, Technology and the Economy: The Selected Essays of Edwin Mansfield*, London: Edward Elgar Publishing.

McCloud, N., Kumbhakar, S. C., 2008, "Do subsidies drive productivity? A cross-country analysis of Nordic dairy farms", *Advances in Econometrics*, 23 (8): 245-274.

McKinnon, R. I., 1973, *Money and Capital in Economic Development*, Washington: Brookings Institution.

McMillan, J., Whalley, J., Zhu, L., 1989, "The impact of China's economic reforms on agricultural productivity growth", *Journal of Political Economy*, 97 (4): 781-807.

Meeusen, W., Broeck, D., 1977, "Technical efficiency and dimension of the firm: Some results on the use of frontier production functions", *Empirical Economics*, 2 (2): 109-122.

Meuleman, M., Maeseneire, W. D., 2012, "Do R&D subsidies affect SMEs' access to external financing", *Research Policy*, 41 (3): 580-591.

Michailova, S., Zhan, W., 2014, "Dynamic capabilities and innovation in MNC subsidiaries", *Journal of World Business*, 50 (3): 576-583.

Miller, D. J., Fern, M. J., Cardinal, L. B., 2007, "The use of knowledge for technological innovation within diversified firms", *The Academy of Management Journal*, 50 (2): 307-325.

Mohnen, P., Hall, B. H., 2013, "Innovation and productivity: An update", *Eurasian Business Review*, 3 (1): 47-65.

Montinola, G., Qian, Y., Weingast, B. R., 1995, "Federalism, Chinese style: The political basis for economic success in China", *World Politics*, 48 (1): 50-81.

Moser, P., 2013, "Patents and innovation: Evidence from economic history", *Journal of Economic Perspectives*, 27 (1): 23-44.

Mowery, D. C., 2011, *Federal Policy and the Development of Semiconductors, Computer Hardware, and Computer Software: A Policy Model for Climate Change R&D*, Chicago: University of Chicago Press.

Mu, J., Benedetto, A. D., 2012, "Networking capability and new product development", *IEEE Transactions on Engineering Management*, 59 (1): 4-10.

Murphy, K. M., Shleifer, A., Vishny, R. W., 1991, "The allocation of talent: Implications for growth", *The Quarterly Journal of Economics*, 106 (2): 503-530.

Nelson, R. R., 1993, *National Innovation Systems: A Comparative Analysis*, New York: Oxford University Press.

Nelson, R. R., Phelps, E. S., 1966, "Investment in humans, technological diffusion, and economic growth", *American Economic Review*, 56 (2): 69-82.

Nishimizu, M., Robinson, S., 1984, "Trade policies and productivity change in semi-industrialized countries", *Journal of Development Economics*, 1-2 (16): 177-206.

Nordhaus, W., 1969, *Invent, Growth and Welfare: A Theoretical Treatment of*

Technological Change, Boston: MIT Press.

Nunn, N., Qian, N., 2014, "US food aid and civil conflict", *American Economic Review*, 104 (6): 1630-1666.

Oh, D. H., Lee, J. D., 2010, "A metafrontier approach for measuring Malmquist productivity index", *Empirical Economics*, 38 (1): 47-64.

Olley, G. S., Pakes, A., 1996, "The dynamics of productivity in the telecommunications equipment industry", *Econometrica*, 64 (6): 1263-1297.

Orlic, E., Hashi, I., Hisarciklilar, M., 2018, "Cross sectoral FDI spillovers and their impact on manufacturing productivity", *International Business Review*, 27 (4): 777-796.

Pastor, J. T., Asmild, M., Lovell, C. A. K., 2011, "The biennial Malmquist productivity change index", *Socio-Economic Planning Sciences*, 45 (1): 10-15.

Pastor, J. T., Lovell, C. A. K., 2005, "A global Malmquist productivity index", *Economics Letters*, 88 (2): 266-271.

Peng, L., 2010, "Study on relationship between R&D expenditure and economic growth of China", Proceedings of the 7th International Conference on Innovation and Management, Wuhan: 1725-1728.

Perera-Tallo, F., 2017, "Growing income inequality due to biased technological change", *Journal of Macroeconomics*, 52: 23-38.

Peters, B., 2004, "Employment effects of different innovation activities: Micro-econometric evidence", ZEW Discussion Papers.

Pires, J. O., Garcia, F., 2012, "Productivity of nations: A stochastic frontier approach to TFP decomposition", *Economics Research International*, 2012: 1-19.

Pissarides, C., 1990, *Equilibrium Unemployment Theory*, Massachusetts: MIT Press.

Porcelli, F., 2009, "Measurement of technical efficiency. A brief survey on parametric and non-parametric techniques", Working Paper.

Prettner, K., Werner, K., 2016, "Why it pays off to pay us well: The impact of basic research on economic growth and welfare", *Research Policy*,

45 (5): 1075-1090.

Rao, N., 2016, "Do tax credits stimulate R&D spending? The effect of the R&D tax credit in its first decade", *Journal of Public Economics*, 140 (8): 1-12.

Raymond, W., Mairesse, J., Mohnen, P., et al., 2015, "Dynamic models of R&D, innovation and productivity: Panel data evidence for Dutch and French manufacturing", *European Economic Review*, 78: 285-306.

Romano, R. E., 1989, "Aspects of R&D subsidization", *Quarterly Journal of Economics*, 104 (4): 863-873.

Romer, P. M., 1990, "Endogenous technological change", *Journal of Political Economy*, 98 (5): S71-S102.

Romer, P. M., 1986, "Increasing returns and long-run growth", *Journal of Political Economy*, 94 (5): 1002-1037.

Schumpeter, J. A., 1942, *Capitalism, Socialism, and Democracy*, New York: Harper Torchbooks.

Schumpeter, J. A., 1912, *Théorie de l'évolution économique*, Paris: Dalloz.

Shahpari, G., Davoudi, P., 2014, "Studying effects of human capital on income inequality in Iran", *Procedia-Social and Behavioral Sciences*, 109: 1386-1389.

Shaw, E. S., 1973, *Financial Deepening in Economic Development*, New York: Oxford University Press.

Shu, P., Steinwender, C., 2019, "The impact of trade liberalization on firm productivity and innovation", *Innovation Policy and the Economy*, 19: 39-68.

Solow, R. M., 1956, "A contribution to the theory of economic growth", *Quarterly Journal of Economics*, 70 (1): 65-94.

Solow, R. M., 1957, "Technical change and the aggregate production function", *Review of Economics and Statistics*, 39: 312-320.

Spitz-Oener, A., 2006, "Technical change, job tasks, and rising educational demands: Looking outside the wage structure", *Journal of Labor Economics*, 24 (2): 235-270.

Stiglitz, J. E., 2015, "Leaders and followers: Perspectives on the nordic model and the economics of innovation", *Journal of Public Economics*, 127 (7):

3-16.

Stokes, D. E., 1997, "Pasteur's quadrant: Basic science and technological innovation", The Brookings Institution.

Stokey, N. L., 1995, "R&D and economic growth", *Review of Economic Studies*, 62 (3): 469-489.

Tinbergen, J., 1942, "On the theory of trend movements", *Review of World Economics*, 55: 511-549.

Tomasz, K., Arkadiusz, K., 2019, "Is innovation the key to solving the productivity paradox?", *Journal of Innovation & Knowledge*, 4 (4): 219-225.

Tone, K., 2001, "A slacks-based measure of efficiency in data envelopment analysis", *European Journal of Operational Research*, 130 (3): 498-509.

Toole, A. A., 2012, "The impact of public basic research on industrial innovation: Evidence from the pharmaceutical industry", *Research Policy*, 41 (1): 1-12.

Trajtenberg, M., 2018, "AI as the next GPT: A political-economy perspective", CEPR Discussion Papers.

Vollrath, D., 2009, "How important are dual economy effects for aggregate productivity", *Journal of Development Economics*, 88 (2): 325-334.

Zachariadis, M., 2010, "R&D-induced growth in the OECD?", *Review of Development Economics*, 8 (3): 423-439.

Zeira, J., 2011, "Innovations, patent races and endogenous growth", *Journal of Economic Growth*, 16 (2): 135-156.

Zeng, J., Liu, Y., Wang, R., 2019, "Absorptive capacity and regional innovation in China: An analysis of patent applications", *Applied Spatial Analysis and Policy*, 12 (4): 1031-1049.

Zhu, C., Qiu, Z., Liu, F., 2021, "Does innovation stimulate employment? Evidence from China", *Economic Modelling*, 94: 1007-1017.

附　录

附录 A　相关定理和引理的证明

在附录 A 中，首先归纳了每个均衡中必须保持的几种关系。

从式（2-5）和式（2-9）可以得出：

$$Y(t) = [\alpha^2/w(t)]^{\alpha(1-\alpha)} A(t) L_Y(t) \tag{2-30}$$

将式（2-30）代入式（2-6），可以得到：

$$w(t) = \alpha^{2\alpha} [(1-\alpha)^{-\alpha} A(t)]^{1-\alpha} \tag{2-31}$$

将式（2-31）代入式（2-30），可以得到：

$$Y(t) = \alpha^{2\alpha} (1-\alpha)^{-\alpha} A(t)^{1-\alpha} L_Y(t) \tag{2-32}$$

结合式（2-11）和式（2-31），可以得到：

$$\pi(t) = (1-\alpha)^{1-\alpha} \alpha^{1+2\alpha} A(t)^{-\alpha} L_Y(t) \tag{2-33}$$

从式（2-4）可以得到 $\int_t^s r(s') \mathrm{d}s' = \ln[c(s)/c(t)] + \rho(s-t)$，将式（2-4）与式（2-21）结合起来，可以得出 $\int_t^s r(s') \mathrm{d}s' = \ln[Y(s)/Y(t)] + \rho(s-t)$，代入式（2-12），并结合式（2-32）和式（2-33）可以得到：

$$V(t) = Y(t) \int_t^{+\infty} \mathrm{e}^{-\rho(s-t)} \pi(s)/Y(s) \mathrm{d}s = \alpha(1-\alpha) Y(t) \int_t^{+\infty} \mathrm{e}^{-\rho(s-t)} A(s)^{-1} \mathrm{d}s \tag{2-34}$$

结合式（2-13）与式（2-31），可以得到：

$$L_X(t) = [\alpha^2/(1-\alpha)]L_Y(t) \tag{2-35}$$

最后，假设 $L_A(t) > 0$，结合式（2-17）~式（2-19），可以得到：

$$\sigma(t)L_A(t) = [1-\tau(t)+\sigma(t)][\tau(t)L-L_B(t)] \tag{2-36}$$

式（2-36）表示政府部门在税收、补贴以及两个研究部门中的劳动力份额方面的预算约束。

引理 1 的证明

首先，我们注意到 $A(t)$ 和 $B(t)$ 都是关于 t 的非减函数。结合式（2-14）可知，对于任意的 $t \geq T$，$\dot{B}(t) \geq \gamma_B B_0^{1-\mu_B} A_0^{\mu_B} \varepsilon > 0$ 均成立，从而得到 $\lim_{t \to +\infty} B(t) = +\infty$。

下面将采用反证法对引理 1 进行证明。假设 $A(t)$ 有界，由于 $B(t)$ 发散到 $+\infty$，$A(t)$ 有界意味着对于所有的 $t \geq T_1$，存在 $T_1 \geq 0$ 使得 $A(t) < B(t)$。$A(t)$ 和式（2-31）的有界性意味着 $w(t)$ 也是有界的。结合式（2-19）和 $\sigma(t) \geq 0$，可以得到：

$$w_A(t) \leq \frac{[1-\tau(t)]w(t)}{1-\tau(t)+\sigma(t)} \leq w(t)$$

由于对于所有 $t \geq T_1$ 都有 $A(t) < B(t)$，而当 t 接近 $+\infty$ 时，$B(t)$ 发散到 $+\infty$，结合式（2-16）可知，要保证 $w_A(t)$ 有界，当 t 接近 $+\infty$ 时，$V(t)$ 必须收敛于 0。同时，由于 $A(t)$ 是有界的，因此存在 $\tilde{A}$，使得对于所有 t，均有 $A(t) \leq \tilde{A}$，因此式（2-34）满足以下条件。

$V(t) \geq \alpha(1-\alpha)Y(t)/(\rho\tilde{A})$。这表明只有当 $\lim_{t \to +\infty} Y(t) = 0$ 时，$\lim_{t \to +\infty} V(t) = 0$ 才能够成立。由于式（2-32）和式（2-35）反过来要求 $\lim_{t \to +\infty} L_X(t) = \lim_{t \to +\infty} L_Y(t) = 0$，结合前文已知假设 $L_B(t) \leq L-\varepsilon$，根据劳动力市场出清条件式（2-18），可以得到，对于所有的 $t \geq T_2$，存在 $T_2 \geq 0$ 使得 $L_A(t) \geq \varepsilon/2 > 0$。从式（2-15）中很容易可以看出，此时 $\lim_{t \to +\infty} A(t) = +\infty$，这与我们之前的假定 $A(t)$ 有界相矛盾。

引理 2 的证明

根据 BGP 平衡的定义，$A(t)$ 和 $B(t)$ 都必须是 t 的指数函数。因为

$A(t) \leq B(t)$ 必须对所有 t 成立，所以存在以下两种情况：对于所有的 $t \geq 0$，$A(t) = B(t)$；或对于所有的 $t > 0$，$A(t) < B(t)$。在第一种情况下，很明显可以得到对于所有的 $t \geq 0$，$g_A(t) = g_B(t)$；在第二种情况下，式（2-14）和式（2-15）意味着 $g_A(t) = \gamma_A L_A [A(t)/B(t)]^{-\mu_A}$，$g_B(t) = \gamma_B L_B [A(t)/B(t)]^{\mu_B}$。关于 t 的微分可以得出：

$$\dot{g}_A(t) = \mu_A g_A(t)[g_B(t) - g_A(t)]$$
$$\dot{g}_B(t) = \mu_B g_B(t)[g_A(t) - g_B(t)]$$

沿着 $\dot{g}_A(t) = \dot{g}_B(t) = 0$ 的平衡增长路径，有 $\mu_A g_A(t)[g_B(t) - g_A(t)] = \mu_B g_B(t)[g_A(t) - g_B(t)] = 0$。由于 μ_A 和 μ_B 都严格为正，所以当且仅当 $g_A(t) = g_B(t)$ 时，上述等式成立。

引理 5 及其证明

引理 5 （a）对于所有 $g \in [0, +\infty)$，函数 $D(g)$ 是连续的、严格为正的递增函数。

（b）对于 $g \in [0, +\infty)$，$L_B \in [0, L)$，函数 $F(g, L_B, \sigma)$ 是连续的、严格为正的递减函数。对于 $\sigma \in [0, +\infty)$，函数 $F(g, L_B, \sigma)$ 是严格递增函数。

（c）对于 $L_B \in [0, L)$，函数 $H(L_B, \sigma)$ 是连续的、严格为正的递减函数。对于 $\sigma \in [0, +\infty)$，函数 $H(L_B, \sigma)$ 是严格递增函数。

从 $D(g)$ 的定义中很容易得到引理 5（a）。对于 $g \in [0, +\infty)$，$L_B \in [0, L)$，函数 $F(g, L_B, \sigma)$ 具有连续性、严格为正、单调性的结论也是显而易见的。要验证 $F(g, L_B, \sigma)$ 相对于 g 的单调性，只需注意 $F(g, L_B, \sigma) = F_1(g)[L - L_B + F_2(g, \sigma)]$，$F_1(g) = \alpha(1-\alpha)\gamma_A/D(g)$，$F_2(g, \sigma) = (1-\alpha+\alpha^2)(g+\rho)\sigma L/D(g)$。很容易看出 $F_1(g)$ 和 $F_2(g, \sigma)$ 是 g 的严格递减函数，且严格为正。这表明 $F(g, L_B, \sigma)$ 是 g 的严格递减函数。最后，结合 $H(L_B, \sigma)$ 的定义和引理 5（b）可以得出引理 5（c）。

定理 1 的证明

（a）如果 $L_B = 0$，则式（2-24）显著成立，且 $L_B \leq \bar{L}_B$。根据式（2-

14）可以得到，$g=g_B(t)=0$，满足式（2-23）的条件。假设 L_B 严格为正，结合引理1可以得出 $L_A>0$。

当 $A(t)$ 和 $B(t)$ 以共同速率 g 增长时，有 $A(t)=A_0 e^{gt}$，$B(t)=B_0 e^{gt}$，其中 $A_0 \leq B_0$。如果 $A_0=B_0$，对所有 t，都有 $A(t)=B(t)$，结合式（2-14）和式（2-15）可知，g 满足：

$$g=\gamma_B L_B \leq \gamma_A L_A \tag{2-37}$$

BGP 属性也意味着 $A(s)=A(t)e^{g(s-t)}$，将其代入式（2-34）中，得到：

$$V(t)=\frac{\alpha(1-\alpha)Y(t)}{(\rho+g)A(t)} \tag{2-38}$$

接下来我们断言：

$$w_A(t)=\frac{\alpha(1-\alpha)gY(t)}{(\rho+g)L_A} \tag{2-39}$$

为了证明这一说法，划分 $A_0=B_0$ 和 $A_0<B_0$ 两种情况。在第一种情况下，将式（2-37）和式（2-38）代入式（2-16）中，可以得到式（2-39）。在第二种情况下，通过式（2-14）和式（2-15），可以得到：

$$g=\gamma_A L_A (A_0/B_0)^{-\mu_A}=\gamma_B L_B (A_0/B_0)^{\mu_B} \tag{2-40}$$

结合式（2-16）和式（2-38），可以得出：

$$w_A(t)=\frac{\gamma_A \alpha(1-\alpha)(A_0/B_0)^{-\mu_A}Y(t)}{\rho+g}$$

将式（2-40）中第一个方程代入上式，很容易看出上述方程与式（2-39）一致。

将式（2-32）代入式（2-39），可以看到：

$$w_A(t)=\frac{\alpha^{1+2\alpha}(1-\alpha)^{1-\alpha}gA(t)^{1-\alpha}L_Y}{(\rho+g)L_A}$$

将其与式（2-31）一起代入式（2-19），简化整理后，可以得到：

$$\alpha g(1-\tau+\sigma)L_Y=(1-\tau)(g+\rho)L_A \tag{2-41}$$

式（2-18）、式（2-35）、式（2-36）和式（2-41）在变量 L_A、L_X、

L_Y 和 τ 中形成了一个由四个式子组成的系统。在满足 $\tau<1$、$L_X>0$ 和 $L_Y>0$ 的条件下，根据式（2-42）很容易验证该系统的唯一解。

$$\begin{cases} L_A = \alpha(1-\alpha)g[D(g)(L-L_B)+(1-\alpha+\alpha^2)(g+\rho)\sigma L]/D(g) \\ L_X = \alpha^2(g+\rho)[D(g)(L-L_B)-\alpha(1-\alpha)g\sigma L]/D(g)^2 \\ L_Y = (1-\alpha)(g+\rho)[D(g)(L-L_B)-\alpha(1-\alpha)g\sigma L]/D(g)^2 \\ \tau = [D(g)L_B/L+\alpha(1-\alpha)g\sigma]/D(g) \end{cases} \quad (2\text{-}42)$$

下面我们分别考虑 $A_0=B_0$ 和 $A_0<B_0$ 这两种情况。在 $A_0=B_0$ 的情况下，式（2-37）意味着 $g=\gamma_B L_B$ 和 $g\leqslant\gamma_A L_A$。根据式（2-42）中 L_A 的表达式，可以将不等式 $g\leqslant\gamma_A L_A$ 改写为 $F(g, L_B, \sigma)\geqslant 1$。因为 $g=\gamma_B L_B$，等价于 $H(L_B, \sigma)\geqslant 1$。由 H 的单调性和 $\bar{L}_B$ 的定义可知，$L_B\leqslant\bar{L}_B$，式（2-23）中的第一行得证。

在 $A_0<B_0$ 的情况下，我们可以求解式（2-40）中的两个方程，采用 L_A 和 L_B 表示 g 和 A_0/B_0，则有：

$$g = [(\gamma_A L_A)^{\mu_B}(\gamma_B L_B)^{\mu_A}]^{1/(\mu_A+\mu_B)}$$

将式（2-42）中 L_A 的表达式代入上述表达式，通过简单代数计算和整理后，可以得到 $F(g, L_B, \sigma)=[g/(\gamma_B L_B)]^{\mu_A/\mu_B}$，这意味着 $g=\bar{g}$。此外，由于 $A_0<B_0$，$\mu_A>0$，$\mu_B>0$，根据式（2-40）可以得出，$\gamma_A L_A<g<\gamma_B L_B$，将式（2-42）中 L_A 的表达式代入第一个不等式，得到 $F(g, L_B, \sigma)<1$。由于 $F(g, L_B, \sigma)$ 是伴随 g 严格递减的函数，且 $g<\gamma_B L_B$，因此 $H(L_B, \sigma)<1$ 或等价于 $L_B>\bar{L}_B$，式（2-23）中的第二行得证。

事实上，在 $A_0=B_0$ 的情况下，式（2-24）显而易见是成立的。在 $A_0<B_0$ 的情况下，式（2-24）可以从式（2-40）得出。为了完成定理1（a）部分的证明，我们只需注意式（2-21）和式（2-32）暗含 $g_Y(t)=g_c(t)=(1-\alpha)g$。将其代入式（2-4），可以得到 $r=(1-\alpha)g+\rho$。

为了证明定理1（b）的内容，我们采用均衡条件来构造。首先，任意给定 $g\in[0, +\infty)$ 和 $L_B\in[0, L)$，L_A、L_X、L_Y、τ 的定义如式（2-42）所示，很容易得到，当且仅当式（2-25）成立时，$L_A\in[0, L)$，$L_X\in[0, L)$，$L_Y\in[0, L)$，$\tau\in[0, 1)$。

现在我们使用式（2-42）定义的值来计算满足式（2-31）~式（2-

34）平衡条件下剩余的内生变量。通过计算，我们可以检查是否也满足定义 1 中所述的所有剩余平衡条件。这是 g 满足式（2-23）的情况。特别地，由（2-20）和（2-38）可知，$g_a(t) = g_Y(t) = (1-\alpha)g$，这表明当且仅当 $r > (1-\alpha)g$ 时，式（2-3）成立。然而，后者是正确的，因为 $r = (1-\alpha)g + \rho$。

引理 3 的证明

我们已经在正文中展示了 $\lim\limits_{\mu_B \to 0} \bar{g} = \gamma_B L_B$。为了证明第二个命题，结合式（2-22）和式（2-24）可知，当 $L_B > \bar{L}_B$ 时，$A(t)/B(t) = F(\bar{g}, L_B, \sigma)^{1/\mu_A}$。现在考虑 μ_B 趋近于 0 时的极限。如上所示，$\bar{g}$ 趋近于 $\gamma_B L_B$，所以 $A(t)/B(t)$ 趋近于 $F(\gamma_B L_B, L_B, \sigma)^{1/\mu_A} = H(L_B, \sigma)^{1/\mu_A}$，且根据 $\bar{L}_B$ 的定义和 $H(L_B, \sigma)$ 的单调性，当 $L_B > \bar{L}_B$ 时，该值严格小于 1。

引理 4 的证明

（a）结合式（2-29）和 $\bar{\bar{L}}_B$ 的定义，很容易看出 $\bar{\bar{L}}_B = 0$ 等同于 $\bar{\bar{L}}_B \leq 0$。假设 $\bar{\bar{L}}_B > 0$，即 $H(0, \sigma) > 1$。在这种情况下，根据 $\bar{L}_B$ 和 $\bar{\bar{L}}_B$ 的定义，可以得到：

$$F(\gamma_B \bar{L}_B, \bar{L}_B, \sigma) = H(\bar{L}_B, \sigma) \geq 1 = F(0, \bar{\bar{L}}_B, \sigma)$$

由于 $F(g, L_B, \sigma)$ 对 g 和 L_B 具有严格的单调性，又由于 $0 < \gamma_B \bar{L}_B$，由上面的不等式可以得出 $\bar{L}_B < \bar{\bar{L}}_B$。定理 4（a）部分得证。

（b）根据 $F(g, L_B, \sigma)$ 和 $\bar{\bar{L}}_B$ 的定义，可以将式（2-28）写成：

$$\bar{g} = \begin{cases} \bar{\bar{g}} & \text{if } L_B < \bar{\bar{L}}_B \\ 0 & \text{if } L_B \geq \bar{\bar{L}}_B \end{cases}$$

将其与式（2-23）和引理 4（a）部分所述的结果相结合，得到定理 4（b）部分的内容。

附录 B 《国民经济行业分类》新旧类目对照表

2017年版（GB/T 4754—2017）		2011年版（GB/T 4754—2011）		2002年版（GB/T 4754—2002）	
代码	行业名称	代码	行业名称	代码	行业名称
B06	煤炭开采和洗选业	B06	煤炭开采和洗选业	B06	煤炭开采和洗选业
B07	石油和天然气开采业	B07	石油和天然气开采业	B07	石油和天然气开采业
B08	黑色金属矿采选业	B08	黑色金属矿采选业	B08	黑色金属矿采选业
B09	有色金属矿采选业	B09	有色金属矿采选业	B09	有色金属矿采选业
B10	非金属矿采选业	B10	非金属矿采选业	B10	非金属矿采选业
B11	开采专业及辅助性活动	B11	开采辅助活动	B11	其他矿采选业
B12	其他采矿业	B12	其他采矿业	C13	农副食品加工业
C13	农副食品加工业	C13	农副食品加工业	C14	食品制造业
C14	食品制造业	C14	食品制造业	C15	饮料制造业
C15	酒、饮料和精制茶制造业	C15	酒、饮料和精制茶制造业	C16	烟草加工业
C16	烟草制品业	C16	烟草制品业	C17	纺织业
C17	纺织业	C17	纺织业	C18	纺织服装、鞋、帽制造业
C18	纺织服装、服饰业	C18	纺织服装、服饰业	C19	皮革、毛皮、羽毛（绒）及其制品业
C19	皮革、毛皮、羽毛及其制品和制鞋业	C19	皮革、毛皮、羽毛（绒）及其制品业	C20	木材加工及竹、藤、棕、草制品业
C20	木材加工和木、竹、藤、棕、草制品业	C20	木材加工及木、竹、藤、棕、草制品业	C21	家具制造业
C21	家具制造业	C21	家具制造业	C22	造纸及纸制品业
C22	造纸和纸制品业	C22	造纸及纸制品业	C23	印刷业、记录媒介的复制
C23	印刷和记录媒介复制业	C23	印刷业和记录媒介的复制	C24	文教体育用品制造业
C24	文教、工美、体育和娱乐用品制造业	C24	文教、工美、体育和娱乐用品制造业	C25	石油加工、炼焦及核燃料加工业
C25	石油加工、炼焦和核燃料加工业	C25	石油加工、炼焦及核燃料加工业	C26	化学原料及化学制品制造业

续表

2017年版（GB/T 4754—2017）		2011年版（GB/T 4754—2011）		2002年版（GB/T 4754—2002）	
代码	行业名称	代码	行业名称	代码	行业名称
C26	化学原料和化学制品制造业	C26	化学原料及化学制品制造业	C27	医药制造业
C27	医药制造业	C27	医药制造业	C28	化学纤维制造业
C28	化学纤维制造业	C28	化学纤维制造业	C29	橡胶制品业
C29	橡胶和塑料制品业	C29	橡胶和塑料制品业	C30	塑料制品业
C30	非金属矿物制品业	C30	非金属矿物制品业	C31	非金属矿物制造业
C31	黑色金属冶炼和压延加工业	C31	黑色金属冶炼和压延加工业	C32	黑色金属冶炼及压延加工业
C32	有色金属冶炼和压延加工业	C32	有色金属冶炼和压延加工业	C33	有色金属冶炼及压延加工业
C33	金属制品业	C33	金属制品业	C34	金属制品业
C34	通用设备制造业	C34	通用设备制造业	C35	通用设备制造业
C35	专用设备制造业	C35	专用设备制造业	C36	专用设备制造业
C36	汽车制造业	C36	汽车制造业	C37	交通运输设备制造业
C37	铁路、船舶、航空航天和其他运输设备	C37	铁路、船舶、航空航天和其他运输设备	C39	电气机械及器材制造业
C38	电气机械和器材制造业	C38	电气机械及器材制造业	C40	通信设备、计算机及其他电子设备制造业
C39	计算机、通信和其他电子设备制造业	C39	计算机、通信和其他电子设备制造业	C41	仪器仪表及文化、办公用机械制造业
C40	仪器仪表制造业	C40	仪器仪表及文化、办公用机械制造业	C42	工艺品及其他制造业
C41	其他制造业	C41	其他制造业	C43	废弃资源和废旧材料回收加工业
C42	废弃资源综合利用业	C42	废弃资源和废旧材料回收加工业	D44	电力、热力的生产和供应业
C43	金属制品、机械和设备修理业	C43	金属制品、机械和设备修理业	D45	煤气生产和供应业
D44	电力、热力生产和供应业	D44	电力、热力的生产和供应业	D46	水的生产和供应业
D45	燃气生产和供应业	D45	燃气生产和供应业		
D46	水的生产和供应业	D46	水的生产和供应业		

附录 C 分省份工业全要素生产率测算结果

省份	2000年	2001年	2002年	2003年	2004年	2005年	2006年	2007年	2008年	2009年
北京	0.756	0.793	0.816	0.842	0.856	0.864	0.874	0.877	0.873	0.879
天津	0.876	0.879	0.889	0.901	0.908	0.910	0.915	0.915	0.914	0.906
河北	0.676	0.693	0.730	0.765	0.804	0.821	0.830	0.843	0.837	0.834
山西	0.776	0.772	0.777	0.800	0.811	0.801	0.788	0.793	0.775	0.745
内蒙古	0.812	0.823	0.833	0.845	0.867	0.852	0.867	0.869	0.857	0.866
辽宁	0.827	0.811	0.818	0.841	0.856	0.864	0.871	0.868	0.855	0.863
吉林	0.844	0.841	0.853	0.872	0.875	0.872	0.873	0.888	0.885	0.890
黑龙江	0.821	0.815	0.814	0.822	0.828	0.835	0.831	0.816	0.807	0.800
上海	0.822	0.834	0.852	0.872	0.874	0.873	0.878	0.885	0.884	0.879
江苏	0.775	0.797	0.819	0.839	0.848	0.854	0.859	0.863	0.855	0.864
浙江	0.782	0.806	0.830	0.847	0.853	0.859	0.862	0.870	0.864	0.861
安徽	0.759	0.787	0.809	0.826	0.845	0.861	0.867	0.868	0.865	0.871
福建	0.773	0.789	0.823	0.846	0.863	0.872	0.879	0.887	0.890	0.889
江西	0.764	0.788	0.819	0.837	0.861	0.871	0.880	0.890	0.874	0.896
山东	0.718	0.747	0.779	0.804	0.824	0.843	0.849	0.855	0.851	0.854
河南	0.728	0.742	0.764	0.788	0.803	0.834	0.841	0.862	0.854	0.848
湖北	0.757	0.764	0.792	0.751	0.781	0.800	0.820	0.824	0.827	0.821
湖南	0.707	0.736	0.773	0.797	0.824	0.851	0.861	0.874	0.877	0.878
广东	0.801	0.817	0.833	0.851	0.864	0.869	0.867	0.878	0.873	0.872
广西	0.761	0.763	0.802	0.825	0.842	0.855	0.863	0.862	0.854	0.859
海南	0.815	0.837	0.860	0.881	0.886	0.879	0.880	0.904	0.904	0.904
重庆	0.770	0.797	0.824	0.854	0.872	0.878	0.883	0.889	0.890	0.898
四川	0.684	0.713	0.766	0.787	0.816	0.835	0.857	0.861	0.863	0.867
贵州	0.773	0.778	0.801	0.821	0.832	0.837	0.837	0.847	0.840	0.831
云南	0.770	0.787	0.812	0.827	0.846	0.859	0.865	0.866	0.862	0.857
陕西	0.733	0.742	0.759	0.782	0.806	0.813	0.818	0.826	0.824	0.841
甘肃	0.858	0.865	0.867	0.857	0.857	0.888	0.873	0.880	0.869	0.859
青海	0.843	0.850	0.857	0.859	0.867	0.865	0.865	0.866	0.871	0.861

续表

省份	2000年	2001年	2002年	2003年	2004年	2005年	2006年	2007年	2008年	2009年
宁夏	0.853	0.856	0.863	0.870	0.890	0.892	0.886	0.890	0.886	0.877
新疆	0.763	0.774	0.776	0.776	0.793	0.799	0.809	0.793	0.779	0.750

省份	2010年	2011年	2012年	2013年	2014年	2015年	2016年	2017年	2018年	2019年
北京	0.886	0.885	0.880	0.889	0.890	0.887	0.888	0.883	0.925	0.903
天津	0.905	0.909	0.909	0.907	0.909	0.912	0.910	0.918	0.941	0.926
河北	0.835	0.838	0.834	0.825	0.819	0.831	0.830	0.824	0.841	0.836
山西	0.766	0.776	0.778	0.773	0.750	0.734	0.731	0.631	0.552	0.495
内蒙古	0.854	0.861	0.852	0.845	0.825	0.825	0.820	0.818	0.815	0.800
辽宁	0.859	0.866	0.872	0.862	0.857	0.837	0.808	0.746	0.638	0.508
吉林	0.889	0.891	0.887	0.884	0.881	0.881	0.880	0.890	0.902	0.914
黑龙江	0.799	0.803	0.797	0.803	0.784	0.792	0.792	0.789	0.761	0.745
上海	0.890	0.893	0.894	0.894	0.894	0.892	0.891	0.889	0.887	0.885
江苏	0.860	0.862	0.863	0.861	0.856	0.857	0.857	0.864	0.873	0.883
浙江	0.866	0.871	0.872	0.874	0.872	0.869	0.870	0.869	0.863	0.860
安徽	0.877	0.885	0.881	0.880	0.882	0.882	0.887	0.889	0.893	0.898
福建	0.896	0.902	0.901	0.902	0.902	0.904	0.903	0.902	0.902	0.903
江西	0.897	0.896	0.896	0.896	0.896	0.892	0.887	0.895	0.926	0.912
山东	0.850	0.854	0.858	0.858	0.848	0.850	0.848	0.854	0.915	0.910
河南	0.850	0.851	0.846	0.843	0.837	0.842	0.839	0.844	0.905	0.897
湖北	0.850	0.860	0.867	0.864	0.870	0.871	0.876	0.881	0.882	0.885
湖南	0.880	0.887	0.885	0.889	0.889	0.890	0.892	0.890	0.893	0.896
广东	0.862	0.875	0.871	0.877	0.877	0.876	0.875	0.876	0.879	0.879
广西	0.858	0.872	0.878	0.883	0.887	0.891	0.889	0.890	0.897	0.904
海南	0.911	0.915	0.918	0.911	0.913	0.906	0.901	0.899	0.896	0.896
重庆	0.899	0.909	0.905	0.903	0.904	0.901	0.899	0.908	0.914	0.919
四川	0.860	0.869	0.860	0.852	0.849	0.855	0.851	0.854	0.859	0.859
贵州	0.830	0.852	0.850	0.854	0.859	0.862	0.870	0.873	0.882	0.890
云南	0.851	0.858	0.857	0.841	0.822	0.818	0.825	0.811	0.805	0.799
陕西	0.849	0.823	0.817	0.841	0.805	0.807	0.811	0.798	0.803	0.806
甘肃	0.839	0.849	0.841	0.846	0.836	0.828	0.820	0.792	0.770	0.766
青海	0.856	0.860	0.860	0.856	0.845	0.832	0.837	0.831	0.833	0.849

续表

省份	2010年	2011年	2012年	2013年	2014年	2015年	2016年	2017年	2018年	2019年
宁夏	0.878	0.860	0.864	0.871	0.867	0.854	0.852	0.836	0.811	0.807
新疆	0.731	0.730	0.723	0.699	0.667	0.646	0.636	0.570	0.504	0.477

附录D 分行业工业全要素生产率测算结果

行业名称	2000年	2001年	2002年	2003年	2004年	2005年	2006年	2007年	2008年	2009年
煤炭开采和洗选业	0.600	0.652	0.731	0.773	0.92	0.871	0.881	0.925	0.943	0.925
石油和天然气开采业	0.987	0.962	0.928	0.917	0.872	0.777	0.656	0.608	0.458	0.503
黑色金属矿采选业	0.367	0.388	0.409	0.522	0.618	0.556	0.664	0.752	0.75	0.902
有色金属矿采选业	0.848	0.801	0.833	0.904	0.938	0.947	0.943	0.921	0.905	0.935
非金属矿采选业	0.554	0.54	0.566	0.599	0.616	0.688	0.756	0.838	0.803	0.871
农副食品加工业	0.917	0.898	0.911	0.941	0.942	0.945	0.952	0.944	0.911	0.925
食品制造业	0.872	0.883	0.893	0.883	0.896	0.928	0.945	0.962	0.941	0.946
酒、饮料和精制茶制造业	0.88	0.843	0.838	0.818	0.777	0.853	0.911	0.943	0.928	0.936
烟草制品业	0.779	0.819	0.906	0.891	0.91	0.902	0.908	0.935	0.938	0.92
纺织业	0.917	0.882	0.893	0.895	0.941	0.933	0.937	0.954	0.941	0.94
纺织服装、服饰业	0.982	0.971	0.947	0.906	0.84	0.852	0.841	0.837	0.813	0.807
皮革、毛皮、羽毛及其制品和制鞋业	0.979	0.97	0.96	0.938	0.905	0.828	0.807	0.819	0.755	0.761
木材加工和木、竹、藤、棕、草制品业	0.709	0.693	0.692	0.63	0.688	0.703	0.749	0.83	0.807	0.862
家具制造业	0.963	0.954	0.941	0.917	0.964	0.898	0.889	0.906	0.89	0.901

续表

行业名称	2000年	2001年	2002年	2003年	2004年	2005年	2006年	2007年	2008年	2009年
造纸和纸制品业	0.793	0.788	0.8	0.831	0.901	0.902	0.924	0.954	0.94	0.935
印刷和记录媒介复制业	0.8	0.798	0.826	0.822	0.811	0.818	0.831	0.873	0.869	0.848
文教、工美、体育和娱乐用品制造业	0.951	0.916	0.824	0.762	0.729	0.679	0.668	0.654	0.6	0.589
石油加工、炼焦和核燃料加工业	0.966	0.947	0.931	0.962	0.973	0.954	0.915	0.894	0.797	0.72
化学原料和化学制品制造业	0.637	0.638	0.66	0.717	0.785	0.771	0.817	0.872	0.818	0.877
医药制造业	0.816	0.802	0.809	0.786	0.765	0.83	0.85	0.885	0.883	0.898
化学纤维制造业	0.932	0.756	0.782	0.906	0.899	0.93	0.951	0.966	0.912	0.915
橡胶制品业	0.839	0.846	0.893	0.912	0.963	0.923	0.932	0.938	0.913	0.907
塑料制品业	0.97	0.954	0.945	0.936	0.944	0.879	0.895	0.91	0.87	0.87
非金属矿物制品业	0.569	0.555	0.563	0.586	0.647	0.673	0.731	0.815	0.834	0.864
黑色金属冶炼和压延加工业	0.528	0.569	0.591	0.749	0.902	0.901	0.939	0.959	0.944	0.938
有色金属冶炼和压延加工业	0.704	0.657	0.668	0.754	0.874	0.838	0.924	0.92	0.876	0.917
金属制品业	0.924	0.901	0.899	0.913	0.898	0.871	0.896	0.932	0.896	0.88
通用设备制造业	0.568	0.589	0.646	0.706	0.841	0.829	0.896	0.939	0.944	0.944
专用设备制造业	0.583	0.579	0.637	0.674	0.752	0.752	0.818	0.885	0.903	0.919
交通运输设备制造业	0.524	0.559	0.641	0.711	0.753	0.731	0.794	0.878	0.865	0.91
电气机械和器材制造业	0.927	0.924	0.9	0.911	0.954	0.915	0.915	0.933	0.927	0.931
计算机、通信和其他电子设备制造业	0.838	0.856	0.885	0.927	0.967	0.954	0.96	0.953	0.913	0.877

续表

行业名称	2000年	2001年	2002年	2003年	2004年	2005年	2006年	2007年	2008年	2009年
仪器仪表制造业	0.843	0.806	0.834	0.873	0.933	0.946	0.957	0.963	0.94	0.9
电力、热力生产和供应业	0.543	0.526	0.536	0.527	0.935	0.931	0.941	0.959	0.952	0.928
燃气生产和供应业	0.393	0.394	0.428	0.44	0.553	0.584	0.673	0.752	0.876	0.906
水的生产和供应业	0.978	0.966	0.957	0.946	0.935	0.918	0.92	0.913	0.874	0.823
其他工业	0.737	0.745	0.73	0.844	0.844	0.832	0.842	0.933	0.912	0.956
行业名称	2010年	2011年	2012年	2013年	2014年	2015年	2016年	2017年	2018年	2019年
煤炭开采和洗选业	0.948	0.965	0.960	0.947	0.923	0.838	0.779	0.738	0.679	0.642
石油和天然气开采业	0.418	0.378	0.338	0.329	0.312	0.317	0.294	0.289	0.297	0.282
黑色金属矿采选业	0.929	0.947	0.964	0.966	0.959	0.943	0.889	0.921	0.879	0.867
有色金属矿采选业	0.896	0.923	0.935	0.937	0.915	0.921	0.872	0.876	0.909	0.925
非金属矿采选业	0.924	0.946	0.912	0.929	0.884	0.849	0.828	0.943	0.964	0.967
农副食品加工业	0.92	0.932	0.927	0.913	0.866	0.833	0.792	0.810	0.858	0.869
食品制造业	0.944	0.956	0.932	0.918	0.882	0.855	0.832	0.856	0.894	0.895
酒、饮料和精制茶制造业	0.936	0.958	0.945	0.934	0.901	0.866	0.862	0.891	0.929	0.946
烟草制品业	0.933	0.956	0.961	0.961	0.911	0.887	0.737	0.714	0.702	0.649
纺织业	0.932	0.916	0.892	0.928	0.899	0.893	0.869	0.886	0.928	0.887
纺织服装、服饰业	0.823	0.858	0.890	0.838	0.801	0.767	0.748	0.779	0.835	0.876
皮革、毛皮、羽毛及其制品和制鞋业	0.765	0.759	0.784	0.729	0.690	0.664	0.639	0.657	0.713	0.692
木材加工和木、竹、藤、棕、草制品业	0.892	0.944	0.939	0.939	0.920	0.886	0.867	0.910	0.966	0.975

续表

行业名称	2010年	2011年	2012年	2013年	2014年	2015年	2016年	2017年	2018年	2019年
家具制造业	0.906	0.920	0.880	0.875	0.836	0.806	0.784	0.775	0.848	0.839
造纸和纸制品业	0.954	0.962	0.954	0.937	0.922	0.891	0.872	0.864	0.886	0.822
印刷和记录媒介复制业	0.873	0.917	0.896	0.944	0.937	0.920	0.909	0.929	0.963	0.965
文教、工美、体育和娱乐用品制造业	0.584	0.571	0.965	0.941	0.944	0.915	0.866	0.900	0.946	0.961
石油加工、炼焦和核燃料加工业	0.702	0.672	0.630	0.602	0.568	0.557	0.551	0.551	0.538	0.527
化学原料和化学制品制造业	0.896	0.926	0.933	0.946	0.942	0.934	0.923	0.940	0.960	0.964
医药制造业	0.906	0.946	0.947	0.947	0.940	0.923	0.909	0.935	0.956	0.965
化学纤维制造业	0.896	0.902	0.909	0.894	0.879	0.894	0.894	0.918	0.943	0.947
橡胶制品业	0.919	0.940	0.931	0.944	0.911	0.885	0.852	0.842	0.885	0.875
塑料制品业	0.893	0.904	0.886	0.903	0.895	0.877	0.860	0.873	0.930	0.907
非金属矿物制品业	0.915	0.947	0.942	0.956	0.946	0.930	0.915	0.925	0.957	0.949
黑色金属冶炼和压延加工业	0.926	0.930	0.935	0.912	0.882	0.867	0.796	0.770	0.808	0.751
有色金属冶炼和压延加工业	0.908	0.905	0.907	0.935	0.934	0.935	0.928	0.892	0.956	0.958
金属制品业	0.904	0.933	0.955	0.951	0.944	0.921	0.908	0.908	0.909	0.878
通用设备制造业	0.962	0.973	0.925	0.943	0.926	0.878	0.845	0.824	0.832	0.780
专用设备制造业	0.946	0.966	0.958	0.955	0.942	0.907	0.884	0.866	0.883	0.846
交通运输设备制造业	0.949	0.950	0.921	0.925	0.972	0.878	0.887	0.891	0.936	0.929
电气机械和器材制造业	0.941	0.952	0.942	0.948	0.833	0.915	0.904	0.900	0.924	0.913

续表

行业名称	2010年	2011年	2012年	2013年	2014年	2015年	2016年	2017年	2018年	2019年
计算机、通信和其他电子设备制造业	0.893	0.893	0.885	0.895	0.874	0.853	0.854	0.832	0.860	0.837
仪器仪表制造业	0.918	0.944	0.832	0.876	0.849	0.812	0.790	0.788	0.886	0.881
电力、热力生产和供应业	0.951	0.966	0.935	0.903	0.839	0.783	0.698	0.657	0.616	0.558
燃气生产和供应业	0.944	0.956	0.881	0.890	0.909	0.923	0.928	0.947	0.967	0.973
水的生产和供应业	0.768	0.770	0.735	0.728	0.698	0.649	0.653	0.640	0.644	0.608
其他工业	0.975	0.980	0.831	0.903	0.862	0.844	0.785	0.807	0.855	0.734

附录E 中美两国工业行业类比标准与分组

行业分类	ISIC行业分类标准	《国民经济行业分类》标准
高技术差距行业	C10T12 能源开采	煤炭开采和洗选业、石油和天然气开采业
	C13T14 非能源开采	黑色金属矿采选业、有色金属矿采选业、非金属矿采选业
	C17 纺织品	纺织业
	C22 印刷与出版	印刷业和记录媒介的复制业
	C23 焦炭、成品油与核燃料	石油加工、炼焦及核燃料加工业
	C24X 除药品的化学材料	化学原料及化学制品、化学纤维制造业
	C2423 医药制造	医药制造业
	C30 办公与计算机设备	通信设备、计算机及其他电子设备制造业
	C32 广播、电视与通信设备 C33 医疗仪器、精密光学仪器	仪器仪表及文化、办公用品制造业
	C40T41 电力、煤气与水的供应	电力、热力的生产和供应业，燃气生产和供应业，水的生产和供应业

续表

行业分类	ISIC 行业分类标准	《国民经济行业分类》标准
低技术差距行业	C15 食品和饮料制造	农副食品加工业、食品制造业、饮料制造业
	C16 烟草制品	烟草制品业
	C18 服装制品	纺织服装、鞋、帽制造业
	C19 皮革、皮革制品与鞋	皮革、毛皮、羽毛（绒）及其制品业
	C20 木材与木材制品	木材加工及木、竹、藤、棕、草制造业
	C21 纸浆、纸张与纸制品	造纸及纸制品业
	C25 橡胶与塑料制品	橡胶、塑料制品业
	C27 基本金属	黑色金属冶炼及压延加工业、有色金属冶炼及压延加工业
	C28 除机械设备外的金属制品	金属制品业
	C29 机械设备	通用设备制造业
	C31 电机设备	电气机械及器材制造业
	C34T35 运输设备	交通运输设备制造业

资料来源：笔者整理。

图书在版编目(CIP)数据

科技创新赋能高质量发展：以全要素生产率提升为例 / 张美莎著. --北京：社会科学文献出版社，2025.
1.--ISBN 978-7-5228-4477-0

Ⅰ.F249.22

中国国家版本馆CIP数据核字第2024KH7801号

科技创新赋能高质量发展：以全要素生产率提升为例

著　　者 / 张美莎

出 版 人 / 冀祥德
责任编辑 / 颜林柯
文稿编辑 / 王红平
责任印制 / 王京美

出　　版 / 社会科学文献出版社·经济与管理分社（010）59367226
　　　　　 地址：北京市北三环中路甲29号院华龙大厦　邮编：100029
　　　　　 网址：www.ssap.com.cn
发　　行 / 社会科学文献出版社（010）59367028
印　　装 / 三河市龙林印务有限公司
规　　格 / 开　本：787mm×1092mm　1/16
　　　　　 印　张：14.75　字　数：240千字
版　　次 / 2025年1月第1版　2025年1月第1次印刷
书　　号 / ISBN 978-7-5228-4477-0
定　　价 / 128.00元

读者服务电话：4008918866

版权所有 翻印必究